Anonymus

Lebensbilder aus Russland

Und was ich sonst erlebte und beobachtete

 Literaricon

Anonymus

Lebensbilder aus Russland

Und was ich sonst erlebte und beobachtete

ISBN/EAN: 9783959135122

Auflage: 1

Erscheinungsjahr: 2017

Erscheinungsort: Treuchtlingen, Deutschland

Literaricon Verlag UG (haftungsgeschränkt), Uhlbergstr. 18, 91757 Treuchtlingen. Geschäftsführer: Günther Reiter-Werdin, www.literaricon.de. Dieser Titel ist ein Nachdruck eines historischen Buches. Es musste auf alte Vorlagen zurückgegriffen werden; hieraus zwangsläufig resultierende Qualitätsverluste bitten wir zu entschuldigen.

Printed in Germany

Cover: Alexei Kondratjewitsch Sawrassow, Frühling, Dorfansicht, 1863, Abb. gemeinfrei

Orenburg mit dem Palais des General-Gouverneurs.

Lith. Inst. v. Winckelmann & Söhne in Berlin.

Lebensbilder aus Rußland

und

was ich sonst erlebte und beobachtete.

Von

einem alten Veteranen.

Mit drei Ansichten aus Orenburg in Buntdruck.

Riga,

Verlag von Nikolai Kymmel.

1863.

Sr. Excellenz

dem

Kaiserlich Russischen Herrn General von der Infanterie

Christian von Buschen,

des St. Alexander = Newsky = Ordens 1. Klasse, des weißen Adler = Ordens 1. Klasse, der St. Anna 1. Klasse mit der Kaiserl. Krone, des Kaiserl. Oesterreichischen Ordens der eisernen Krone 1. Klasse, des St. Wladimir = Ordens 2. Klasse, der St. Anna 2. Klasse mit Brillanten, des St. Georg = Ordens 4. Klasse, des Königl. Preußischen Ordens pour le mérite, zwei goldene Degen mit Brillanten und einen ohne Brillanten für Tapferkeit. Des goldenen Kreuzes für die Schlacht von Preußisch = Eylau, des Ehrenzeichens virtute militaria 2. Klasse und anderer Orden Ritter. Inhaber des goldenen Ehrenzeichens für LV jährigen untadelhaften Dienst, und vieler Kriegs = Medaillen, so wie auch Besitzer einer Allerhöchst verehrten, mit Brillanten verzierten goldenen Dose, mit dem Portrait Seiner Kaiserlichen Majestät,

widmet diese Blätter

mit den

Gefühlen tiefster Dankbarkeit, Verehrung und Liebe

der Verfasser.

Einleitung.

Wenn ich am späten Abend des Lebens dasjenige niederschreibe, was ich an Menschen und Dingen beobachtete, und während eines vielbewegten Lebens wirklich erlebte, so ist die Veranlassung keineswegs eine pecuniäre Speculation, und noch weniger kann ich in meinen so einfach gehaltenen Erzählungen einen Autordünkel beanspruchen wollen, und dies um so mehr, da mein Name hier in diesen Blättern gar nicht genannt werden soll.

Was ist nun aber die Ursache, warum ich diese Blätter niederschrieb und sie der Presse übergab?

Um diese Frage motivirend zu beantworten, muß ich nothwendigerweise für meine nähern Freunde vorher durch ein paar Worte meine hierauf bezüglichen Lebensverhältnisse etwas beleuchten.

Einem alten deutschen Adelsgeschlechte angehörend, waren meine Jugend= und Studienjahre rauh und stürmisch, doch dies bietet kein weiteres Interesse und gehört darum nicht hierher.

Im Jahre 1812, wo in Moskau's Flammen der Riesenbau des gewaltigen Eroberers zusammenstürzte — seine unzähligen und sieggewohnten Legionen bereits den Todesschlaf in Rußlands eisigen Gefilden schlummerten — das unterjochte Europa nach jahrelangen Leiden und Mißhandlungen endlich freier athmen konnte, und das unterdrückte und gemißhandelte Preußen sich zuerst entschlossen und kühn mit dem Sieger aus Norden vereinigte, und mit wahrer Heldengröße

das Wort aussprach: „frei oder ein rühmlicher Untergang!"
— da eilten von allen Seiten auch Deutschlands freie Söhne zu den
Waffen, um den Titanenkampf für die Freiheit der Nationen mitzu=
kämpfen.

Es war eine großartige und weltgeschichtliche Zeit! Deutschland
befand sich damals im Stande seiner tiefsten Erniedrigung, wie der
Märtyrer Palm einst so wahr es verkündete. Der gewaltige und
zerstörende Druck des Eroberers vernichtete jedes Staats= und Volks=
leben, und außer Rußland und England waren alle Völker so voll=
ständig geknechtet, daß jeder Widerstand gänzlich unmöglich war.
Was Deutschland und besonders Preußen während dieser wahrhaft
traurigen Zeit gelitten haben, davon hat die gegenwärtige junge
Generation nur einen sehr schwachen Begriff; alle diese bis zur Er=
schöpfung getragenen Leiden sind in der Strömung einer ganz andern
Zeit längst vergessen, nur die unsterblichen Heldenthaten der Väter
stehen noch in der Erinnerung und hell leuchtend auf den Blättern
der Geschichte.

Der gewaltige Völkerkampf jener Jahre theilt sich in zwei scharf
getrennte Zeitperioden. Deutschland war in der ersten Periode des
1812ten Jahres, unter den eisernen Händen des Eroberers, wie ge=
sagt noch völlig geknechtet und fast waffenlos, nur Rußland noch
der einzige continentale Staat, der Widerstand leisten, und von dem
Europa Rettung erwarten konnte. Wer noch aus jener traurigen Zeit
lebt, wird sich wohl erinnern, wohin damals alle Blicke und alle
Wünsche gerichtet waren! — Mit ängstlicher Spannung erwartete eine
aufgeschreckte Welt das Resultat dieses letzten Kampfes um Recht und
Völkerfreiheit, denn jeder begriff nun klar und deutlich, daß wenn
Rußland auch noch unterliegen würde, dann alles verloren sei. Doch
die waltende Vorsehung griff in das Gebilde des kühnen Korsen. Die
Gräber von fast einer halben Million seiner tapfern Cohorten deckten
die Gefilde Rußlands, und nur die kleinen erbarmenswerthen Ueber=
reste — kaum 25,000 Mann — kehrten waffenlos und elend nach
Deutschland zurück.

Rußlands tapfere Krieger wurden damals überall mit hohem Jubel empfangen. Ich berufe mich auch hier wieder auf die alten Zeitgenossen, welche es sich wohl erinnern werden, wie Rußland als ein Retter in der Noth von Allen begrüßt wurde, und mit welcher Sehnsucht man die ersten russischen Truppen erwartete, um sich ihnen anzuschließen. Die Riesenmacht des Unterdrückers war in dieser ersten Kriegsperiode des 1812ten Jahres so gewaltig erschüttert und theilweise vernichtet, daß ohne dies Resultat eine Erhebung Deutschlands zum Befreiungskriege durchaus nicht hätte stattfinden können.

In der zweiten Kriegsperiode stehen die glorreichen Jahre der Befreiungskriege in Deutschland bis zum mont martre hinauf, wo endlich der Weltfriede wieder erobert, und der Schutt von Frankreichs altem Lilienthron weggeräumt wurde. Die damaligen weltgeschichtlichen Schlachten für Freiheit und Recht, die großartigen Heldenthaten jener Zeit, und die wunderbare Begeisterung und Opferbereitwilligkeit der ganzen deutschen Nation, kann selbst die Geschichte mit Worten nicht so ganz vollständig den späteren Zeiten wiedergeben, und besonders war es das ritterliche Preußen, welches hochherzig allen deutschen Völkern voranging. Die Ereignisse jener großen Zeit — an der auch Rußland thatkräftig Theil nahm — leben freilich in der Erinnerung der Völker, doch keiner ist im Stande, sich den Enthusiasmus und das Hochgefühl jener Tage so klar und deutlich vorzustellen, als diejenigen, welche diese großartige Zeitperiode mit durchlebten.

Wahrlich es war eine herrliche und unvergeßliche Zeit! —

Alle Sympathien waren damals für Rußland und dessen ruhmgekrönten milden Herrscher, daher traten denn auch übersprudelnd von jugendlicher Begeisterung und Kampflust viele deutsche Männer unter Rußlands Fahnen, deren Beispiel — in gleicher Stimmung wie Alle — auch ich mich anschloß.

Im December des Jahres 1813 befand sich das Hauptquartier des Grafen Wittgenstein in Rastatt. Es war ein kalter Wintertag und der Schnee knisterte vor Frost. Einzelne Kosaken und

Ordonnanzen sprengten in der Stadt hin und her, und aus der
Ferne erschallten die Trommeln vorbeiziehender Truppen; da trat
ich entschlossen in das Vorzimmer des Grafen, übergab dem dienst=
thuenden Adjutanten einen Empfehlungsbrief, und bat mich anzu=
melden, worauf ich nach einer kleinen Weile auch sofort vorgelassen
wurde.

Der Graf befand sich in einem großen Salon stehend an ein
Billard gelehnt, auf welchem ein Kind saß mit dem er sich zu be=
schäftigen schien; auf dem Billard lag erbrochen das von mir über=
reichte Empfehlungsschreiben. In gedrängter Kürze entwickelte ich
dem Grafen meine Lebensverhältnisse, und bat dann um die Erlaub=
niß, bis zur ersten Auszeichnung unter Rußlands siegreichem Panier
als Volontair dienen zu dürfen, und schließlich erlaubte ich mir noch
den Wunsch, bei den Jägern in der Avantgarde angestellt zu wer=
den, da diese doch wohl voraussichtlich zuerst ins Feuer kommen
würden.

Meine militairische Haltung und mein freier aber bescheidener
Vortrag schienen dem Grafen zu gefallen, denn er lächelte und be=
merkte, daß wir bald genug Alle ins Feuer kommen würden, nahm
dann meine Legitimations=Papiere, übergab sie dem nebenstehenden
Adjutanten, und nachdem er mich noch über Manches befragt, sprach
er folgende Worte: „Gut, Sie sind mir empfohlen, ich will es mit
„Ihnen versuchen und Ihre Bitte bewilligen. Ich werde Sie zum
„Prinzen Eugen von Württemberg senden, dessen Corps hier in der
„Nähe steht. Morgen früh werden Sie in meiner Kanzlei die nöthi=
„gen officiellen Papiere erhalten, mit denen Sie sich beim Prinzen zu
„melden haben. Lernen Sie bald die russische Sprache und halten
„Sie sich brav, dann wird es mir Freude machen, wenn ich Sie nach
„der ersten Auszeichnung dem Kaiser zum Offizier vorstellen kann.“

Den andern Tag erhielt ich die Papiere, reiste mit Vorspann
ab, und meldete mich beim Prinzen. Se. Königl. Hoheit empfingen
mich außerordentlich gnädig, bestimmte die Art meines Dienens als
Volontair, und sprach dann die für mich unvergeßlichen Worte: „da

„Sie die russische Sprache noch nicht kennen, so werde ich Sie zum
„21. Jäger-Regiment schicken, dessen Stab hier in der Nähe, im Dorfe
„Stolhofen, steht. Der Commandeur dieses Regiments ist
„der Major von Buschen, ein geborener Livländer, der
„Sie gut aufnehmen wird."

In diesen wenigen Worten des herrlichen Prinzen lag — wie
wir in der Folge sehen werden — mein ganzes zukünftiges Lebens-
glück, jacta est alea! — Er hätte ein anderes Regiment für mich
wählen können, und meine Lebensrichtung wäre dann wahrscheinlich
eine ganz andere geworden. Wunderbare Fügung! war dies Zufall
oder höhere Leitung? — Zuletzt lagen denn auch noch in den
Folgen dieser Worte des Prinzen die veranlassenden
Gründe diese Blätter zu schreiben.

So war nun mein Eintritt in kaiserlich russische Dienste. Alle
Gefechte und Schlachten des damaligen Krieges habe ich beim 21.
Jäger-Regimente, unter dem Commando des Majoren, später Obrist-
Lieutenants von Buschen mit durchgekämpft, immer habe ich mich als
Freiwilliger in den Kugelregen der vordern Schützenlinie gestellt, und
bin zufolge dessen für Auszeichnung zwei Mal mit höherem Range
und mit einem Orden belohnt worden, der nur auf dem Schlachtfelde
erworben werden kann, bis denn endlich in der Schlacht von Paris,
am 30. (18.) März 1814, bei Erstürmung der Anhöhen von Belleville
und Pantin, mir die linke Hand durch eine Kugel zerschmettert, und
ich erst nach Bondi und dann nach Paris ins Hospital Val de grace
gebracht wurde.

Der Krieg war nun beendet und die Armee marschirte nach Ruß-
land zurück, doch wurde uns nur wenig Ruhe vergönnt, denn das
Jahr 1815 rief uns wieder ins Feld; diesmal kam unser Armee-
Corps aber nur bis Bamberg, die Schlacht bei Waterloo hatte den
Krieg bereits beendet, und wir kehrten zu unserm Leidwesen ohne
Kampf wieder nach Rußland zurück. Obgleich nun wohl schwer ver-
wundet, so blieb ich doch noch eine Reihe von Jahren bei demselben
Regimente im wirklichen Frontedienst. Da aber in dieser Zeitperiode

an Krieg nicht zu denken war — den ich als Soldat im jugendlichen Uebermuthe so sehnlichst wünschte — und das einförmige Gar-
nisonleben in einer kleinen Kreisstadt ohne geistigen Genuß mich
anekelte, so entschloß ich mich auf mein gesetzliches Recht als Verwundeter Anspruch zu machen, und um anderweitige Dienstverwendung
zu bitten. Freilich wurde es mir sehr schwer, mich von meinem
Wohlthäter und Freunde dem Obrist-Lieutenant von Buschen und
seiner herrlichen und liebenswürdigen Familie zu trennen, daher ver-
sprach ich denn auch, bei dem ersten Kriege wieder um Anstellung
beim Regimente zu bitten. Ich verließ nun mit schwerem Herzen
meine Kameraden, mit denen ich unter den feindlichen Kugeln gestanden
hatte, und wurde auf meine Bitte zuerst als Kreishauptmann in das
Orenburgische Gouvernement, und dann als militairischer Polizeimeister
in die Gouvernementsstadt Orenburg übergeführt. Diese Stellung war
meinen Ansichten völlig entsprechend, indem ich im Militairdienste blieb,
mich zur Armee zählte, und zu jeder Zeit auf mein Ansuchen wieder
in den activen Frontedienst treten konnte.

Die Festung Orenburg liegt hart an der Grenzmark Asiens, und
ist eine hübsche und lebhafte Stadt, wo der General-Gouverneur seinen Sitz hat, unter dessen unmittelbarem Befehle ich als Polizeimeister
damals stand. Hier befand sich auch der Stab des abgetheilten Armee-
Corps und der Division, und sowohl in Orenburg als auch in der
Nähe waren alle Truppengattungen zahlreich vertreten, daher lebten
denn auch hier viele Generale, Stabs-Oberoffiziere von allen Branchen
und eine große Menge Adjutanten, welche sich zur Garde zählten und
größtentheils guten Familien angehörten. Aus diesen Gründen herrschte
denn auch in Orenburg ein sehr fein gebildeter Umgangston, viel
geistiges Leben und heitere militairische Zirkel, und obgleich mein
Dienst wohl sehr schwer war, so verlebte ich hier doch die heitersten
und glücklichsten Tage meines Lebens.

Auch hatte ich hier das Glück, unserm vielgeliebten Kaiser
Alexander dem Ersten während seiner dreitägigen Anwesenheit in
Orenburg vorgestellt, und als Polizeimeister über Manches von ihm

befragt zu werden, und erhielt auch später für Auszeichnung im Dienste
eine Erhöhung im Range. Da ich aber unterdessen in glückliche Familien=
Verhältnisse getreten, und an einen Wiedereintritt in active Dienste
nun nicht mehr zu denken war, so nahm ich nach 17jährigem Dienste
als Major meinen Abschied, der mir auch mit Pension und dem Rechte,
die Armee=Uniform zu tragen, ertheilt wurde; später erhielt ich denn
auch noch das goldene Ehrenzeichen für völlig untadelhaften Dienst.

Ich verlebte nun, nach Beendigung meiner Dienstcarriere, einige
Jahre auf den Gütern meines Schwiegervaters, und beschäftigte mich
sehr eifrig mit den Naturwissenschaften aller Fächer, insbesondere aber
mit der Geologie, doch sehnte ich mich bald wieder nach gewohnter
reger Thätigkeit, daher übernahm ich die mir angebotene, sehr lucra=
tive Stelle eines Directors von drei Kupferhütten am westlichen Ab=
hange des Uralgebirges, und wurde auch in dieser Eigenschaft von
der Kaiserlichen Bergregierung bestätigt.

Hier verlebte ich nun eine Reihe von glücklichen Jahren in reger
Thätigkeit. Ich war nützlich so viel ich es vermochte, daher umfaßte
ich auch mit wahrer Lebensfreude den von mir gewählten Beruf, und
da die Gegenden des Uralgebirges in geologischer Beziehung damals
noch als eine terra incognita zu betrachten waren, so blieben meine
Forschungen im Interesse der Wissenschaft nicht ohne Anerkennung.
Da verlor ich aber plötzlich durch den Tod mein einziges Kind, und
wurde später auch noch durch den Verlust eines andern, mir sehr
theuren Wesens in Trauer versetzt. Ich befand mich nun eine Zeit
lang ohne Muth und Lebenslust, gab sofort meine Stelle auf, und
da ich bereits früher im Pensa'schen Gouvernement ein Gut mit 210
verpflichteten Bauern gekauft, zog ich mich auf dasselbe zurück, um in
landwirthschaftlichen Beschäftigungen Zerstreuung zu finden. Später
lebte ich ein Jahr in St. Petersburg, und zuletzt in den deutschen
Ostseeprovinzen Rußlands, wo ich hart am Gestade des Balticums
einen freundlichen Landsitz kaufte.

Fünfzig Jahre sind ungefähr seit jener Zeit verflossen, wo der
Prinz von Württemberg die obenerwähnten, für mich so inhaltsschweren

Worte sprach: „ich werde Sie zum Majoren von Buschen „schicken, der Sie gut aufnehmen wird."

Jener Major von Buschen ist jetzt General der Infanterie, und mein theurer Schwiegervater!

Seit jenem Tage, wo ich im Jahre 1813 auf Befehl des Prin= zen mich bei ihm in Stolhofen meldete, gewann ich sein Vertrauen und seine Liebe, welche mich durch's ganze Leben begleiteten. Obgleich außerordentlich strenge im Dienste, war dennoch mein edler Regiments= Chef gegen mich, als der Sprache unkundigen Fremdling, immer sehr rücksichtsvoll. Als ich verwundet war, trug er für mich die väterlichste Sorge, unterrichtete mich im Dienste und leitete wohlwollend alle meine Lebensverhältnisse. Später wurde ich sein und seiner ganzen Familie unzertrennlicher Freund und täglicher Hausgenosse, und selbst wie ich das Regiment verließ und um andere Dienstverhältnisse nach= suchte, begleiteten seine Empfehlungsschreiben mich bis nach St. Peters= burg und eröffneten mir hier die Thüren eines hochgestellten Mannes.

Schwer — unendlich schwer — ist jeder Kriegsdienst im Kreise einer ganz fremden Nation, deren Sprache man unkundig ist, in welcher man aber als Offizier doch Befehle ertheilen soll; ohne die liebevolle Behandlung und Freundschaft meines Chefs, würde ich da= her nach Beendigung des Krieges höchst wahrscheinlich den russischen Dienst wieder verlassen haben, denn nur Er, der immer für mich als Vater sorgte, hielt mich damals zurück, zuletzt gab er mir auch noch seine Tochter zur Gattin; und ich befinde mich jetzt am Abend eines vielbewegten Lebens in einer unabhängigen glücklichen Stellung, lebe im Kreise theurer Anverwandten und Freunde, bin als Ehrenmann überall geachtet und geliebt, und kann mit ruhigem Vertrauen den Tag erwarten, wo der letzte Generalmarsch den alten Veteranen ab= rufen wird.

Wenn ich nun so die Reihenfolge aller meiner Lebensereignisse gedankenvoll überblicke, so drängt sich mir die Frage auf, wem ich denn ursprünglich, nächst Gott, dies Alles wohl verdanke? und unwill= kürlich schweift dann mein Blick nach Stolhofen hin, wo ich zuerst

einen Wohlthäter, dann einen Freund und zuletzt einen Vater ken=
nen lernte.

Diese Gedankenfolgerung war denn auch die natürliche Veran=
lassung, diese Blätter zu schreiben, sie Ihm zu widmen und dann
an alle Verwandte und Freunde zu vertheilen.

Möge Er — und dies ist der wahre Zweck dieser Arbeit
— sich jener bewegten Zeit erinnern, und in diesen werthlosen Zeilen
diejenige Dankbarkeit und Liebe erkennen, welche mich für Ihn, den
würdigen Freund, bis zum Hügel des Grabes begleiten wird.

Was soll und was kann ich nun wohl meinem theuren Schwieger=
vater hier in diesen Blättern bringen wollen?

Diese Frage hat mich lange Zeit beschäftigt. Seit vielen Jahren,
wo ich allen Dienstverhältnissen entsagte, schrieb ich zum Vergnügen
und aus Neigung zur Thätigkeit eine Unzahl von Aufsätzen für die
Blätter der russisch=deutschen Ostseeprovinzen, von denen mehrere auch
in der St. Petersburger Deutschen Zeitung erschienen sind. Der In=
halt dieser Aufsätze war, nach Zeit und Umständen, sehr verschieden=
artig. Schilderungen russischer Zustände und Volksleben, Jagd= und
Kriegsbilder, national=ökonomische Skizzen, geologische Beobachtungen,
Reisen ins Ausland u. s. w. Da nun viele dieser kleinen Arbeiten
vom Publikum sehr günstig aufgenommen worden, und einige sogar
in verschiedene Zeitschriften Deutschlands übergegangen sind, so ent=
schloß ich mich von diesen Aufsätzen eine Auswahl zu treffen — sie
mit neuen Schilderungen aus dem Buche des Lebens zu vergrößern,
und in dieser buntgemischten Form, als eine Art tutti frutti der Presse
zu überliefern. Honny soit qui mal y pense!

Der Verfasser.

Inhalt.

Vignette, die Stadt Orenburg mit dem Palais des General-Gouverneurs.

———

Lebensbilder aus Russland.

Ein Stück aus dem Leben der Uralschen Kosaken und ihr Fischfang im Uralflusse.

Die Uralschen Kosaken sind nach Ritschkof's, Karamsin's und Lewschin's Forschungen unbezweifelt Abkömmlinge der Donschen Kosaken, welche — ungefähr im 15. oder 16. Jahrhundert — auf ihren Raubzügen ins Kaspische Meer die Mündung des Uralflusses (Jaik) entdeckten und sich an den Ufern in dieser damals völlig unbewohnten Gegend ansiedelten. Von hier aus unternahmen sie während des Sommers ihre kühnen Raubzüge, plünderten, nach Lewschin, schon im Jahre 1580—1581 Saraitschik, die alte Residenz der Chane von der goldenen Orda, und beraubten handeltreibende Schiffe auf dem Kaspischen Meere oder die Persischen Küstengegenden, so daß der Schach von Persien über diese Räubereien in Moskau Klage führte, und zufolge dessen im Jahre 1655 eine Anzahl dieser räuberischen Kosaken als Strafe nach Polen und Riga gegen die Feinde gesendet wurden. Dies war der erste Dienst, welchen sie der Krone leisteten. Peter der Große benutzte sie vielfach in seinen Feldzügen gegen Schweden und Türken, aber erst unter der Kaiserin Katharina II. wurde ihnen der Besitz ihrer Ländereien und das Recht der Fischerei wieder bestätigt, viele · alterthümliche VerwaltungsFormen aber für immer beseitigt, unter Anderm ihnen auch ihre Artillerie abgenommen, und im Jahre 1803 erhielten sie endlich eine gut geordnete Civil und Militairverwaltung, die in späteren Jahren immer noch mehr verbessert wurde, und jetzt

bilden sie in der großen Völkerzahl Rußlands ein kleines glückliches
Völkchen, das unermeßlich große Ländereien erb- und eigenthümlich besitzt,
weder Mangel noch Armuth kennt, und daher friedlich und gehorsam
als ein in sich abgeschlossenes, militairisches Gemeindewesen, mit einer
vielfach bewiesenen Tapferkeit, Treue und grenzenlosen Hingebung an
Kaiser und Vaterland hängt.

Die Uralschen Kosaken sind ein wahres Mischlings-Volk. Durch
Vermischung mit Tataren — den Ueberresten der goldenen Orda —,
mit Truchmenen, Persern und anderen Volksstämmen, hat sich ein
schöner und kräftiger Menschenschlag mit einer eigenthümlichen National-
physiognomie herausgebildet, aus der aber bei einzelnen Individuen hier
und da der Urtypus der verschiedenen Racen immer wieder hervortritt.
Breite Schultern, feine schlanke Taillen und auffallend schöne Augen
sind in der Regel vorherrschend. Das freie, ungebundene Leben, bedingt durch die großen Räumlichkeiten des Bodens, die allgemeine
Wohlhabenheit und das gesunde Klima haben viel mit dazu beigetragen,
einen so körperlich schönen Menschenschlag hervorzubringen. Wir finden
hier noch so ein kleines Stück altrussischen Lebens. Die Kosaken sind
gastfrei im allerhöchsten Grade, freundlich und gefällig gegen Jeden,
dabei tapfer und außerordentlich unternehmend, so daß dem Uralschen
Kosaken, wo es nur auf Tapferkeit, List und Gewandtheit ankommt,
nichts unmöglich scheint, worüber ihre kühnen Raubzüge nach Persien
und Chiwa im 16. und 17. Jahrhundert, ihre Kämpfe mit Truchmenen, Kirgisen und die der letzten Kriege ein vollwichtiges Zeugniß
ablegen. Viele alterthümliche Sitten und Gewohnheitsrechte, sowie
der demokratische Geist des Volkswesens der früheren Jahrhunderte,
als Folge dessen so viele unruhige Kämpfe und Raubzüge stattfanden,
sind nun wohl längst einer bessern Ordnung gewichen, doch hat sich aus
jener finstern Zeit immer noch ein etwas abgesonderter Kastengeist und
ein zähes Festhalten an den alten Sitten nicht verwischen wollen.

In den zwanziger Jahren wurde ich von dem General-Gouverneur in Orenburg oft in Dienstverhältnissen nach der Stadt Uralsk gesendet, und damals fand ich in den höhern militairischen Zirkeln der

Männer, welche sich bereits im Dienste bei der Garde und in der Armee gebildet, schon den feinen und gefälligen Weltton, der mit einem Anstrich ritterlicher und freimüthiger Grobheit allen militairischen Kreisen eigenthümlich ist. Die Damen aber waren damals noch wenig zu sehen, und in Gesellschaften, wo sich Fremde befanden, entweder ganz ausgeschlossen, oder sie erschienen, wo es nicht zu vermeiden war, in ihrer sehr reichen und reizenden Nationalkleidung, mit einer von Perlen und kostbaren Steinen schimmernden Kopfbedeckung, als wahrhaft lautlose Automate, die sich einförmig mit Nüssen und Naschwerk beschäftigten und bei jeder Frage oder Annäherung eines Fremden errötheten oder sich scheu und ängstlich zurückzogen. Und doch waren diese Damen Gattinnen von verdienstvollen Obristen und Generalen, deren Decorationen nur auf dem Schlachtfelde erworben waren. Im Jahre 1847, wo ich während einer geologischen Reise diesen fernen Winkel der Erde wieder besuchte, fand ich schon viele Lebenszustände sehr vortheilhaft verändert. Der Heeres-Ataman, Generalmajor von H ., der mir aus früheren Dienstjahren befreundet war, und seine Gemahlin, eine liebenswürdige, feingebildete Dame aus Ehstland, haben durch Beispiel und freundliche Anregung die geselligen Formen des Lebens schon größtentheils umgeändert, so daß, ohne Verwischung des wahrhaft Guten der alten Zeit, nur die frühere Scheu — der Mangel an Gemüthlichkeit — und die starre asiatische Abgeschlossenheit der Damenwelt schon viel verschwunden sind. Eine Erscheinung aber, die sich bei andern Truppen mit dem strengen Subordinations-Purismus nicht gut vereinigen würde, findet bei den Uralschen Kosaken statt, daß nämlich die Rangordnung und strenge militairische Disciplin in allen Dienstsachen sich auf die wunderbarste Weise mit einer Art kameradschaftlicher Brüderlichkeit vermischt hat, die im Außerdienstleben oft bis an eine kindliche Vertraulichkeit hinüberstreift, und doch in dieser heterogenen Mischung einen Esprit de Corps bildet, der rein militairisch ist und niemals die hier so fein gezogene Grenze der Achtung und des Gehorsams überschreitet. Diese Art und Weise der Haltung des Kosaken gegen seine Vorgesetzten und Offiziere liegt theils noch in der traditionellen Erinnerung ihrer alten Genossenschaft und den vielen Familienverbindungen unter einander, theils auch in den nicht auf individuellen, sondern gemeinschaftlichen Besitz ihrer Ländereien gegründeten corporativen Begünstigungen und der besonderen abgeschlossenen Lebensstellung.

Das Klima ist in diesen Ländern mehr trocken als feucht, wozu der gänzliche Mangel an Wäldern sehr viel beiträgt, nur in den Flußniederungen finden sich kleine Spuren von Silberpappeln und Weidenarten, dabei berühren sich hier die größten Extreme. Im Winter steigt die Kälte in der Stadt Uralsk unter dem 51° 10′ nördlicher Breite oft über 25° R., und die Schneegestöber, bekannt unter dem Namen Buran, haben in diesen Steppengegenden etwas wahrhaft furchtbares. Im Sommer aber ist oft mehrere Monate lang keine Wolke am Himmel zu sehen, die Hitze bleibt wochenlang über 30° im Schatten, man ist immerwährend in Schweiß gebadet, so daß der ewig klare Himmel und die blendende Helle der einförmigen Steppe das Auge ermüden. Die Obstcultur ist in der Stadt Uralsk noch sehr wenig entwickelt, aber weiter nach Süden zum Kaspischen Meer, unter dem 47. und 48. Breitengrade, reift in den Gärten der reichen Kosaken schon eine vortreffliche Traube im Freien.

Die Stadt Uralsk, wo der Heeres-Ataman und die Verwaltung ihren Sitz haben, wurde nach einem Brande in den zwanziger Jahren ganz neu aufgebaut und ist eine wirklich schöne Stadt mit größtentheils steinernen Gebäuden und mag wohl bis 20,000 Einwohner haben. Man ist wahrhaft überrascht, hier, nicht allein am Ende des Reichs, sondern auch der civilisirten Welt, nur durch den Uralstrom von Asien und der Kirgisensteppe getrennt, eine so belebte Stadt zu finden, wo fast jeder Uniform trägt und Handel und Wandel ein reges Leben führen. Denn nicht allein die Kosaken treiben Handel mit Fischen, Kaviar, Häuten, Talg, Schaffellen u. s. w., sondern auch viele russische Kaufleute haben sich hier angesiedelt. Eine allgemeine Wohlhabenheit ist nun wohl auf den ersten Blick nicht zu verkennen, aber doch hat die Stadt und das Volksleben, in dem sich immerwährend Tataren, Kirgisen, Kalmücken 2c.

unter den Kosakenuniformen herumbewegen, eine frembartige Physiogno=
mie, welche unwillkürlich an die Nähe Asiens erinnert. Das Land der
Uralschen Kosaken liegt am rechten Ufer des Uralflusses, des früheren
Jaik, welcher hier die Grenze zwischen Asien und Europa ist und zu=
gleich auch das Kosakenland in einer Linie von 670 Werst von der
Kirgisensteppe trennt. Der Boden des Landes — unzweifelhaft einst
der Urboden des alten Kaspischen Meeres — besteht größtentheils aus
sandhaltigem Lehm; ein vortrefflicher Weizenboden, der ohne Dünger
in guten Jahren das 15. bis 25. Korn Ertrag giebt und den herrlichen
großen, etwas durchschimmernden Belaturka= und Kubanka=Weizen lie=
fert. Die Goldhirse giebt auf frischem Boden das 200fache Korn und
nebenbei werden Melonen und wahrhaft köstliche Arbusen (Wassermelo=
nen) auf den Feldern in solcher Menge gezogen, daß an Ort und Stelle
ein ganzes Fuder nur 1 bis 2 Rubel Silber kostet. Weiter nach Süden
zum Kaspischen Meere wird der Boden mehr sandhaltig, untermischt mit
Salzflächen, und in Guriew an der Mündung des Uralflusses sind die
Ufer und das Delta mit so unabsehbaren Rohrfeldern bewachsen, daß
hier wenig oder nichts vom eigentlichen Kaspischen Meer zu sehen ist.
In diesen Rohrwäldern des Delta's liegen eine Menge kleiner Inseln,
welche von Millionen Möven, Pelikanen und anderen Wasservögeln be=
lebt sind. Nest an Nest beengt hier den Fußtritt des seltenen Wan=
derers und ein Schuß genügt, um ganze Wolken dieser Vögel mit
kreischendem Geschrei aufzuscheuchen, welche gemüthlich hier auf diesen
Inseln einen wahren Guano für die Zukunft fabriciren. Diese Gegend
ist übrigens eine wahrhaft schauderhafte Oede, und im Frühjahr lassen
ganze Wolken von Mücken weder Menschen noch Thieren Ruhe. Daher
schlafen auch die Kosaken während der Mückenperiode, im April, Mai
und Juni, entweder auf hohen Gerüsten, wo der Wind die Mücken
verscheucht, oder unter einem aufgespannten Rahmen (Pollok) von dün=
ner Leinwand, und zünden für das Vieh Rauchfeuer an.

Nach Norden zu grenzt das Land an die Gouvernements Oren=
burg und Samara, und hier erscheinen schon einzelne Parzellen der so
merkwürdigen schwarzen Erde, welche wohl in Europa ihresgleichen

nicht hat und keines Düngers bedarf. Der für die geringe Bevölke=
rung verhältnißmäßig noch zu große Landbesitz wird aber immer noch zu
wenig für den Ackerbau benutzt. Zwar ist der Boden in der Nähe der
Stadt noch so ziemlich bebaut, auch finden sich im Innern des Landes
viele einzeln hier und da liegende Ansiedelungen (Chuter) reicher Ko=
saken, die Ackerbau und Viehzucht treiben, im Allgemeinen giebt es
aber noch unabsehbare Flächen, deren jungfräulicher Boden nie von einem
Pflug berührt wurde. Diese wüstliegenden Gegenden werden aber ge=
wöhnlich zu Viehweiden benutzt. Reiche Kosaken besitzen oft 10—20,000
von den Kirgisen erhandelte Schafe mit dicken Fettschwänzen, welche
nebst Kühen und Pferden hier in der Steppe weiden und von einem
Orte zum andern wandern. Im Herbst werden dann Hunderttausende
dieser Schafe an russische Kaufleute verhandelt, welche alle diese un=
förmlichen Fettschwänze in den Talgsiedereien verschwinden lassen, damit
sie später als Talg= und Stearinlichte in ganz Europa herumwan=
dern. Gewöhnlich miethen die Kosaken nomadisirende Kalmücken, um
diese großen Heerden zu hüten. Ich habe mehrmals Gelegenheit ge=
habt, solchen Heerden in der Steppe zu begegnen. Die Hirten, junge
kräftige Kalmücken, auf Kamelen oder raschen Pferden reitend, führen
dann immer ihre Familien mit sich herum. Wenn nun irgendwo auf
mehrere Tage Halt gemacht werden soll, so wird sogleich eine leichte
Filzhütte (Jurta) aufgeschlagen, und da viele Kalmücken noch Lamaiten
sind, so werden von denen, welche gerade Götter oder Burchanen be=
sitzen, diese zuerst aufgestellt und dann wird alles Uebrige ausgekramt.
Eine solche Kalmückenwirthschaft, in welcher es nicht an Schmutz fehlt,
mit Weibern und Kindern in fremdartiger Tracht mit braunen Mon=
golen=Gesichtern, ist für den Fremden eine höchst wunderbare Er=
scheinung.

Der große Landbesitz, der Handel mit dem Innern Rußlands und
der Tauschhandel mit den Kirgisen bieten nun wohl dem Uralschen Ko=
saken großartige Erwerbsquellen, welche sich im Laufe der Zeiten noch
unendlich mehr vergrößern werden, aber dennoch ist der Fischfang im
Ural von der Stadt Uralsk bis zum Kaspischen Meere auf einer Strecke

von 475 Werst gegenwärtig noch die wahre Goldgrube des Landes, woran alle dienenden Kosaken des Landes Theil nehmen.

Die Fischerei im Ural ist ein Vergnügen, als eine Art Jagd, sie ist ein Zustand, wo sich kosakische Gewandtheit, Kraft und rasches Leben vor den Augen Aller auf eine vortheilhafte Art zeigen können. Sie ist ein Glücksspiel, da oft ein einfacher Kosak in ein Paar Stunden, von Glück und Zufall begünstigt, eine Menge großer Fische fängt, die 100 und mehr Rubel Silber werth sind, während sein naher Nachbar den ganzen Tag nicht eine Flosse mit seinem Haken herauszieht. Sie ist daher zugleich auch eine ergiebige Erwerbsquelle, an der Tausende Theil nehmen, und die außer dem Vergnügen noch eine große Masse Geld ins Land bringt. Auch für den eigenen Bedarf im Lande ist der Fischfang sehr wichtig. Die fast unglaubliche Menge aller Arten Fische, welche den Ural und die Nebenflüsse beleben und vom Kaspischen Meere immer wieder Zufluß erhalten, sind, nebst Ueberfluß an Fleisch, die gewöhnliche Speise der Kosaken. Gemüse ist wenig vorhanden und wird auch wenig geachtet, Fleisch und Mehl sind zwar vortrefflich und unglaublich billig, aber ohne Fische, sowohl frischen, als gesalzenen, oder an der Luft getrockneten (Balik), und ohne Kaviar, theils frischen theils gepreßten, kann kein Kosak leben. Das ist die tägliche Speise, welche man das ganze Jahr hindurch in allen Häusern findet. Dieser so ganz frische, nur eben aus dem Fische genommene Kaviar ist aber auch etwas höchst Delicates. Der feine und vortreffliche Geschmack dieses Fischrogens an Ort und Stelle hat etwas ganz Eigenthümliches, welches dem in ferne Gegenden versendeten und gewöhnlich zu stark gesalzenen Kaviar gänzlich abgeht. Besonders wohlschmeckend ist der großkörnige etwas gelbliche, sogenannte Bernstein=Kaviar, der aber als eine Seltenheit nicht in den Handel kommt. Im Jahre 1847, als ich Uralsk zum letzten Male besuchte, kostete ein Pfund frischen Kaviar 20 bis 25 Kop. Silber. Seit jener Zeit aber sind die Preise bedeutend gestiegen, da die Sendungen ins Ausland sich von Jahr zu Jahr vergrößern. Aus allen diesen Gründen ist denn auch der Fischfang im Ural für den Kosaken ein wichtiger Gegenstand, und die Idee desselben durchdringt das ganze Volksleben. Die Kinder auf den Straßen spielen Fischfang, in allen Kreisen wird von demselben gesprochen, und mit Sehnsucht und freudefunkelnden Augen erwartet jeder Kosak die gesetz= lich bestimmte Zeit, wo der allgemeine Fischfang beginnen soll.

Obgleich der Fischfang im Uralflusse schon oft beschrieben und nachgeschrieben worden, so ist dies doch von Augenzeugen in der neuern Zeit, wo sich alle Zustände des Lebens so sehr verändert haben, wohl nicht geschehen. Außerdem ist auch der Gegenstand so höchst merkwür= dig, und im ganzen Erdenraume so einzig in seiner Art dastehend, daß sich immer wieder neue Ansichten daran auffinden lassen, und das In= teressante ist noch lange nicht erschöpft. Das Kaspische Meer enthält einen ungeheuren Reichthum an fetten und wohlschmeckenden Fischen, welche alljährlich, um ihren Laich abzusetzen, in die Wolga und den Uralfluß stromaufwärts gehen. Unter ihnen ist das Geschlecht Acipenser mit rüsselförmigen Köpfen mit seinen vier Arten dasjenige, welches die größten Fische enthält und den schwarzen Kaviar liefert. Der größte von diesen Fischen ist der Hausen (Beluga), welcher nach den Aussagen alter Leute in früheren Zeiten oft in einer Größe von 40—50 Pud (2000 Pfund) gefangen worden sein und 5—6 Pud Kaviar gegeben haben soll. Jetzt sind Hausen, die einen Faden lang, 15 bis 20 Pud wie= gen, schon eine Seltenheit. Nach dem Hausen folgt in der Größe der Stör (Osetr oder Osetrina) mit dem Schipp, einer schlechtern Abart des Störs. Der Stör=Kaviar wird für den besten gehalten, doch geben auch Viele dem vom Hausen den Vorzug. Dann folgt der Sewrüga und zuletzt der kleinste von allen, der Sterlet, welcher ausgewachsen gewöhnlich nur zwei, höchstens drei Fuß lang ist. Frisch ist dieser Fisch außerordentlich fett und wohlschmeckend, und wird als Delicatesse sogar lebend mit großen Kosten bis nach St. Petersburg gebracht. Sein Kaviar ist aber zu feinkörnig und schleimig, und wird daher weniger beachtet. Außer diesen Acipenser=Arten wird der Uralstrom noch von weißen Lachsen, großen Welsen, Hechten, Sandarten, Barsen und vielen an= deren Fischen im Ueberflusse belebt. Da nun, wie gesagt, die Fische zu gewissen Zeiten des Jahres immer stromaufwärts gehen wollen, auch

größtentheils im Flusse überwintern, andere aber, wie z. B. der Se=
wrüga, sobald sie gelaicht haben, wieder ins Meer zurückgehen, so hat
man seit den ältesten Zeiten unterhalb der Stadt eine Fischwehre
(Utschug) errichtet, die alle Jahre neu gebaut und wobei der Strom
von einem Ufer zum andern mit langen Balken gesperrt wird, um die
großen Fische zu verhindern, stromaufwärts über die Grenzen des Ko=
sakenlandes hinauszugehen. An dieser Fischsperre nun drängen und
reiben sich die Fische, von ihrem Instincte getrieben, um gegen den
Strom oder zurück ins Meer zu schwimmen, in einer solchen Menge
und mit solchem Eifer, daß es hier in der Tiefe von Fischen wimmelt,
die in langen Reihen unter und über einander sich gegen die Fisch=
wehre drängen.

Es war im Sommer des Jahres 1824 oder 1825 als ein erst
unlängst angestellter Civil=Gouverneur von Orenburg zum erstenmale die
Stadt besuchte, und mich zu seiner Begleitung wählte. Da es gerade
in einer Zeit war, wo keine Fischerei stattfinden konnte, der Heeres=
Ataman uns aber doch ein Stück des Uralschen Fischerlebens zeigen
wollte, so begleitete er uns zur Fischwehre, wo uns ein wunderbares
Schauspiel erwartete. Auf einen Wink des Heeres=Atamans sprang ein
kräftiger und gewandter Kosak aus der uns umgebenden Menge, warf
rasch Stiefeln und Oberkleider ab, nahm dann in die rechte Hand einen
eisernen Haken, der an einen langen Strick gebunden war, dessen Ende
von Kosaken auf der Fischwehre gehalten wurde, schlug in der Eile
das Kreuz — dann ein geräuschloses Hinabgleiten — und der Kosak
war unter dem Wasser verschwunden! — Es war eine lautlose Stille,
Aller Augen auf die Oberfläche des Stromes gerichtet, und wir Frem=
den eine halbe Minute voller Erwartung der Dinge, die da kommen
würden. Da bewegte sich der Strick — das gegebene Zeichen zum
Heraufziehen — der Taucher erschien wieder auf der Oberfläche des
Wassers, einen zappelnden Fisch, mit dem eisernen Haken in die Kiemen
gefaßt, hinter sich herschleppend, und in diesem Zustande wurden beide
unter lautem Jubel der Kosaken ans Ufer gezogen. Man denke sich
nun unser Erstaunen bei dieser wunderbaren Erscheinung, wir blieben

eine ganze Zeit lang lautlos, endlich nahm der Gouverneur zuerst das Wort und bemerkte mir in französischer Sprache: er glaube, daß der Fisch wohl unten im Flusse bei der Fischwehre angebunden gewesen sein müsse, denn in einem großen Strome mit den Händen einen solchen Fisch zu fangen, sei doch eine wahre Unmöglichkeit. Der Heeres-Ataman, ob er gleich die Sprache nicht verstand, begriff aber dennoch mit der bekannten kosakischen Verständlichkeit den Sinn der Rede, befahl eine lange, unten zugespitzte Stange zu bringen, und bat nun den Gouverneur, er möge mit Hülfe eines Kosaken es doch versuchen, neben der Fischwehre die Stange unten in die Tiefe des Flusses hinabzu stoßen. Das Experiment wurde, nachdem der Kosak vorher etwas son dirt und die Stange gehörig gerichtet hatte, mehrere Male versucht, und jedesmal erhielt der Gouverneur einen so starken Ruck in die Hand, daß er unwillkürlich die Ueberzeugung erhielt, immer auf einen Fisch gestoßen zu haben. Zuletzt wurde ihm sogar bei einem kräftigen Stoße, wo wahrscheinlich die Spitze der Stange recht getroffen und ein großer Fisch verwundet sein mochte, die Stange durch den starken Ruck des Fisches aus der Hand gerissen. Der Heeres-Ataman erklärte uns nun, daß dies Kosakenkunststück gar nicht so schwer sei, wie es scheine, denn da sich eine so große Menge Fische an den Balken der Wehre herum dränge und gegenseitig drücke und reibe, so würde der leise herabsin kende Mensch von den Fischen kaum bemerkt, und könne sich bei günstiger Gelegenheit und wenn der Kosak seine Sache nur gut verstehe, sogar die Herren da unten recht gemüthlich betrachten und nach Belieben wählen. Doch dürfe der Taucher den Fisch mit seinem eisernen Hand haken nur in die Kiemen fassen, welches aber ebenfalls nicht schwer sei, da der Fisch sie beim Wasserathmen immer öffne. Zufällig war der gefangene Fisch ein Roger. Das Ovarium wurde daher herausgenom men, etwas durcheinander gerührt, hierauf durch ein Sieb gepreßt, wobei Fasern und Schleimhäute zurückblieben, zuletzt dann noch dieser durchgepreßte Rogen etwas gesalzen und der Kaviar war fertig, so daß uns in der Wohnung des Heeres-Atamans ein ganz frischer Kaviar zum Frühstück vorgesetzt werden konnte, all ends in a meal! —

So unwahrscheinlich auch diese Geschichte natürlicherweise erschei=
nen muß, so ist sie doch in jenen fernen Gegenden eine allgemein be=
kannte Sache. Ich berufe mich hier auf Pallas Tom. I. pag. 283 ꝛc.,
der über die Unmassen der Fische, welche sich in ältern Zeiten an der
Fischwehre drängten, um stromauf zu gehen, folgendes sagt: „daß da=
mals der Uralfluß durch einen Fischwehrenfang weiter abwärts zum
Kaspischen Meere abgesperrt worden, und der Andrang von Sewrügen
oft so stark gewesen sei, daß man gefürchtet habe, sie würden die Fisch=
wehre durchbrechen, daher man die Fische mit blinden Kanonenschüssen
verscheucht habe."

Im März, April und Mai ziehen die Acipenser=Arten am häu=
figsten aus dem Meere stromaufwärts und oft in großen Schaaren, am
spätesten kommen die Sewrügen. So zahlreich der Fischfang auch
gegenwärtig noch immer ist, so hat doch nach den Aussagen alter Leute
im Vergleich mit frühern Zeiten sowohl die Menge als auch die Größe
der Fische bedeutend abgenommen. Viel mag wohl dazu beitragen,
daß die großen Fischereien in der Wolga und im Ural, bei Astrachan
und im Kaspischen Meere selbst diese Abnahme veranlassen, denn schwer=
lich wird man sich einen Begriff davon machen können, welche unge=
heure Masse dieser schönen Fische theils gesalzen, theils steinhart gefroren
oder in langen Streifen (Balik) an der Luft getrocknet, alljährlich ver=
schickt und in dem ganzen großen russischen Reiche während der Fasten=
zeit consumirt wird. Andrerseits mag auch wohl die von Jahr zu Jahr
allmälig zunehmende Versandung der Strommündungen des Urals mit
Veranlassung sein, daß die Zahl der großen Fische sich vermindert,
denn mir erzählte ein Kosak in Guriew, er habe selbst gesehen, daß
im Frühjahre zu einer Zeit, wo der Fischfang im Ural noch verboten
war, ein großer Hausen bei der Mündung des Urals auf eine Sand=
bank gerathen, so daß der Rücken des Fisches aus dem Wasser hervor=
geragt, und das große Thier sich nur mit vieler Anstrengung aus dem
Sandschlamme herausgewühlt habe, um in tieferes Wasser zu kommen.

Im Ural finden, außer einigen kleineren, weniger bedeutenden, jetzt
nur drei gemeinschaftliche große Fischereien statt, woran alle Kosaken

Theil nehmen. Die Zeit und der Ort des Fischfanges, die Größe der Fischergeräthe und das ganze Verhalten ist bei diesen Fischfängen auf das Genaueste bestimmt und wird mit militairischer Strenge befolgt. Der erste ist der Frühlingsfischfang, der zweite der Herbstfang, beide mit Netzen, — und der dritte und merkwürdigste von allen ist der Winterfischfang auf dem Eise (Bagrénie) mit 8 bis 10 Faden langen Stangen, an deren unterem Ende starke eiserne halbrunde und sehr geschärfte Haken befestigt sind. Dieser letztere Fischfang ist das interessanteste Stück im Leben der Uralschen Kosaken. Jedes Mal, wenn im Sommer ein Fischfang beginnen soll, wird unter den ältesten Stabsoffizieren ein Fischerei-Ataman gewählt, der für die bestimmte Ordnung sorgt, wann und wo die Fischerei beginnen soll, zugleich auch Streitigkeiten entscheidet und dem Alle nach militairischer Ordnung den strengsten Gehorsam schuldig sind. Täglich wird eine gewisse Strecke des Flusses angewiesen, die zum Fischen bestimmt ist, und deren Grenze keiner überschreiten darf; hat man diese des Abends erreicht, so erfolgt das Zeichen, die Fischerei hört auf und alles begiebt sich ans Ufer ins Lager, wo Pferde und Wagen halten, gekocht und gebacken wird, und wo schon viele russische Kaufleute harren, um die Fische zu kaufen, einzusalzen und weiter zu schicken. Bei Tagesanbruch wird wieder eine neue Strecke stromabwärts angewiesen, wo gewöhnlich das Zelt des Fischerei-Atamans aufgestellt ist. Das bunte Fischerleben fängt nun wieder von Neuem an, und so geht es alle Tage weiter, stromabwärts, bis ein paar Hundert Werst abgefischt sind und man endlich beim Kaspischen Meere anlangt, an welchem die Fischerei auf diese Art ein Ende hat. Bei der Frühlingsfischerei, bei welcher seltener einzelne Hausen und Störe erscheinen, welche aber nach der bestehenden Ordnung immer wieder zurück in den Fluß zu werfen sind, werden vorzugsweise nur Sewrügen und einzelne Lachse gefangen. Die Herbstfischerei nimmt im October ungefähr 200 Werst von der Stadt Uralsk ihren Anfang und endet beim Kaspischen Meere. Die Ordnung ist ganz dieselbe wie bei der Frühlingsfischerei, nur daß hier andere, weit stärkere Netze benutzt werden. Es ist bei diesen Fischereien ein wahres

Vergnügen zu sehen, wie der ganze Strom bis in weite Ferne von Menschen wimmelt, und wie die flinken Kosaken in ihren leichten Bay-daren — kleine Kähne, in denen gewöhnlich nur ein Kosak sitzt — mit Blitzesschnelle über den Strom hin und her schießen, mit außerordentlich raschen und oft kühnen Wendungen ihrer Nußschalen sich, so weit es die Ordnung erlaubt, gegenseitig zuvorzukommen suchen, und wie bei dieser Gelegenheit dann und wann ein noch etwas unerfahrener Kosak ins Wasser plumpst, ohne sich im Geringsten etwas daraus zu machen. da jeder von ihnen vortrefflich schwimmen kann, und im Wasser wie zu Hause ist. Dabei ist die rasche Entschlossenheit, Gewandtheit und das Savoir faire der Kosaken in allen Sachen, die nur entfernt an Gefahr erinnern oder Unternehmungsgeist verlangen, wahrhaft bewun-dernswürdig! — Diese Menschen, die so zu sagen im Flusse und im Meere aufgewachsen sind, würden vortreffliche Seeleute abgeben, wenn das Kaspische Meer nicht als ein großer Binnensee so sehr abgeschlossen wäre. So viel aber bleibt wohl gewiß, daß durch dies freie, wilde, und doch mit militairischer Disciplin geordnete rasche Fischerleben der Kosak in seinem ganzen Habitus als Krieger sehr gekräftigt und in seinem Wesen eine gewisse Sicherheit, rasche Entschlossenheit und That-kraft unterhalten wird, die ihn im Felde bekanntermaßen so vortheil-haft auszeichnen. Ich komme nun zu der dritten Art oder Winter-fischerei, welche, wie gesagt, von allen die interessanteste ist.

Sobald im Spätherbst der Uralfluß anfängt sich mit einer leichten Eisrinde zu bedecken, welches gewöhnlich Ende November oder im December der Fall ist, suchen die Fische vorzugsweise die tieferen Stellen des Flusses auf, um hier reihenweise den Winter in einer Art von Ruhe zu verleben. Da sich aber der Boden des Uralflusses durch die Strömungen alljährlich verändert, so daß die tieferen Lager-stellen der Fische nicht immer bekannt sein können, so merken sich die Kosaken, sobald der Fluß zufrieren will, diejenigen Stellen, wo die Fische an der Oberfläche erscheinen, um zu spielen, oder sie legen sich, sobald der Fluß nur eben zugefroren ist, auf das dünne und wie Glas durchsichtige Eis, bedecken den Kopf mit einem dunklen Tuche und

können dann die großen auf dem Grunde des Flusses ruhig liegenden
Fische sehen. Diese Andeutungen suchen sie dann bei der allgemeinen
Winterfischerei zu benutzen. Der erste und kleinste Fischfang erfolgt
gewöhnlich in den ersten Tagen des Decembers, oft sogar schon Ende
November, wenn das Eis noch sehr schwach ist, und dauert gewöhnlich
nur einen Tag. Auch fischen hier blos eine gewisse Anzahl Kosaken,
denn der Zweck derselben besteht eigentlich nur darin, nach altväterlicher
Sitte eine Menge der schönsten Fische und des besten Kaviars als
Präsent — wie es die Kosaken nennen — so schnell wie möglich zum
Allerhöchsten Kaiserlichen Hofe abzufertigen. Zu diesem Zwecke harren
schon ein Offizier und neun Dreigespanne mit raschen Pferden am
Ufer. Die Fische und der Kaviar werden aufgeladen und mit sausen-
der Eile geht es nun Tag und Nacht mit Postpferden bis nach Petersburg, von wo die Ueberbringer immer mit reichen Geschenken zurückkehren.

Der zweite eigentliche und allgemeine Fischfang oder das kleine
Bagrénie erfolgt immer vor Weihnachten, dauert nur 8 Tage und endet
80 Werst von der Stadt Uralsk abwärts zum Kaspischen Meere in
täglichen Stationen. Der dritte Fischfang oder das große Bagrénie
fängt 80 Werst von der Stadt an und endet 180 bis 200 Werst von
Uralsk. Jeder Kosak fischt für sich mit einem Fischhaken, denn jeder
erhält nur einen Erlaubnißschein, Offiziere und Beamte verhältnißmäßig aber mehr. Diese können, wenn sie sich nicht selbst das Vergnügen der Fischerei machen wollen, Leute miethen, dies hindert aber
nicht, daß mehrere Kosaken, welche Erlaubnißscheine haben, sich gegenseitig helfen, Gesellschaften bilden (Artels) und die gefangenen Fische
gemeinschaftlich theilen. Als Fischgeräth hat jeder Kosak den oben
beschriebenen langen Fischerhaken, mehrere kleine Haken an kurzen
Stangen, um den Fisch herauszuziehen, wenn er schon gefangen ist,
eine eiserne Brechstange zum Aufbrechen des Eises und eine Schaufel.
In den früheren Zeiten wurde der Winterfischfang im Ural auf eine
ganz andere Art betrieben, wie gegenwärtig. Alle Fischhaken wurden
nämlich auf Schlitten gelegt, die immer mit den schönsten und oft auch
recht wilden Pferden bespannt wurden. Die Tausende von Schlitten

stellten sich in Reihen hinter einander auf, um, sobald das Zeichen gegeben wurde, in einer Art Wettlauf die Stelle zu erreichen, wo der Fischfang seinen Anfang nehmen sollte. Von dem Getöse dieser wüthenden Jagd, bei welcher Einer dem Andern vorzukommen suchte, erdröhnte das Eis und wurden die Fische von ihren Lagerstellen aufgescheucht. Da aber bei dieser Art der Fischerei Unfälle nicht zu vermeiden waren und auch andere Unbequemlichkeiten stattfanden, so wurde die tolle Pferdejagd aufgegeben und man fischt gegenwärtig auf andere Weise.

Sobald der Tag erscheint, wo die Fischerei beginnen soll, und der Fischerei-Ataman bestimmt worden, ist Alles schon voller Erwartung und Leben. Mancher Kosak kann vor Freude die ganze Nacht nicht schlafen und lange vor Tagesanbruch wird schon gekocht und gebraten, gegessen und getrunken. Kaum zeigt sich der erste Schimmer der Morgenröthe, so ziehen die Tausende von Kosaken schon zum Flusse an den Ort, wo der Fischfang beginnen soll. Ihnen folgen eine Menge Russen und Kirgisen, welche als gemiethete Arbeiter für die Pferde zu sorgen haben, das Zelt oder die Filzhütte aufschlagen, Feuer von Strauchwerk anmachen und überhaupt alle Arbeiten verrichten, die nicht unmittelbar der Fischerei angehören, mit welcher sich der Kosak allein beschäftigt. Hinter den Kosaken folgen große Züge russischer Kaufleute aus Uralsk und anderen Orten mit ihren vielen Fuhren und Arbeitern, welche den Fischzug immerwährend begleiten, die Fische, so wie sie aus dem Wasser kommen, sofort von den Kosaken kaufen, den Kaviar herausnehmen, einsalzen und in Tonnen schlagen, die Fische selbst aber, nachdem auch die sogenannte Hausenblase herausgenommen ist, entweder steinhart frieren lassen oder ebenfalls einsalzen, um Alles so rasch als möglich ins Innere des Reichs zu versenden. Zusammen mit den Kaufleuten begleiten immer eine Menge Handelsleute oder Marketender den Fischzug, schlagen ihre leichten Hütten am Ufer auf, wo sie dann Hafer und Heu, Brod, Backwerk, Nüsse, Pfefferkuchen und anderes Eßwerk verkaufen, dabei aber auch Thee und Branntwein verschenken. Hat der große Zug dieser Masse von Menschen und Thieren in langen Reihen endlich die Ufer des Flusses erreicht, so werden in der Eile eine Menge von Filzhütten, leichte Zelte und andere kleine Wohnlichkeiten errichtet, die aber, da sie den Fischzug immer stromabwärts begleiten, nur auf kurze Zeit berechnet sind. Alles ist hier in reger Thätigkeit, um das Lager einzurichten, die Ufer wimmeln von Menschen und das Ganze gleicht einer großen Völkerwanderung. Endlich hat Alles einen Platz gefunden, am Ufer ist die Signalkanone aufgestellt und neben ihr steht der Artillerist mit der brennenden Lunte. Nun erhalten die Kosaken den Befehl, sich in langen Reihen an den beiden Ufern des Flusses aufzustellen, um hier das Signal zum Fischfange zu erwarten. Jeder Kosak schleppt die Fischhaken und Brechstangen hinter sich her und stellt sich ans Ufer, wo er gerade Platz findet, oder wo er glaubt eine tiefe Stelle und viele Fische zu finden.

Nachdem sich Alles geordnet und beide Ufer des Urals mit Ko-saken besetzt sind, tritt endlich der Fischerei-Ataman aus seinem Zelte und geht langsam mitten auf den Fluß, den vor dem Kanonenschusse kein Kosak betreten darf. Nun erfolgt eine wahre Todtenstille, Alles ist voller Erwartung und mit vorgebeugtem Oberkörper ist schon Jeder zum Sprunge bereit. Es ist ein wahrhaft interessanter Augenblick, diese Reihen so vieler kräftiger und lebensfroher Menschen lautlos und doch in höchster Aufregung zu sehen. Wie wunderbar schön dieses Alles ist, läßt sich nur unvollkommen beschreiben. Alle Gesichter strahlen voller Freude und Lust, die Augen entweder auf einen vorher aus-gesuchten Fleck im Flusse, oder starr auf den Fischerei-Ataman gerichtet, der das Zeichen zum Abfeuern der Kanone geben soll. Doch dieser übereilt sich nicht — er geht gemüthlich von einem Ufer zum andern und macht allerlei Bewegungen, um die Kosaken zu täuschen. Ist der Heeres-Ataman zufälligerweise gegenwärtig, so nimmt der Fischerei-Ataman seine Mütze ab und verbeugt sich ehrfurchtsvoll in der Richtung hin, wo dies oberste Haupt der Kosaken am Ufer steht. Dann giebt er endlich nach vielen Neckereien das geheime Zeichen, welches nur ihm und dem Artilleristen bekannt ist.

Die Kanone kracht, der dicke Rauch hat sich kaum aus der Mün-dung gewälzt, so entsteht in demselben Augenblicke ein wahrer Höllenlärm, denn das ganze Kosakenheer stürzt sich mit Geschrei und Jubel bunt durch einander aufs Eis. Jeder strebt nun mit rasender Hast nach einem vorher ausgesuchten Platz zum Fischen, oder wenn ihm ein Anderer schon zuvorgekommen, so wählt er eine andere Stelle, wie Eile, Zufall und Raum es gestatten. In einem Nu werden Tausende kleiner Löcher von ein paar Fuß im Durchmesser ins Eis gehauen — und an vielen Stellen, wo man gerade viele Fische erwartet, kaum 3 bis 4 große Schritte von einander entfernt, und nun erhebt sich ein ganzer Wald von langen Fischerhaken, welche in diese Eislöcher bis auf ein oder zwei Fuß vom Grunde herabgesenkt, und von den Kosaken in der Hand gehalten werden, damit der Fischer sogleich fühlen kann, wenn ein Fisch über den Haken geht, oder die Stange berührt. Ist dies nun der Fall, so zieht der Kosak mit einem schnellen Ruck die Stange aufwärts, der scharfe Haken faßt den Fisch unter dem Bauche ins Fleisch und er ist gefangen. Das Loch im Eise wird nun vergrößert, der Fisch mit kleinen Haken noch besser gefaßt und endlich von einem Kosaken, oder mit Hülfe mehrerer, aufs Eis gezogen. Durch das Hin- und Herlaufen und das Geschrei der vielen Menschen, durch das Brechen der Eislöcher und durch die Tausende von langen Stangen, welche sich labyrinthisch in die Tiefe senken, werden die Fische von ihren Lagerstellen aufgeschreckt, streichen unruhig hin und her und gerathen nun immerwährend in die Fischhaken. Dadurch wird auch bald das ganze Eis mit Blut bedeckt; es ist eine wahre Schlacht, und am Ufer häufen sich kleine Berge von Fischen, denn sobald nur ein Fisch am Haken sitzt, erscheinen auch schon Kaufleute auf dem Eise, um zu handeln und dem Kosaken seinen Fisch abzukaufen. Oft geschieht dies, wenn der Fisch noch unter dem Wasser ist und man seine Größe noch nicht kennt, in welchem Falle denn auf gut Glück gekauft und verkauft wird.

Mitunter trifft es sich auch, daß ein langnasiger Schipp oder ein großer Wels von 3 bis 6 Pud gefangen und unten im Flusse schon am Haken festsitzt. Da aber der Wels wenig geachtet wird und auch keinen Kaviar giebt, so bietet der erfahrene Fischer, der schon seinen Fang, ohne ihn gesehen zu haben, am Gefühl des weicheren Fleisches und der Bewegung am Haken erkennt, den Fisch auf gut Glück zum Verkauf aus, wobei es an gewandter Ueberredung auch nicht fehlt. Findet sich nun ein noch unerfahrener Käufer, so wird ihm die Stange des Fisch=hakens in die Hand gegeben, er fühlt, wie der große Fisch zappelt und die Stange hin und her rüttelt, und je wilder der Fisch da unten tobt, desto größer wird die Lust zum Kaufen und die Ueberzeugung, daß doch nur ein großer Hausen oder ein herrlicher Stör am Haken sitzen könne.

Mancher Kosak steht viele Stunden, ohne daß ein Fisch auch nur seine Stange berührt. Er zieht seinen Fischhaken endlich aus dem Wasser, um einen anderen Platz zu erwählen. Kaum aber hat er seine Stelle verlassen, so wird diese auch schon von einem Anderen einge=nommen, der dann oft, durch Glück und Zufall begünstigt, gleich beim Herabsenken seines Hakens den herrlichsten Fisch herauszieht. Hat der Kosak lange nichts gefangen, so fühlt er auch wohl vorsichtig mit dem Fischhaken unten im Flusse herum, ob nicht ein vorbeistreichender Fisch die Stange berührt, welchen er dann durch einen kräftigen Ruck einzuhaken sucht. Ist der Fisch zu groß und macht er da unten viel Lärm und Spektakel, indem er sich loszureißen sucht, welches sehr oft gelingt, besonders wenn ihn der Haken nur am Schwanze gefaßt hat, so ruft der Kosak seinen zunächst stehenden Nachbar zu Hülfe. Es wird nun noch ein Haken eingesetzt und der Fisch endlich mit vereinten Kräften au s Eis gezogen.

Am vorsichtigsten und daher am schwersten zu fangen sind die großen Hausen von 15 bis 20 Pud (800 Pfund). Wird ein solcher Riesenfisch durch den fürchterlichen Lärm und das Getöse, wovon das ganze Eis erdröhnt, aufgeschreckt, so kommt er oft an die Oberfläche des Eises, um zu sehen, was da oben geschieht, oder er schwimmt schlau im halben Wasser. Berührt nun so ein großer Knabe die Stange des 4 oder 5 Faden tiefer im Grunde liegenden Hakens, so erfordert es viel Schnelligkeit und Gewandtheit, den Haken rasch so weit heraufzu=ziehen, um den Fisch unter dem Bauche zu fassen. Oft zerbricht ein solcher Fisch die Stange, fährt in den Haken des Nachbarn, zerbricht auch diesen und sucht zu entkommen, was aber doch nur selten gelingt. Denn da überall auf dem Flusse Haken an Haken eingesenkt sind, so entsteht, wenn ein so großer Fisch durchgeht, ein allgemeiner Lärm; Alle passen auf, wo sich die Stange rührt, und oft wird der Flüchtling doch eingefangen, unter allgemeinem Jubel und Zappeln des Fisches aufs Eis gezogen und wandert nun in die Hände der Kaufleute. So ein großer Hausen, der 100 bis 130 Pfund Kaviar giebt, wird von den Kosaken für sehr listig gehalten.

Für den fremden Beobachter hat dies höchst eigenthümliche Fischer= leben einen so hohen Reiz, daß man sich nicht satt sehen und nicht genug das rasche unternehmende Wesen der Kosaken bewundern kann. Fällt z. B., selbst bei starkem Froste, eine eiserne Brechstange durch das aufgeeisete Loch in den Strom, so wird hiervon nicht viel Wesens gemacht, der erste beste Kosak entkleidet sich, man bindet ihm einen Strick um den Leib, er taucht unter, findet die Brechstange und wird von seinen Kameraden wieder aufs Eis gezogen, hier kleidet er sich schnell an, macht das Kreuz, nimmt dann auch wohl einen Schluck Branntwein und geht nun, als wenn nichts vorgefallen wäre, ruhig wieder an seine Fischerei.

Höchst interessant war die Fischerei im December, ich glaube im Jahre 1847. Es war schon hohe Zeit, das Präsent zum Allerhöchsten Kaiserlichen Hofe abzufertigen. Der Ural war aber noch nicht ganz zugefroren, und in der Mitte gab es noch große Flächen offenes Wasser. Man versuchte wohl zu fischen, aber es wollte sich nichts fangen lassen. Endlich bemerkte ein Kosak, daß sich eine Menge Fische, durch den Lärm aufgescheucht, an der Oberfläche des offenen Wassers zeigten, wie nun aber da hinkommen? Doch ohne langes Besinnen wurde eine Eisscholle vom Rande abgehauen, ein rüstiger Kosak setzte sich darauf und schwamm nach der Mitte, vorsichtig mit dem Fischhaken im Wasser so lange herumfühlend, bis er endlich so glücklich war, einen recht großen Fisch mit dem Haken zu fassen. Nun aber wurde das Schauspiel erst recht interessant. Der Kosak konnte das große Thier nicht bändigen, es schleppte ihn mit der leichten Scholle hin und her, und zuletzt zog es ihn von der Scholle herab. Doch der Kosak hielt die Stange mit dem Fische immer fest, plätscherte im Wasser so gut es gehen wollte, und da er sich zuletzt dem Rande des Eises etwas näherte, so wurde ihm ein langer Haken vorsichtig in die Kleider gehakt, und nun Mensch und Fisch zusammen unter grenzenlosem Jubel aufs Eis gezogen. Da nun das Kunststück so wunderbar geglückt war, so wurde eine große Eisscholle abgetrennt, mehrere Kosaken sprangen darauf, um den Feind mitten im Flusse anzugreifen. Dieser Fischfang war nun wohl mühevoll und ungewöhnlich, aber doch machte er den Kosaken eine allgemeine Freude, da das Allerhöchste Präsent nun zur bestimmten Zeit abgesendet werden konnte.

Ist der Fischfang endlich an einem Tage beendet, so begiebt sich Alles ins Lager, es wird gegessen und getrunken, gekauft und verkauft, Fische eingesalzen und Kaviar gemacht. Die Tagesereignisse werden dann vielfach besprochen, es wird gelacht und gejubelt und die Ufer des Urals ertönen oft von den heimathlichen Klängen des Gesanges, bis endlich ermattet von der Arbeit Alles in Schlummer sinkt. Doch kaum graut der Morgen, so wird auch schon aufgebrochen, man zieht stromabwärts nach einer neuen Station, auf welcher die Fischerei ebenso wie am ersten Tage wieder durch einen Kanonenschuß eröffnet wird. In dieser Weise rückt man alle Tage weiter vor, bis endlich der ganze Strom, so weit es bestimmt, völlig abgefischt ward, und alle Kosaken in ihre Wohnungen zurückkehren. Die gefangenen Fische werden nun größtentheils in das Innere des Reichs gesendet, der herrliche Kaviar und die Hausenblase aber in ganz Europa herum verschickt. Die Winterfischerei ist nun beendet und erst im nächsten Frühjahr, wo wieder neue Schaaren von Fischen aus dem Kaspischen Meere aufwärts in den Strom ziehen, und alle Gewässer sich aufs Neue füllen, beginnt das lustige Fischerleben wieder von Neuem.

Eine Bärenjagd im Uralgebirge.

Bei meinen geologischen Streifereien im Uralgebirge übernachtete
ich einst mit meinem Freunde O   in einem Mordwinen-Dorfe.
Es war ein kalter Herbsttag; in bräunlichem Purpur zitterten schon
die Blätter der Espe und das falbe Laub der Birke wurde vom Winde
hin und her getrieben. Vom hohen Bergabhange herab führte der
Weg gerade ins Dorf, das unten im Thale lag und von einer großen
Masse Kornhaufen umgeben war. In der Niederung des Dorfes schlängelte sich durch üppige Wiesen und fruchtbare Aecker ein kleiner Bach,
und jenseits über den Thalweg hinauf schimmerten in weiter Ferne
einige hohe Bergkuppen des Urals, die bereits mit Schnee bedeckt waren.

Die Mordwinen sind bekanntermaßen ein finnischer Volksstamm
und haben in mancher Hinsicht viel Aehnliches mit unsern Esthen; denn
nicht allein, daß beider Sprachen unbezweifelt auf einen gemeinschaftlichen Ursprung hindeuten, so daß, wer Esthnisch spricht, sich, wenigstens
in sehr vielen Hauptwörtern, auch den Mordwinen verständlich machen
kann, sondern auch in der Physiognomie beider Völker liegt viel Aehnliches. So sieht man z. B. sehr häufig bei den Mordwinen jene weißen
und runden Vollmondsgesichter mit blonden Haaren, wie man sie so
oft in den Küstengegenden Esthlands und auf der Insel Oesel antrifft.
Im Allgemeinen sind die Mordwinen kräftige, arbeitsame und friedliche
Menschen, die größtentheils vom Ackerbau leben, und im Vergleich mit
ihren asiatischen Nachbarn, türkischen Stammes, in der Regel immer

wohlhabend sind. Von dem Aeltesten des Dorfes wurde uns auf das freundlichste eine besondere Wohnung angewiesen, die kleine Reisethee= maschine summte schon, und wir waren eben im Begriff, uns Thee zu machen, da ertönte plötzlich in der Ferne das Glöcklein eines Rei= senden; wir eilten ans Fenster und sahen, wie ein Dreigespann in wildem Galopp auf dem Heerwege heranbrauste. Die Pferde waren mit Schaum bedeckt, und aus dem Tarantas stieg, begleitet von einem Baschkiren=Kosaken, ein in den Schuppenpelz gehüllter Mann. Mein Freund O   schien ganz überrascht zu sein, und erwiderte auf meine Frage, daß er den Anreisenden sehr wohl kenne, es sei nämlich der im ganzen Uralgebirge bekannte kühne Bärenjäger N. N., ein bei der Basch= kiren=Verwaltung angestellter sehr gebildeter Beamter. Derselbe wohne auf der asiatischen Abdachung des Gebirges, in einem Baschkiren=Dorfe, von wo aus er im Herbst und Winter, begleitet von einigen kühnen Baschkiren, Streifereien bis in die wildesten und unwegsamsten Gegen= den des Urals unternehme, um den Bären in seiner Winterhöhle zu überraschen; auch sei er schon oft in Lebensgefahr gewesen, mehrmals von den Bären schwer verwundet worden, doch dies habe seine Nei= gung zu kühnen Unternehmungen in diesem Genre nur noch vermehrt, so daß schon das bloße Gespräch von Bären oder Bärenjagden bei ihm eine fieberhafte Aufregung hervorbringe. Zugleich machte mein Freund O   mir den Vorschlag, den interessanten Bärenjäger zum Thee ein= zuladen, welche Einladung, nachdem sie geschehen war, mit vieler Freund= lichkeit angenommen wurde. N. N. war ein Mann von 35 bis 40 Jahren, mit ausdrucksvollem Gesicht und einer großen Narbe schräg vor der Stirn abwärts bis zur Mitte der Wange; nicht groß gewachsen, aber von starkem kräftigen Muskelbau, schwarzen blitzenden Augen und raschen gewandten Bewegungen — mit einem Worte: ein Mann voll Leben und Feuer, in dessen Zügen aber auch zugleich Frohsinn und Gutmüthigkeit nicht zu verkennen war. Wir wurden bald Freunde und da N. N. ebenfalls beabsichtigte, hier im Dorfe zu übernachten, so lei= teten wir das Gespräch auf seine vielen Bärenjagden im Ural und er= suchten ihn, uns eins oder das andere seiner Abenteuer mitzutheilen.

Kaum hatten wir diesen Gegenstand berührt, so schien N. N. plötzlich
wie umgewandelt, sein Gesicht belebte sich und seine Augen funkelten.
Er ließ sich nicht lange bitten und erzählte Folgendes:

„Es war vor drei Jahren im Spätherbst, und hoch im Ural lag
schon etwas Schnee, als ich von einem meiner Baschkiren erfuhr, er sei
auf der Marderjagd im Gebirge gewesen und habe ein Bärenlager entdeckt, doch es nicht gewagt, eine nähere Untersuchung anzustellen, und
wisse daher nicht, ob es leer sei oder der Bär sich schon gelagert haben
möge. Unverzüglich schickte ich nun nach einem Baschkiren, Namens
Muchamet Timurbaef, der als ein unternehmender und leidenschaftlicher
Jäger mich auf allen meinen Bärenjagden begleitete, und da ich erfuhr,
daß zwei mir bekannte russische Kosaken mit Erbsröhren (Wintofky)
den Tag vorher im Gebirge auf der grauen Eichhörnerjagd gesehen
worden waren, und wahrscheinlich in einem nahen Tschuwaschen-Dorfe
übernachteten, so schickte ich einen Expressen, und ließ auch diese beiden
Kosaken auf den andern Tag zur Bärenjagd einladen. Am frühen
Morgen versammelten sich nun alle meine Jäger, zuerst Muchamet mit
fünf Baschkiren, unter denen auch der Wegweiser war, alle wohl beritten
auf leichten Pferden und mit dem Querspieße (Rogatky) bewaffnet, eine
Waffe, welche unbezweifelt die zweckmäßigste ist, sobald der Schuß
gethan und der Bär sich hebt, um dem Schützen zu Leibe zu gehen,
und es nun zum Handgemenge kommt."

„Die Baschkiren ritten voraus, um den Weg zu zeigen, ihnen folgte
mein leichter Jagd-Tarantas für mich und die beiden Kosaken mit ihren
Erbsröhren, ich selbst aber war mit einer guten Doppelflinte und einem
Querspieße bewaffnet, der mir schon sehr oft treue Dienste geleistet hatte,
und so ging es nun im Galopp aufwärts dem Gebirge zu. Anfänglich
war der Weg ziemlich breit und fahrbar, bald aber lenkten wir seitwärts
auf einen Holzweg, von dem sich zuletzt jede Spur verlor, und nun ging es
immer gerade aus, bergauf, bergab, durch Schluchten und über steile, mit
Nadelhölzern und Gesträpp bedeckte Abhänge. Nach und nach wurde der
Wald immer dichter und riesige Baumstämme moderten überall um uns
her, so daß sich unser leichter Tarantas nur mit Mühe vorwärts bewegen

konnte und dies um so schwerer, da es immer bergauf ging, und zuletzt sich schon Spuren von Schnee zeigten, als Beweis, daß wir wohl eine ziemliche Höhe erreicht haben mußten. Endlich aber wurde der Wald lichter, und plötzlich standen wir am waldlosen Abhange einer Hochebene, die sich steil abwärts in ein tiefes Thal herabsenkte, das aber von der uns gegenüber liegenden Seite nur von flach ansteigenden Bergen um= grenzt war. Hier unten im Thale sollte sich nun, nach den Worten unseres Wegweisers, das Bärenlager befinden."

„Es war ein herrlicher Anblick von dieser Höhe, ein wildes, schauer= liches Naturgemälde. Vor uns am Rande des Bergabhanges gewal= tige Felsmassen und Trümmergebilde, unter uns das tiefe wilde Thal, dessen Krümmung sich in den fernen Bergschluchten verlor. Rechts unter unsern Füßen ein Urwald von Fichten, Tannen und Pichten in dunkler Färbung, aus welcher einzelne Gruppen hundertjähriger Birken mit falbem Laube und silberner Rinde kühn hervorragten, und hoch über uns und jenseits dieses Urwaldes das Gewirre hoher Bergspitzen und Felskuppen des Urals, über welche leichte Wolken und Winde hin und her getrieben wurden. Links von uns, auf der asiatischen Seite des Urals, waldlose Berge nur von einzelnen Baumgruppen bekränzt, lange Querthäler mit kleinen Bachrinnen, zuletzt wellenförmige Hügelgruppen, und über jene hinaus die endlose Abdachung bis zur fernen bläulich schimmernden baumlosen Steppe."

„Mit Erstaunen betrachtete ich die wilden Formen dieses wunder= baren Naturgemäldes, und selbst meine Baschkiren — diese rohen Natur= kinder — schienen sich über die herrliche Fernsicht zu freuen; doch bald entstand die Frage, wie nun den Tarantas den steilen Abhang herab zu bringen? Freilich wäre es weit leichter gewesen, ein paar Werst umzufahren, und uns von der andern Seite ganz bequem in die Schlucht zu bringen, doch unsere Baschkiren, die in dieser Art keine Hindernisse kennen, und auf ihren leichten Pferden immer den geradesten Weg wählen, fanden auch hier bald Mittel. Alle vier Räder des Tarantas wurden mit Weiden festgebunden, nur mit einem Pferde bespannt, von vier Menschen gehalten, und so rutschte denn derselbe im Zickzack unbeschädigt

bis ins tiefe Thal hinab. Hier am Rande des Abhangs ließen wir
das Fahrzeug zurück, und arbeiteten uns zu Fuß durch hohes vertrocknetes Gras und Felstrümmer, die von oben herabgerollt waren, in der
Schlucht vorwärts, unsere Baschkiren aber blieben auf ihren Pferden,
da überhaupt das Gehen nicht ihre Sache ist. Nach und nach wurde
das Thal breiter und wegsamer, nachdem wir aber ungefähr eine Werst
behutsam vorgegangen waren, verengte es sich wieder. Es war links
von hügelartigen Bergen umgeben, mit einzelnen Tannen und Birken,
und rechts befand sich ein schroff ansteigender Berg mit Hochwald
bewachsen. Hier in dieser Schlucht deutete nun unser Wegweiser mit
dem Finger auf ein blätterloses Gestrüppe und sagte mit leisen Worten,
daß sich hier das Bärenlager befinde. Mit unsern Waffen in der Hand
näherten wir uns vorsichtig dem Gebüsche und entdeckten einen großen
Haufen übereinander geworfenes Strauchwerk, altes Lagerholz und halb
verfaulte Baumstämme. Mit dem Rücken lehnte sich dieser Holzhaufen
an eine schroffe Gebirgswand, aus welcher einige Felsmassen hervorragten, doch war weder von oben noch von dieser Seite eine Oeffnung
zu entdecken. Endlich fanden wir den Eingang des Bärenlagers an
der andern Seite, wo die Schlucht in ein breites waldloses Thal aus-
mündete. Vor der Oeffnung, die vom Boden an horizontal in den
Holzhaufen hineinführte, erkannten wir an dem niedergetretenen Grase
und anderen Spuren, daß sich der Bär wahrscheinlich erst seit Kurzem
gelagert haben müsse. Ohne Zeitverlust wählten wir nun, ich und
meine Kosaken, ganz in der Nähe, auf den kleinen Anhöhen, passende
Plätze, wobei denn verabredet wurde: sobald der Bär sich zeigen würde,
auf ein von mir gegebenes Zeichen, Feuer zu geben, sollte aber der
Bär von unsern drei Kugeln nicht fallen, so würde ich hervortreten
und mit meiner Doppelflinte den letzten Schuß thun, dann aber dem
Bären rasch zu Leibe gehen, um ihn, sobald er sich gehoben, auf den
Querspieß zu setzen, während dessen aber meine beiden Schützen ihre
Erbsröhren schnell wieder laden, und dem von mir in Positur gehalte-
nen Bären ganz in der Nähe ihre kleinen Kugeln durch den Kopf
schießen sollten. So war der verabredete Plan unseres Angriffs. Da

aber, wie dies gewöhnlich auch im Kriege der Fall ist, sehr vieles von
den Dispositionen des Gegners abhängt, so erhielt auch unsere Schlachtordnung eine ganz andere Richtung."

„Eine Viertelstunde mochten wir wohl — die Augen auf die
Oeffnung des Bärenlagers gerichtet — mit unsern Gewehren in Positur gestanden haben, während Muchamet mit seinen Kameraden, theils
zu Pferde, theils zu Fuß, doch aus Vorsicht ihre Pferde immer am
Zügel haltend, den Holzhaufen mit vielem Geschrei umkreisten, um den
Bären aus seinem Lager aufzuscheuchen und zum Schuß zu bringen,
doch da aller Lärm nichts helfen wollte und sich vom Bären keine Spur
zeigte, so wurden unsere Baschkiren dreister, fingen an den Holzhaufen
zu rütteln und große Steine und Lagerholz auf denselben zu werfen;
doch auch diese Mühe war vergebens und kein Bär wollte sich zeigen,
so daß wir zuletzt glauben mußten, das Nest sei leer. Wir näherten
uns daher dem Holzhaufen, und ich fragte Muchamet, ob er es wohl
wagen wollte, in die Oeffnung hineinzukriechen, um sich zu überzeugen,
ob der Bär gelagert sei oder nicht. Ohne ein Wort zu reden, band
Muchamet sein Pferd an einen nahen Baum, lehnte seinen Querspieß
an die Mündung des Bärenlagers, um ihn gleich bei der Hand zu
haben, zog seinen Rock aus, legte sich auf den Bauch nieder, und nachdem er uns mit der Hand gewinkt, stille zu sein, schob er sich, auf
den Händen rutschend, vorsichtig in die dunkle Höhlung hinein."

„Es war eine Todtenstille um uns her, keiner regte sich und jeder
hielt seine Waffen in Bereitschaft; doch kaum war eine Minute vergangen, so glaubten wir einen grunzenden Ton zu hören und sahen,
wie Muchamet in der größten Eile sich rückwärts schiebend wieder zum
Vorschein kam, und mit den Worten „barr Aiju" (der Bär ist drin)
hastig nach seinem Querspieß griff. Wir richteten sogleich unsere Röhren
und Spieße auf die Mündung der Oeffnung und erwarteten mit
Begierde das Erscheinen des zottigen Freundes, doch kein Bär zeigte
sich! — Nach langem Harren entfernten wir uns etwas von der Mündung des Bärenlagers, und hier nun erzählte uns Muchamet, er sei
ungefähr bis anderthalb Faden in horizontaler Richtung leise vorgekrochen,

dann aber habe sich die Oeffnung plötzlich unter ein hervorragendes Felsstück herabgesenkt, und obgleich etwas Licht von oben durch das Lagerholz geschimmert, so habe er doch den Bären nicht sehen können, wohl aber dessen Schnauben deutlich erkannt, auch sei es ihm erschienen, als wenn der Bär sich aufgerichtet, um zu horchen, und einen brummenden Ton von sich gegeben habe, worauf er (Muchamet) auf das eiligste zurückgekrochen sei."

„Es ist wohl etwas Seltenes, daß ein Bär nach so vielen Störungen dennoch sein Lager nicht verlassen will, ich war daher überzeugt, es hier mit einem alten erfahrenen Kunden zu thun zu haben, der sein Lager nicht verlassen wollte, weil er wohl wußte, was ihn draußen erwartete. Es war mir aus Erfahrungen bekannt, daß Bären, die in frühern Jagden schon mehrmals verwundet wurden, oft ungewöhnlich feig, und selten zum Standhalten zu bringen sind. Aus dem hartnäckigen Betragen des Bären wurde es mir nun wahrscheinlich, daß ich hier wohl einen alten Bekannten antreffen würde, und um der Sache ein Ende zu machen und die Bekanntschaft zu erneuern, so befahl ich, den ganzen Holzhaufen anzuzünden, doch dem widersetzten sich meine Baschkiren, weil dadurch das Fell des Bären beschädigt werden könnte. Es wurde daher beschlossen, vor der Mündung des Bärenlagers ein Strauchfeuer zu machen, um den Bären durch Rauch herauszutreiben, welches denn auch sogleich ins Werk gestellt wurde. — Doch auch dies blieb ohne alle Wirkung, denn da der Wind von einer entgegengesetzten Seite blies, so kam nur wenig Rauch in die Höhle, oder verzog sich sogleich nach oben durch das aufgethürmte Lagerholz. Unterdessen wir Schützen in Positur standen, umschwärmten unsere Baschkiren das Bärenlager mit vielem Lärm, und einer von ihnen war sogar so kühn, oben auf den Holzhaufen zu klettern, doch alles ohne Resultat."

„Eine gute Stunde war unterdessen vergangen, ich hatte, um mich freier zu bewegen, meine Oberkleider abgelegt. Ein kalter Herbstwind brauste in den Gipfeln der Bäume, und einzelne Schneeflocken zeigten sich schon. Da verlor ich die Geduld, trat rasch vor die Mündung des Bärenlagers, und feuerte mit dem einen Lauf meiner Flinte ge-

rade in die Oeffnung hinein, doch kaum war der Schuß gefallen und
wiederhallte noch in den nahen Gebirgen, so erschien auch schon der
Bär in der Oeffnung, kehrte aber, da er das Feuer gewahr wurde,
eben so schnell wieder zurück, so daß ich, durch den Rauch verhindert,
nur einen rauhen Körper erkennen, aber nicht zum Schusse kommen
konnte. Mit Lärm und Geschrei stob jetzt alles auseinander, meine
beiden Kosaken richteten ihre Erbsröhren auf der eisernen Gabel,
Muchamet griff zum Querspieße und stellte sich hinter einen nahen
Baum, ich aber entfernte mich etwas von der Oeffnung, und da mir
keine Zeit blieb, den zweiten Lauf zu laden, so richtete ich mein Rohr,
um dem Bären, sobald er sich zeigen würde, die letzte Kugel zuzusen=
den, und ihn dann mit dem Querspieß anzugreifen. Doch die Furcht
vor dem Feuer, welches vor der Oeffnung brannte, scheuchte den Bären
zurück, und anstatt diesen Weg zu wählen, hörten wir plötzlich ein
Grunzen, während der Holzhaufen im Innern krachte und brach. Baum=
äste und Lagerholz, mit Riesenkraft geschleudert, flogen wild durch=
einander, der ganze Holzhaufen bewegte sich und mit einem Satze war
der Bär oben durchgebrochen. Es war ein interessanter Anblick, das
riesige Thier zu sehen, wie es oben auf dem Holzhaufen einige Se=
cunden wild um sich her blickte, um seine Feinde zu übersehen. In
diesem Augenblick durchzuckte mich eine unendliche Freude, mein Rohr
richtete sich und ich empfand einen Genuß, für welchen ich keine Worte
finde, den aber jeder leidenschaftliche Jäger wohl verstehen wird. Es
war ein wahrer Götteraugenblick, aber doch auch nur ein Augenblick, —
ich gab das verabredete Zeichen und drei Schüsse fielen zugleich. Ob
der Bär von dem Holzhaufen herunterstürzte oder rutschte, konnte ich
nicht recht deutlich sehen, da mich der Rauch des Schusses daran hin=
derte. Rasch warf ich meine Flinte ins Gras, ergriff den Quer=
spieß und stürzte mich auf den Bären, doch ehe ich ihn erreichen konnte,
war er schon an mir vorbei gebraust und, ohne mich zu bemerken,
hinter einem Baschkiren her, der nur eben noch so viel Zeit hatte, sich
auf sein scheues Pferd zu werfen, und in wildem Galopp, von dem
Bären verfolgt, in das vor der Schlucht liegende offene Thal zu jagen.

Es war ein allgemeiner Lärm und Aufruhr. Die Pferde waren scheu
geworden, und selbst Muchamet's Pferd hatte sich losgerissen und jagte
mit fliegender Mähne rückwärts in die Schlucht, bis an den Ort, wo
unser Tarantas hielt, wo es endlich wieder eingefangen wurde. Unter=
dessen verfolgte der Bär noch immer den Baschkiren auf seinem flüch=
tigen Pferde, doch war nun deutlich zu erkennen, daß der Bär am
linken Vorderfuße stark verwundet und buglahm sein müsse, denn so
rasch er auch in der ersten Hitze dem Baschkiren nachsetzte, so wollte es
doch nicht recht vorwärts gehen. Mehrere Male blieb er stehen und
drehte sich im Kreise herum, wobei er das Schulterblatt zu lecken schien
und den Fuß krampfhaft in die Höhe zog, wodurch denn der Baschkir
Zeit gewann in einem nahen Gehölze zu verschwinden. Der Bär aber,
da er nun seinen Feind aus den Augen verloren hatte, kehrte links
ab und lief im kleinen Galopp den hohen Thalweg hinauf, der sich
hier in einer Hochebene endete. Wir konnten zu unserm Verdruß von
unten deutlich sehen, wie das große Thier oben angelangt, sich wild
umschaute, wieder mehrmals im Kreise herumdrehte und endlich auf
drei Beinen humpelnd in einem nahen Walde verschwand. Unterdessen
war Muchamet mit dem Tarantas und seinem Pferde angekommen, und
wir eilten nun, um der Spur des Bären zu folgen, im Galopp den
hohen Thalweg hinauf, und hier oben auf der Anhöhe, wo sich der
Bär gekreist hatte, erkannten wir nun im trocknen Grase bedeutende
Spuren von Blut, wir vermutheten daher, daß der Bär wohl tödtlich
verwundet sein müsse, und jagten schnell dem Walde zu, in welchem
der Bär verschwunden war. Doch nachdem wir über eine Werst der
Spur gefolgt waren, wurde das Gestrüpp und Lagerholz so undurch=
dringlich, daß es unmöglich war, mit dem Tarantas weiter vorwärts
zu kommen, und da überdem der Tag sich schon neigte, so beschloß ich,
die Fortsetzung der Jagd bis auf den andern Tag zu verschieben. Ich
gab daher Muchamet mit zwei Baschkiren zu Pferde den Befehl, der
Spur des Bären, welche für das helle Auge eines Baschkiren in dem
schon halb trockenen, aber hohen üppigen Grase nicht zu verkennen
war, vorsichtig zu folgen, jedoch den Bären, im Fall er sich irgendwo

gelagert hätte, nicht aufzuscheuchen, und mir am Abend über alles genau Bericht zu erstatten. Muchamet und seine Begleiter verschwanden
im Walde, und ich kehrte auf einem andern Wege nach meinem Baschkiren-
Dorfe zurück, um zu übernachten. Spät am Abend kam Muchamet
zurück und brachte mir die Nachricht, er habe die Spur des Bären
noch einige Werst weit verfolgt, bis jenseits des Waldes in einer tiefen
Gebirgsschlucht, die ringsum von schroffen Gypsbergen mit vielen
Höhlungen, Spalten und Klüftungen umgeben sei. Hier aber habe er
jede Spur von ihm verloren. Es sei daher wahrscheinlich, daß sich
der Bär irgendwo in den Klüftungen der Gypsberge verborgen haben
müsse. Dies näher zu untersuchen, habe er aber nicht gewagt, da es
nach den Worten alter Leute ganz gewiß sei, daß in diesen Gypsbergen der Schaitan (böse Geist) hause, besonders sei eine große Höhle
sehr verrufen, die tief in den Berg hineinführe, und in welche sich
einst vor langen Jahren ein kühner Baschkir hineingewagt, aber gar
nicht wieder zurückgekommen sei."

„Den andern Tag nahm ich außer meinem treuen Muchamet noch
sechs Baschkiren mit, die beiden Kosaken aber, denen die Jagd wohl nicht
behagen mochte, waren schon am Abend vorher nach ihrem Dorfe zurück-
geritten, und da mit dem Tarantas in diesen Urwäldern nicht leicht
fortzukommen war, so wählte ich auch für mich ein Reitpferd, und so
trabten wir denn mit Tagesanbruch dem Gebirge zu. Nach langem
Herumirren fanden wir auch endlich die Schlucht in einer wahrhaft
wilden und romantischen Gegend. Von der einen Seite war dieselbe
mit schroffen Kalksteinfelsen, von der andern mit einer Reihe zer-
klüfteter Gypsberge umgeben, welche wie alte zertrümmerte Festungsmauern, theils über einander gethürmt, theils schroff aus der Felsenwand hervorragten und überall Spalten und Höhlungen erkennen ließen.
Rings um die Schlucht und hoch über den Felsmassen befand sich ein
Urwald von Laub- und Nadelhölzern in bunter Mischung, während
einzelne hundertjährige Bäume oben in den Klüftungen wucherten, und
ihre Gipfel, von Alter und Wind gebeugt, sich romantisch über die
Felstrümmer herab neigten. Meine Baschkiren hatten ein Bündchen

Kienholz und ich Zündhölzer mitgenommen, wir sammelten Lagerholz
und machten ein großes Feuer, um uns zu wärmen, andererseits auch
um den Bären abzuschrecken, sich den Pferden zu nähern, die in der Nähe
des Feuers angebunden wurden. Nun zerstreuten sich die Baschkiren
überall in der wilden Schlucht, um den Bären in den Gebirgsspalten
aufzusuchen, denn an das Auffinden einer Spur war hier nicht zu
denken, da der ganze Boden nur mit Felsblöcken, Gyps und mit Stein-
trümmern bedeckt war. Wir aber, ich und Muchamet, näherten uns,
mit den Waffen in der Hand, einer Höhle in den Gypsfelsen, welche
uns schon von weitem als ein großer Thorweg entgegen klaffte. Doch
nur mit vieler Mühe konnte ich Muchamet bereden, mich mit einem
brennenden Kienspan in die Höhle zu begleiten, wozu er sich endlich
nur aus dem Grunde entschloß, weil die Höhle sehr geräumig war
und nur ungefähr zehn Faden in den Berg hineinging, so daß der
Schimmer des Tageslichts an den blendend weißen Gypswänden noch
ziemlich hell den Hintergrund beleuchtete. Vorsichtig gingen wir nun
vorwärts und untersuchten jeden Winkel, jede Spalte im Felsen —
doch nirgends war die geringste Spur vom Bären zu entdecken. Wir
verließen daher die Höhle und erwarteten am Feuer unsere auf Er-
kundigungen ausgeschickten Baschkiren. Diese kamen auch bald zurück
und erzählten, daß sie alle Spalten und Klüftungen untersucht, aber
nicht das Geringste gefunden hatten, der Bär müsse sich also wohl in
der dunklen Schaitanshöhle (Teufelshöhle) verborgen haben, welche sich
am Ende der Schlucht befinde, und wo sich kein Baschkir hinein
wagen könne."

„Wir ließen nun unsere Pferde beim Feuer unter der Aufsicht
eines Baschkiren, denn ans Reiten war in dieser engen, mit Stein-
trümmern bedeckten Schlucht nicht zu denken, und machten uns auf den
Weg zur Schaitanshöhle. An Ort und Stelle angelangt, entdeckte ich
eine Oeffnung von kaum zwei Arschin Höhe, die schräg in den Gypsfelsen hineinführte, sich nach innen erweiterte, und als ein langer dunkler Gang mit einer Krümmung im Gestein verschwand. Mehr war
von außen nicht zu sehen; ich that nun einen Schuß in die finstere

Höhlung. Er verhallte ohne weiteres Resultat dumpf im Innern der Höhle. Meine Baschkiren aber, und selbst Muchamet, blieben scheu vor dem Eingange stehen, und keiner von ihnen wollte es wagen in die Höhlung hineinzugehen, wobei Muchamet mir mit fester Stimme bemerkbar machte, daß ich wohl aus Erfahrungen wisse, wie wenig er den Bären fürchte, daß er aber auf keinen Fall die Höhle betreten wolle und auch mir dringend davon abrathe. Es gäbe ja Bären genug im Ural, und diesen müsse wahrscheinlich doch schon der Schaitan geholt haben und die Mühe umsonst sein. Im Grunde brauchte ich keinen Gehülfen gegen den Bären, mit dem ich schon allein fertig werden wollte, doch da ich in der einen Hand meine geladene Flinte, in der andern aber den stark mit Eisen beschlagenen Querspieß halten mußte, so war mir Muchamet höchst nothwendig, um in der dunklen Höhle das bren= nende Kienholz zu halten. Aber all mein Bitten und Zureden war vergebens, Muchamet blieb bei seinem „juk Gasred kirik mas", wel= ches in der Türkisch=Tatarischen Sprache so viel heißen soll, als: „Nein, Herr, ich will nicht." Es blieb mir also weiter nichts übrig, als das Abenteuer allein zu bestehen, so unbequem und gefahrvoll dies auch sein mochte. Ich nahm daher den Querspieß unter den Arm, das Ge= wehr in die rechte Hand und in die linke ein brennendes Kienholz; so bepackt, trat ich entschlossen in die dunkle Höhle."

„Vorsichtig um mich her blickend, mochte ich wohl zwanzig Schritte vorgegangen sein, als der anfänglich schmale Gang sich an Höhe und Breite erweiterte, und mit einer Biegung gerade unter das Gebirge hineinführte. Unheimlich flimmerten die weißen Gypswände, und von der Decke tröpfelte Wasser, welches sich am Boden — der voller Stein= trümmer lag — in kleinen Pfützen sammelte. Mit scharfen Blicken umherschauend, mochte ich wohl kaum funfzig Schritte vorgedrungen sein, als ich unter vielen Gypsblöcken und Geröllen die hintere Wölbung erkannte, und mich überzeugte, das Ende der Höhle erreicht zu haben. Hier nun — kaum zehn Schritte von mir entfernt — er= blickte ich plötzlich den Bären in einem Winkel niedergekauert, wie er durch das flackernde grelle Licht geblendet, und durch die ihm wunder=

bare Erscheinung überrascht, sich auf seine Hinterbeine setzte und mich
mit glotzenden Augen anstarrte. Rasch wollte ich meine Flinte richten,
doch so beladen wie ich war, wurde es mir schwer dem Rohre die
nöthige Richtung zu geben, und in der Eile fiel mir der brennende
Kienspan aus der Hand, verlöschte am feuchten Boden unter lautem
Zischen und ich befand mich plötzlich in stockfinsterer Dunkelheit! —
Zu meinem Glücke mochte wohl der Bär von dem schnellen Uebergange eines grellen Lichtes zur völligen Dunkelheit überrascht sein, denn
er verhielt sich völlig ruhig, aber auch ich rührte mich nicht. So sehr
ich auch unter andern Umständen gewünscht hätte mit dem Bären ins
Handgemenge zu kommen, so gehört doch ein Kampf in völlig dunkler
Nacht nicht zu den Annehmlichkeiten des Lebens. Einige Minuten
war alles still um mich her, nur das Schnaufen und ein leises Stöhnen
des Bären war zu hören, und einzelne Wassertropfen, die von der Decke
herabträufelten, unterbrachen die schauerliche Stille."

„Es war eine höchst eigenthümliche Lage, tief in der Erde und
bei völliger Dunkelheit sich in einer so interessanten Nachbarschaft zu
befinden, wo jeder Schritt vor- oder rückwärts kaum zu wagen war.
Alle meine Sinne waren in höchster Aufregung und schnell war mein
Angriffsplan gefaßt. Noch stand ich mit vorgestrecktem Gewehre und
dem Vorsatze nur dann erst zu feuern, wenn ich den Bären mit dem
Lauf meiner Flinte würde berührt haben, doch da alles still blieb, so
zog ich leise ein Päckchen mit Zündhölzern aus der Tasche, nahm eine
Menge derselben und zündete sie mit einem schnellen Zuge an der
nahen Gypswand an, und so wie es hell wurde, erkannte ich sogleich den
Bären wieder in seiner frühern sitzenden Stellung, die grünlich schimmernden Augen auf das Licht gekehrt. Rasch warf ich nun das Rohr des
Gewehrs auf den linken Arm, während ich die brennenden Zündhölzer
in der Hand hielt, faßte den Bären so gut aufs Korn, wie es in dieser
unbequemen Stellung möglich war, und brannte nun mit beiden Läufen
zugleich ab. Alles dies war das Werk einiger Secunden. Kaum aber
war der doppelte Schuß gefallen und ich wieder in der tiefsten Finster-
niß, als ich ein Geräusch und lautes Stöhnen vernahm, und ich hatte

nur so viel Zeit, mich an die Felsenwand zu schmiegen und meinen
Querspieß vorzustrecken, als ich auf das deutlichste fühlte, wie ein
rauher wolliger Körper an meiner linken Seite vorbei rauschte und,
ohne meinen Querspieß berührt zu haben, sich im Gange verlor. Eine
Zeitlang horchte ich noch, da aber alles still blieb, so zündete ich wieder einige Zündhölzer an und untersuchte vorsichtig den Winkel des Bärenlagers. Ich fand einen Gypsblock, der ganz mit frischem Blute bedeckt war, und entdeckte auch Blutspuren im Gange. Ich war demnach überzeugt, nicht fehlgeschossen zu haben, warf nun meine Flinte
über die Schulter, den Querspieß in der Hand, und indem ich immer
ein Zündhölzchen nach dem andern anzündete, sah ich bald das Tageslicht schimmern, und trat, ohne den Bären gefunden zu haben, aus der
Höhle hervor. Hier aber wurde ich recht überrascht, Muchamet und
einige Baschkiren mit vorgestreckten Querspießen vor dem Eingange zu
finden, welche mir versicherten, daß sie meinen Schuß wohl gehört und
sich daher schnell vor die Höhle gestellt, aber keinen Bären gesehen hätten.
Es war nun klar, daß sich der Bär entweder in der Höhle verkrochen,
oder diese einen andern Ausgang haben müsse. Es blieb mir also
weiter nichts übrig, als die Höhle noch einmal zu untersuchen, ich
nahm daher, nachdem ich mein Gewehr wieder geladen, ein hellbren-
nendes Kienholz, um alle Seitenspalten und Höhlungen im Gange, wo
der Bär verschwunden war, genau zu untersuchen. Kaum zehn Schritte
vom Eingange der Höhle fand ich schon Blutspuren und hinter einem
Felsblock in einer großen Querspalte auch bald den Bären mit dem
Kopfe in der Spalte liegend, und den Rücken mir zugekehrt. Ich berührte ihn zuerst leise mit dem Lauf meiner Flinte, dann stärker und
zuletzt rüttelte ich ihn derb, doch — der Bär war todt!"

„Es war ein allgemeiner Jubel, wie meine Baschkiren hörten, der
Bär sei erlegt, und alle Furcht vor der Schaitanshöhle war mit einem-
mal verschwunden. Schnell wurde nun im Innern der Höhle ein hell
leuchtendes Feuer gemacht und der Bär mit vereinten Kräften ans
Tageslicht gefördert."

„Nachdem die erste Freude vorüber war und jeder sich an dem

großen Thier satt gesehen hatte, wurde dem Bären, so lange er noch
warm war, der rauhe Pelz abgezogen. Unterdessen untersuchte ich die
Wunden des Bären und fand, daß meine erste Kugel vom gestrigen
Tage ihm das linke Schulterblatt zerschmettert hatte. Die eine Erbs-
kugel war schräg in die Seite gegangen und in einer Rippe stecken
geblieben, die andere wurde nicht gefunden. Meine beiden Kugeln
aber, die ich ihm in der dunklen Höhle zugesendet, waren beide neben
einander in die Brust bis zu den Eingeweiden gedrungen, und mußten
daher tödtlich sein."

„Froh und heiter, aber aufgeregt von den merkwürdigen Erschei-
nungen des Tages, kehrten wir nach dem Dorfe zurück, wo ich die
Bärenhaut meinen Baschkiren schenkte und sie nun entließ, um auf ihre
Dörfer zurückzukehren."

Hier endete N. N. seine interessante Erzählung, es war schon spät
am Abend. Wir trennten uns daher freundschaftlich mit der Verab-
redung, uns bald wieder zu sehen, wobei N. N. das Versprechen gab,
uns dann noch mehrere seiner Abenteuer im Uralgebirge mitzutheilen.
Ich aber setzte mich hin und schrieb noch die halbe Nacht, um mit
frischen Eindrücken das hier Erzählte in meine Reiseblätter einzutragen.

Scenen aus dem Nomadenleben der Baschkiren an der östlichen, asiatischen Seite des Uralgebirges.

Es war ein herrlicher Sommertag, ich streifte, den geologischen Hammer in der Hand, mit meinem Freunde O   in den südlichen Vorgebirgen der östlichen Seite des Urals umher. Tief unter unsern Füßen schimmerten in weiter Ferne die Filzhütten eines Auls nomadisirender Baschkiren, umgeben von unzähligen Viehheerden, und näher zu uns in den Bergschluchten weidete eine Menge Kameele in dem hohen üppigen Grase. Nach Norden hin erhob sich die Linie des Uralgebirges, von tiefen Thälern und schroffen Schluchten durchschnitten und mit dichtem Urwalde bedeckt, aus dessen dunkler Färbung einzelne kahle Felskuppen, wie alte Festungsmauern, hervorragten, auf den höchsten Bergspitzen wucherten kühn und üppig einige Gruppen der schönen pyramidenförmigen Pichte (Pinus Pichta), dieser Palme des Urals. Herrlich und schön war es hier oben in der fernen wilden Gottesnatur! köstlich die Fernsicht von der asiatischen Abdachung des großen Weltgürtels, bis in die ferne Kirgisensteppe hinab. Hier in dieser wilden Gegend, wo sich die Grenzmarken von Europa und Asien berühren, wird der ewig jungfräuliche Boden noch wenig vom Pfluge berührt, nur der Bergmann treibt hier sein unterirdisches Wesen und der Nomade und der Jäger tummelt sich frei und lustig über Berg und Thal durch Wälder und Steppen. Tief unter uns am Gebirgs-

rande schlängelte sich ein kleiner, kaum bemerkbarer Fahrweg mit tiefen
Geleisen, hier hielt unser Tarantas. Ermüdet und ermattet vom
Steigen in den Gebirgen und einer tropischen Sommerhitze, die hier
oft über 30° im Schatten erreicht, eilten wir uns in den Wagen zu
setzen, und im sausenden Galopp flog nun das Dreigespann auf dem
kleinen Heerwege dahin, um uns zu einem von den Einwohnern ver-
lassenen Baschkiren-Dorfe zu führen.

In den westlichen Kreisen des Orenburgschen Gouvernements der
europäischen Abdachung des Uralgebirges hat der Pflug bereits das
wilde Nomadenleben verdrängt; seit mehr als einem Jahrhundert haben
sich eine Menge türkischer und finnischer Volksstämme, Tataren, Mordwinen, Tschuwaschen, Tscheremissen 2c. und in späteren Zeiten auch viele
Russen in diesen Gegenden angesiedelt. Der Ackerbau, welcher bei
dem herrlichen Boden ohne Culturmitttel den 10. bis 15. Kornertrag
liefert, hat sich hier großartig entwickelt, und ein recht kräftiges Volksleben ist überall hervorgetreten. Durch die vielfachen Berührungen
mit ihren ackerbautreibenden Nachbarn und durch Beengung des Raumes
haben denn auch die Baschkiren dieser Gegenden sowohl die Möglichkeit als auch ihre ursprüngliche Neigung zum Nomadenleben verloren
und sogar die ihnen sonst eigenthümliche Gesichtsbildung hat sich verändert, denn aus der Vermischung mit den Ueberresten der ehemaligen
Nogaer- und Kasanschen Tataren, Tepteren und Mescherecken hat sich
ein hübscher und kräftiger Menschenschlag gebildet. Die Baschkiren,
vorzugsweise derjenigen Kreise, welche an das Wjätkasche, Kasansche
und Simbirskische Gouvernement grenzen, unterscheiden sich in ihrem
Betriebe und den Wohnungen wenig von ihren Nachbarn, und sind
in der Regel friedliebende, freundliche und gastfreie Menschen, welche
nicht allein Ackerbau und Bienenzucht, sondern auch Handel treiben.
Ueberhaupt ist ihnen Gewandtheit und Intelligenz nicht abzusprechen,
auch befindet sich in jedem Dorfe mit einer Medsched (Moschee) zugleich auch eine Schule, in der den Knaben Lesen und Schreiben gelehrt und der Koran erklärt wird. Der Reisende, der in einem
solchen Baschkirendorfe übernachten will, findet überall eine freund-

liche Aufnahme, für sich eine besondere Stube und in jedem Hause eine Theemaschine.

Ganz verschieden aber von diesen Baschkiren, die ich europäische nennen möchte, sind diejenigen, welche, begünstigt durch große, ihnen eigenthümlich zugehörige Ländereien mit herrlichen Weideplätzen, immer noch ihr altherkömmliches Nomadenleben führen. Vorzugsweise sind es die ehemaligen Grenznachbaren der Kirgisen, die mehr nach Südost und Osten an der asiatischen Seite des Uralgebirges wohnenden Basch= kiren, welche im Frühjahre ihre Winterwohnungen verlassen und mit ihren zahlreichen Heerden in den Vorgebirgen des Urals und den an= grenzenden Steppen von einem Weideplatze zum andern herumziehen, in Filzhütten wohnen und während dieser Zeit größtentheils von ge= gohrener Stutenmilch (Kmüß) leben. Diese transuralschen Nomaden mit breiten Mongolen=Gesichtern, welche man mit Recht noch asiatische Baschkiren nennen kann, sind ungleich weniger gebildet, als ihre west= lichen Stammgenossen, führen ein rauhes Hirtenleben und sind kühne und entschlossene Menschen, die weder den Wolf noch den Bären fürch= ten, sondern diese natürlichen Feinde ihrer Heerden mit einer Gewandt= heit und Kühnheit verfolgen, welche, besonders bei ihren schlechten Waffen, oft Erstaunen erregen. Schleicht sich z. B. ein Wolf in die Nähe ihrer Viehheerden, so macht derjenige Baschkir, der den Wolf zuerst gewahr wurde, einen gewaltigen Lärm und wirft sich auf das erste beste Pferd, um den Wolf zu verfolgen, auf den Lärm folgen mehrere, jeder, der in der Eile ein Pferd bei der Hand hat, läßt jedes andere Geschäft liegen, schließt sich der Jagd an und alles verfolgt jetzt den Wolf mit großem Geschrei, ohne ihn auch nur einen Augen= blick aus dem Gesichte zu verlieren. Nähert sich die Hetze einem Baschkiren=Aul, so wird das Geschrei ärger, neue Jäger mit frischen Pferden schließen sich an, während andere, deren Pferde schon ermüdet sind, entweder zurückbleiben oder frische Pferde nehmen, die, ohne zu fragen, keiner verweigert. Wer zufälliger Weise zu Pferde oder auf einem Kameel reitend, einer solchen Hetze begegnet, kehrt um und trabt hinter= her, denn es gilt hier dem gemeinschaftlichen Feinde, und so geht denn

die wilde Jagd rastlos und unermüdet über Berg und Thal, durch
Schluchten und Steppen, ohne dem gejagten Thiere auch nur einen
Augenblick Ruhe zu lassen. Endlich bleiben aber doch viele Jäger
zurück — die ermatteten, mit Schaum bedeckten Pferde haben zwanzig
bis dreißig Werst zurückgelegt und wollen nicht mehr so rasch vor=
wärts, und zuletzt bleibt gewöhnlich nur noch Einer, der besser be=
ritten, als die übrigen, mit heiserem Geschrei die Jagd fortsetzt; aber
auch der gejagte Wolf streckt ermattet die Zunge aus und sucht ängst=
lich eine Schlucht, um sich ein paar Minuten auszuruhen, doch der
unermüdete Jäger treibt ihn immer wieder auf, bis endlich die letzten
Kräfte erschöpft sind und der ermattete Wolf dem Pferde unter die
Füße kommt, wo nun der Jäger, wenn er keinen Knüppel zur Hand
hat, sich entschlossen vom Pferde herab auf den Wolf wirft und diesen
entweder mit einem Messer abthut, oder seinen Gürtel löst und das
geängstigte Thier damit erwürgt. Mit ungleich größerer Gefahr, aber
immer mit gleichem Muthe und Beharrlichkeit, wird in den Urwäldern
und Schluchten des Urals auch der Bär von ihnen verfolgt. Diese
Jagden sind von wilder Poesie, bei der es auch oft nicht an Unglücks=
fällen mangelt.

Ein Baschkirendorf, wie dieses, wohin uns der Zufall und unser
flüchtiges Dreigespann führte, hat im Sommer, wo es von seinen Be=
wohnern verlassen ist, eine eigenthümliche Physiognomie. Die meisten
Wohnungen sind nichts weiter als einzeln stehende Blockhäuser, ohne
Vorhaus und Nebengebäude und gewöhnlich auch ohne Dach, und nur
mit Erde und Rasen bedeckt. Eine Menge solcher Häuser, umgeben
mit eingezäunten Räumen für das Vieh, sind als ein Labyrinth, hier
und da, wie es der Zufall wollte, einfach und kunstlos hingestellt.
Ueberall liegt ellenhoher Dünger und ringsum wuchert üppiges Un=
kraut und fadenlanger verwilderter Hanf, den Niemand säete und Nie=
mand erndten wird. Selten findet man hier während des Sommers
eine Wache, aber halbverhungerte Hunde, welche unheimlich in dem
hohen Grase umherschleichen und über jeden Fremden herfallen. Tritt
man in eine solche verlassene Baschkiren-Wohnung, so findet man an

der Wand und der Thür gegenüber eine Art hölzernen Divan zum Sitzen und Schlafen für die ganze Familie, ferner ein kleines Fenster, bei dem eine Blase die Stelle des Glases vertritt und endlich einen großen, einfach aus Lehm geschlagenen Kamin (Schuwal), der als ein gerader Darm durch eine Oeffnung des Bodens führt und im Winter mit einem Bündel Stroh verstopft wird. Dies ist in der Regel die häusliche Einrichtung einer Baschkiren-Wohnung in den noch wenig be= wohnten Gegenden des östlichen Urals.

In dem 6 bis 8 Werst entfernten Nomaden-Aul angekommen, wur= den wir von dem ältesten Befehlshaber (Jurtowoy-Starschina) freundlich empfangen und in eine Filzhütte oder Jurta geführt, in der uns als Willkomm sogleich eine hölzerne Schaale mit gegohrener Stutenmilch oder Kmüß gereicht wurde, welche abzulehnen nicht möglich ist, da dies als ein Verstoß gegen die gastliche Aufnahme betrachtet wird. Ein solcher Nomaden-Aul besteht gewöhnlich aus mehreren Dörfern, die nach altherkömmlicher Sitte gemeinschaftliche Weideplätze haben. Jede Familie hat wenigstens eine Filzhütte, reichere Baschkiren aber für ihre Weiber gewöhnlich noch eine zweite Jurta. Diese Wohnungen sind rund, oben etwas spitzig, und haben in der Entfernung einige Aehnlichkeit mit großen Heuschobern; auf der einen Seite befindet sich eine Thür und oben in der Mitte eine Oeffnung als Rauchfang, welche bei regnigter Witterung zugemacht werden kann. Während der großen Hitze, die hier im Sommer stattfindet, wird der Filz ringsum am Boden etwas aufgeschlagen, so daß der Wind durchziehen kann, und dann herrscht in einer solchen Wohnung eine angenehme Kühlung. Tritt man in die Jurte, so steht neben der Thür ein großer lederner Schlauch mit Kmüß, welche sich den ganzen Sommer hindurch in einer ununterbrochenen Gährung befindet, denn wenn man auch hier be= ständig schöpft, so wird doch auch immerwährend wieder von den Weibern frische Stutenmilch zugegossen und mit einem Stampfer, wie in einem Butterfasse, stark durcheinander gearbeitet. Natürlicher Weise fallen nun auch oft Fliegen, Ameisen und andere Insecten in den Schlauch, doch durch das kräftige Stoßen wird alles so vortrefflich amalgamirt, daß von diesen thierischen Eindringlingen in dem köstlichen Getränk keine Spur zurückbleibt. Ueberhaupt ist Reinlichkeit in einer solchen Nomadenwirthschaft etwas ganz Unbekanntes, daher dem Reisenden, der aus Neugierde oder um Vorspann zu erhalten, einen solchen Aul besucht, nichts weiter übrig bleibt, als die ihm so freundlich angebotene Schaale Kmüß mit zugedrückten Augen auszutrinken, und alle Begriffe von Ekel mit stoischer Ruhe beiseit zu schieben. Die gegohrene Stutenmilch ist bekanntermaaßen ein vortreffliches Mittel gegen Auszehrung und Brustübel, und wenn sie, unter eigener Aufsicht, reinlich und ohne Wasser zubereitet wird, ein süßsäuerliches, angenehmes Getränk, welches auf Bouteillen gezogen stark moussirt und außerordentlich nährend ist, daher es auch von schwächlichen und magern Personen gerne getrunken wird. Da, wie bekannt, Stutenmilch wenig Rahm, aber sehr viele Zuckertheile enthält, so entwickelt sich bei der Gährung Alkohol, und das Getränk, in großen Quantitäten getrunken, ist deshalb etwas berauschend, doch so wenig, daß sich dies nur durch eine Neigung zum Schlaf äußert. Gerade der Thür gegenüber befindet sich eine Art Divan, bei Aermern mit Filz, bei Reichern mit Teppichen bedeckt. An der Filzwand stehen einige Koffer und hängen Piken, Säbel, Gewehre und Pferdegeschirre, mitunter auch Pfeile und Bogen, doch verschwinden diese alten volksthümlichen Waffen immer mehr und mehr, und gute Bogenschützen gehören jetzt schon zu den Seltenheiten. In der Mitte der Jurte befindet sich eine Grube für das Feuer nebst Dreifuß und eisernem Grapen, auf dem Boden liegen mehrere hölzerne Schüsseln umher, und auf dem Divan einige Kissen: das ist die innere Einrichtung einer Baschkiren-Jurta.

Die Baschkiren dieser Gegenden leben größtentheils von Viehzucht, besonders haben sie Pferde und Schaafe, weniger Hornvieh. Es giebt einzelne reiche Baschkiren-Beamte, die über 500 Pferde besitzen, welche Sommer und Winter in die Steppe gehen; denn da hier die Räume außerordentlich groß sind, und wenig oder gar kein Heu gemacht wird, so liegt immer halbtrockenes Gras genug unter dem oft ellentiefen Schnee. Es ist merkwürdig zu sehen, wie sich im Winter Tausende

von Pferden in der Steppe umhertreiben und mit ihren Vorderfüßen
den Schnee aufscharren, der ihnen zugleich als Getränk dient. Bei
starkem Schneegestöber (Buran) gruppiren sich diese klugen Thiere in
große Haufen, ihre Füllen in der Mitte, und stehen in solchen Massen
oft Tage lang, ohne sich zu rühren; damit aber Schnee und Wind von
den Haaren abgleiten, so sind die Köpfe immer gegen den Wind gekehrt. Natürlicherweise werden solche Pferde, wenn sie in andere Hände
kommen und gut gepflegt werden, sehr dauerhaft, denn unsere civilisirten Reizmittel — Pflege und Wartung, Hafer und Peitsche — sind
ihnen völlig fremd. Eine Menge dieser Pferde werden alljährlich nach
Kasan und von dort weiter ins Reich gebracht, die Stuten aber behalten die Baschkiren gerne selbst, oder verhandeln sie der Milch wegen
an die Kirgisen. Bei einer solchen Menge Vieh ist das Leben in
einem Nomaden-Aul recht geräuschvoll, überall blöckt, wiehert und
meckert es, und wo das Auge nur hinsieht, wimmelt es von Thieren
aller Art, auch ist in der Nähe einer solchen Nomaden-Wirthschaft alles
Gras völlig niedergetreten. Ueberall ist hier Bewegung und Leben! —
Männer jagen in Galopp hin und her, um mit ihren Arkanen —
große, an Stangen befestigte Schlingen — Stuten einzufangen; die
Weiber beschäftigen sich mit Melken der Stuten und andern häus-
lichen Arbeiten, und halbnackte Baschkirenknaben wälzen sich im Grase,
oder schießen stumpfe Pfeile aus kleinen Bogen und hunderte von an-
gebundenen Füllen stampfen ungeduldig und wiehern nach der Mutter,
die so eben gemelkt wird. Weiter hin in der Steppe weidet die große
Heerde, aus welcher hier und da die unförmliche Masse eines Kameels
hervorragt, und höher hinauf, in weiter Ferne, erscheint das dunkle
Uralgebirge mit seinen schroffen Felskuppen, wilden Schluchten und
Urwäldern.

Wenn der Baschkir nicht mit der Hütung seiner Heerde beschäftigt
ist, so liegt er sorgenlos in der Jurte, schlürft seinen Kumiß und treibt
behaglich das dolce far niente, oder er wirft sich auch auf das erste
beste Pferd — denn das Gehen ist nicht seine Sache — und macht
eine Visite im nahen Aul; hier wird denn für den Kunak (Gast) ein

Schaaf geschlachtet, und Kmüß in großen Schaalen so lange herum=
gereicht, als zum Trinken noch die allerkleinste Möglichkeit vorhanden
ist. Die wunderbare Ausdehnung eines Baschkirenmagens, der aber
auch wieder ohne Beschwerde mehrere Tage völlig leer sein kann, ist
kaum zu glauben, noch weniger zu erklären. Ist nun endlich in der
Umgegend alles abgeweidet, so werden die Filzhütten abgebrochen und
auf Kameele geladen, was vorzugsweise die Sache der Weiber ist, denen
überhaupt die meiste Arbeit obliegt, besonders wenn sie schon bejahrt
sind, und nun bricht die ganze Horde auf, um nach einem andern
Weideplatz zu ziehen. Voraus werden immer die Heerden getrieben,
beschützt von einer Menge reitender Hüter, dann folgen Weiber, Kinder
und das Gepäck, und zuletzt die Beamten und Aeltesten des Auls, alle
zu Pferde, selbst die Kinder; da ein solcher Umzug für die Basch=
kiren eine Art Festtag ist, so sieht man bei dieser Gelegenheit die
Weiber in ihrem besten Staat, und bei den Reichern auch den eigen=
thümlichen Kopfputz (Kaschbow), der aus einer Art glatter Mütze mit
breiten Brustlappen besteht und ganz mit durchbohrten silbernen Münzen
bedeckt ist. Der Numismatiker findet in diesem Kopfputz oft seltene
Münzen und vorzugsweise viele alte silberne Kopekenstücke. Aeltere
Weiber gehen und reiten anspruchslos ohne Schleier, jüngere aber,
welche gewöhnlich unter den vier Weibern eines reichen Baschkiren die
Lieblingsfrauen sind, verschleiern sich immer, sobald ein Fremder in
der Nähe erscheint, oder bedecken verschämt das Gesicht bis an die
Augen mit ihren breiten Rockärmeln. Ein solches Nomadenleben ist
natürlicherweise voll Poesie und hat einen eigenthümlichen Lebensreiz,
daher denn auch der Baschkir mit Sehnsucht den Frühling erwartet,
um seine enge Winterwohnung zu verlassen, die ihm weniger heimath=
lich ist, als die grüne Steppe und die dunklen Gebirgsschluchten des
Urals.

Da wir hier erfuhren, daß in einem 20 Werst entfernten Aul die
Wahl eines Befehlshabers des Kantons erfolgen werde, und daß bei
dieser Gelegenheit Pferderennen und andere Volksbelustigungen statt=
finden würden, so nahmen wir Vorspann und fuhren nach diesem Aul,

wo uns bei der Gastfreiheit der Baschkiren sogleich eine eigene Jurte zum Uebernachten angewiesen wurde. Der Aul war schon voller Unter=beamten, die eine militärische Rangordnung haben, und als stellver=tretende Officiere, jedoch ohne Classenrang, zu betrachten sind. Unter diesen Beamten wird nun der Chef des ganzen Kantons gewählt, der sowohl die militärische als auch innere Civilverwaltung leitet. Ge=wöhnlich hat derselbe auch Classenrang und ist einigermaßen mit dem Obristen eines Regiments zu vergleichen. Nachdem alle diese Beamten knieend einen großen Kreis gebildet, und in dessen Mitte der Mollah den Eidschwur in Tatarischer Sprache vorgelesen hatte, so wurde schließ=lich noch jedem Einzelnen der Koran auf das Haupt gelegt, womit denn die Ceremonie des Eidschwurs beendet, und nun unverzüglich unter der Oberaufsicht eines Kreisbeamten zum Ballotement geschritten wurde. Der auf diese Art für sein ganzes Leben gewählte und vom General=Gouverneur bestätigte Chef des Kantons ist nach einer alten Sitte verpflichtet, für Speisen, Getränke und Volksbelustigungen zu sorgen; daher denn auch auf Kosten desjenigen, der gewählt, früher schon Alles vorbereitet wird. Den Anfang machte ein Pferderennen auf einer Strecke von 15 Werst, die Reiter, kleine Knaben von 15 bis 16 Jahren, waren schon unterwegs und man erwartete bereits ihre Ankunft mit Ungeduld; unterdessen gruppirten sich die an der Wahl Theil genommen habenden Beamten in kleinen Haufen, um das wich=tige Ereigniß zu besprechen und sich gegenseitig zu gratuliren, wobei die Schaalen mit Kmüß fleißig herumgereicht wurden. Ueberall war eine Menge Volk herbeigeströmt, um der Festlichkeit beizuwohnen, einige zu Pferde, andere in kleinen Kreisen gruppirt im Grase liegend oder nach Türkischer Art mit untergeschlagenen Beinen sitzend. Hier und da schimmerte unter der Menge der weiße Turban eines Mollah's. Alles war, die Augen nach der Steppe gerichtet, voller Erwartung, da ertönte plötzlich das Geschrei: „sie kommen," und nun lief und rannte Alles um und durch einander, um besser zu sehen. Geschrei und Lärm von allen Seiten, worauf eine Todtenstille folgte. Deutlich war jetzt noch nichts zu erkennen, nur fern in der Steppe bewegten sich einige kleine Punkte, die aber immer näher kamen, und im Verhältniß, wie Pferde und Reiter nach und nach genauer erkannt werden konnten, er= neuerte sich auch wieder der Lärm. Endlich brauste die Cavalkade in starkem Galopp und mit vielem Geschrei immer näher heran bis zum Ziele. Ein kleiner Baschkirenknabe mit rundem Mongolengesicht und rabenschwarzen Haaren auf einem mit Schaum bedeckten magern Falben war seinen Kameraden ungefähr um 30 Faden vorausgeeilt, und daher der glückliche Sieger, dem der erste Preis, eine Stute, zu Theil wurde. Pferd und Reiter wurden mit lautem Jubel empfangen, von allen Seiten umringt, belobt und bewundert, und dem erschöpften Knaben sofort eine volle Schaale Kmüß gereicht. Den nachfolgenden Reitern wurde weniger Aufmerksamkeit gewidmet, und die letzten derselben ver= loren sich still und beschämt unter der Volksmenge, der Sieger aber blieb der Held des Tages, wurde überall mit Kmüß tractirt und auch uns als Fremden förmlich vorgestellt, um natürlicherweise auch von uns beschenkt zu werden.

Unterdessen war es Mittag geworden; man hatte eine Stute und mehrere Schafe geschlachtet, und hinter dem Aul in einer Schlucht rauchte die Küche, wo in großen Kesseln das Lieblingsessen der Basch= kiren — Bisch=Barmack, oder wörtlich übersetzt Fünffingerspeise — zu= bereitet wurde. Nachdem sich eine Menge kleiner Kreise von 8 bis 10 Personen gebildet und nach türkischer Art auf dem Boden gelagert, wurde die Fünffingerspeise in großen hölzernen Schüsseln herumgetragen und in jedem Kreise auf die Erde gestellt, und da Löffel und Gabel dem Baschkiren völlig unbekannte Dinge sind, die Speise aber aus klein gehacktem Fleisch in einer Art Suppe bestand, so griff jeder mit seinen fünf Fingern so rasch in die Schüssel, wie es nur die Hitze er= laubte, um sich eine Menge Fleischbrocken herauszuholen. Anfäng= lich ging das Manöver noch ziemlich schnell von statten, nachdem aber die Fleischbrocken schon weniger geworden, erfolgte eine wahre Fischerei, bei der mehrere Hände zugleich in der Suppe herumwühlten, bis das letzte Stück Fleisch glücklich herausgefischt war und nun zuletzt noch das Gefäß in der Runde herumging, um die Suppe auszutrinken,

wornach zugleich wieder eine frische Schüssel mit derselben Speise auf-
getragen wurde. Höchst merkwürdig war für uns dies wunderbare
Treiben. Ueberall um uns herum eine Menge kleiner Kreise an der
Erde sitzender Baschkiren in rascher Beschäftigung und mit vollem Munde,
wobei einige mit widriger Gier ihre weiß und vom Schmutz rein ge-
wordenen Fingerspitzen beleckten, während andere mit dem Rufe „Allah"
sich behaglich den fetttriefenden Bart strichen. Da aber an dem Fest-
essen nur die Beamten, Dorfältesten und reichen Baschkiren Theil nehmen konnten, so umschwärmte das gemeine Volk die Kreise, um mit
lüsterner Begierde der Festlichkeit zuzusehen; hier und da fand sich nun
oft einer oder der andere Freund oder Anverwandte und näherte sich
zutraulich grüßend dem Kreise; für einen solchen, an dem Gastmahl
nicht theilnehmenden Bekannten wurde denn, als ein besonderes Freund-
schaftszeichen, eine große Handvoll Fleischbrocken aus der Suppe herausgefischt und dem Freunde in den weit geöffneten Mund geschoben. Der
so Beschenkte hielt mit beiden Händen die vollen Backen, und entfernte
sich, um — von Vielen beneidet — in der Stille sein kostbares Ge-
schenk zu verzehren. Nachdem der erste Hunger gestillt war, und die
Hände schon nicht mehr so rasch in den Schüsseln herumgriffen, erschien
plötzlich eine Procession von mehrern Baschkiren, die in ihrer Mitte
das Ehrenstück, einen gekochten Pferdekopf, auf einer Stange herbei-
trugen, um welchen gerungen werden sollte. Rasch traten zwei rüstige
Champions hervor, die, wie wir nachher hörten, als die ersten Rin-
ger im ganzen Kanton bekannt waren, warfen ihre Oberkleider ab,
bis auf den Gürtel, an dem sich beide faßten, um sich gegenseitig
niederzuwerfen. Der eine dieser Kämpen war eine braune lange
Figur und unbezweifelt der stärkere, der andere aber wohl kleiner,
doch muskulöser und gewandter, mit schwarzen funkelnden Augen und
voller Leben. Lange dauerte der Kampf, schien sich bald für den einen
bald für den andern zu entscheiden, und wurde um so interessanter, da
hier augenscheinlich die rohe Kraft mit der Gewandtheit kämpfte.
Mehrmals wurde der Kleine von seinem langen Gegner hoch in die
Luft gehoben und mit Gewalt fast zu Boden gedrückt, doch mit einer

Gewandtheit, die uns in Erstaunen setzte, blieb er jedesmal auf seinen Füßen stehen, bis er zuletzt, wo wir es am wenigsten erwarteten, seinen Vortheil ersah und den Gegner zu Boden stürzte. Der Kampf war beendet, der Lange verlor sich unter der Menge, der Sieger aber blieb triumphirend auf dem Platze und ihm wurde der Pferdekopf als Preis übergeben. So begierig nun auch bekanntermaßen die Baschkiren nach Fleisch sind, da diese Lieblingsspeise, besonders den Aermern, nicht oft zu Theil wird, so behielt doch der Sieger den Preis nicht für sich selbst, sondern brachte ihn nach einem der Kreise, um ihn dort dem ältesten Baschkiren = Beamten, einem Greise mit langem schneeweißen Barte, als ein Ehrengeschenk zu übergeben. Die Gabe wurde freund= lich und mit gegenseitigem Händedruck in Empfang genommen, worauf der Greis mit seinem Messer — welches jeder Baschkir in einer Scheide als Dolch bei sich trägt — mehrere Stücke Fleisch von dem Pferdekopf abtrennte, und dann denselben an seine Tischgenossen überreichte, wo er von Hand zu Hand ging, bis zuletzt die leere Knochenmasse einem nahestehenden Baschkiren aus dem Volk übergeben wurde, der über= glücklich den Kopf davontrug, um noch die letzten Spuren von Fleisch abzunagen. Nach dem Essen erschien ein Baschkir mit einem eigen= thümlichen Blasinstrument (Szibisgan), um uns mehrere Baschkiren= lieder vorzublasen, die alle ihre eigene poetische Bedeutung haben sollten, z. B. „wie der Baschkire mit seinem zahmen Habicht oder Fal= ken in der Steppe reitet und dieser eine wilde Ente fängt" — „das Wettrennen und die Kämpfe mit Wölfen und Bären, oder, wie der Baschkir die Braut in einem fernen Aul besucht" ꝛc. Von allen In= strumenten, die es jemals in der Welt gegeben, selbst das kunstlose Haberrohr der Alten nicht ausgenommen, ist unbezweifelt der Szibisgan das Einfachste, denn es besteht aus dem Stengel einer dicken Pflanze, die überall in der Steppe wächst, hat kunstlos ein paar Löcher als Klappen und wird wie ein Clarinet geblasen, wobei aber merkwürdi= gerweise der blasende Baschkir zugleich auch einen eigenthümlichen brum= menden Ton durch die Nase stößt, der den Baß vertreten soll, und bei guten Bläsern mit den vielen sanften Molltönen des Instruments so

ziemlich harmonirt. Diese Art zu blasen und zu brummen muß sehr
schwer sein, da gute Szibisgan=Bläser so selten sind. Bei alledem aber
hat diese einfache und wilde Musik nichts Unangenehmes und beson=
ders in der Ferne etwas Melancholisches, wo sich die Töne klagend
durcheinander mischen, wie beim Hauche der Aeolsharfe.

Die Festlichkeit war beendet, unser Dreigespann harrte bereits,
und mit gegenseitigen Händedrücken, wobei der Asiate immer die dar=
gebotene Hand in seine beiden schließt und gewöhnlich „Goschbul" sagt,
nahmen wir, voll der fremdartigen Eindrücke, Abschied von unserm
freundlichen Wirthe, und im sausenden Galopp ging's nun mit wilden
Steppenpferden aufwärts zum Gebirge.

So war noch unlängst das Nomadenleben der Baschkiren an der
östlichen Seite des Uralgebirges, doch vieles hat sich seitdem schon ge=
ändert, und überall erscheinen die Anfangsspuren einer Uebergangs=
periode zur Civilisation. Der Ackerbau fängt an sich mit raschen
Schritten zu entwickeln, und mit ihm wird auch das rohe Nomaden=
leben — diese unterste Stufe im Staatsleben — nach und nach ver=
schwinden müssen. Für bessere Pferde= und Bienenzucht ist gesorgt,
und auch die Civiladministration der Baschkiren und ihre militärische
Organisation ist in ein neues Stadium getreten.

Steppenbilder einer frühern Zeit, aus der Baschkirei und dem Kirgisenleben.

Der große Weltgürtel — das Uralgebirge — zieht sich in einer geraden Linie durch das ganze Orenburgische Gouvernement und parallel mit dieser Gebirgskette fließt auch der Uralfluß in dieser Richtung bis zu seinem Ausflusse ins Kaspische Meer, im Lande der Uralschen Kosaken. Dieser Fluß trennt die zum Innern des Reichs gehörigen Baschkiren- und Kosakenländereien von der großen Kirgisensteppe des mittlern Asiens und bildet auch nach der neuern Auffassung die geographische Grenze zwischen Europa und Asien, als welche früher das Uralgebirge angenommen wurde. Gegenwärtig zieht sich diese Grenzlinie — im gewöhnlichen Leben nur die Linie genannt — vom Ufer des Tobol im Norden längs dem Uralflusse bis zum Kaspischen Meere, wo bereits die Traube reift, in einer Länge von ungefähr 1700 bis 2000 Werst*). Auf dieser ganzen Linie befinden sich nun alle 20 bis 30 Werst, in einer ununterbrochenen Reihenfolge, kleine oft nur dorfähnliche Festungen mit einem Commandanten und einer halben Compagnie, mehr oder weniger, Liniensoldaten und Kosaken, um das innere Land und die Ansiedelungen der Linie gegen die räuberischen Ueberfälle der Kirgisen zu schützen, welche besonders in den dunklen Herbstnächten mit ihren unverwüstlichen Steppenpferden durch den Uralfluß schwimmen, um nicht allein mit vieler Gewandtheit den Einwohnern ihr Vieh zu

---

*) Ungefähr 200 bis 280 deutsche Meilen.

stehlen, sondern auch, wie es bei ihnen seit undenklichen Zeiten Sitte war, um Menschen zu rauben und sie als Sclaven nach Chiwa zu verkaufen, wo Russen als tüchtige Arbeiter vorzugsweise gut bezahlt werden. Dieser Menschenraub war zu meiner Zeit so arg, daß jede Feldarbeit gefährdet war und sogar oft ganze Familien beim Heumachen geraubt und nach Chiwa verkauft wurden.

Die Bewohner der Grenzfestungen, Kosaken, verabschiedete Soldaten und andere freie Ansiedler, treiben Ackerbau und Viehzucht, und führen ein sehr gemächliches Leben, denn da der herrliche Boden, der niemals Dünger bedarf, für die spärliche Bevölkerung im Ueberfluß vorhanden ist, so sind alle Lebensmittel für fabelhaft billige Preise zu haben, und wirkliche Armuth, die an Brodmangel leidet, ist hier unbekannt. Auf der Linie wird auch während des Sommers viel Handel mit den Kirgisen getrieben, und in den größern, schon stadtartigen Festungen, wie z. B. Orsk und Troizk, erscheinen oft große Handels-Karavanen mit 1000 und mehr Kamelen aus Chiwa, Buchara, Kokant und andern Orten des mittlern Asiens, daher sich überall in diesen Festungen auch Zollbeamte befinden, welche der Haupt-Zolldirection in Orenburg untergeordnet sind. Leider waren aber auch diese Handels-Karavanen sehr oft den räuberischen Anfällen der Kirgisen ausgesetzt. — Längs der ganzen Linie befinden sich regelmäßige Poststationen, wo der Reisende mit raschen Steppenpferden oft mit rasender Eile befördert wird, doch immer erhält derselbe einige Kosaken und Baschkiren als Bedeckung; in den dunklen Herbstnächten aber, oder wenn man sonst weiß, daß Gefahr vorhanden, erlauben die Festungs-Commandanten das Reisen zur Nacht nur ausnahmsweise, und der Reisende erhält dann der Kirgisen wegen auch immer eine größere Bedeckung. Zwischen den Festungen befinden sich alle 5 Werst Piquets von Kosaken und Baschkiren, welche, im Falle die Kirgisen einen Durchbruch der Linie wagen, sogleich die auf hohen Lärmstangen errichteten Theertonnen anzünden, um die ganze Bewaffnung zu allarmiren und die Einwohner im Innern des Landes zu warnen, worauf dann eine allgemeine Jagd beginnt, welcher aber die Kirgisen gewöhnlich mit vieler Gewandtheit und List

zu entgehen wissen. Im Spätherbst aber, sobald die Steppe mit Schnee
bedeckt, hört diese genaue Bewachung der Linie auf, die Kirgisen sind
dann ganz andere Menschen als im Sommer, und es ist nichts mehr
von ihnen zu fürchten, deshalb ziehen denn auch um diese Zeit die
Baschkiren=Regimenter in ihre Kantone und die Kosaken wieder in ihre
Stanizen zurück. Der Dienst ist beendet.

Die Kirgisen sind wahre Nomaden, welche nicht wie die östlichen
Baschkiren nur während des Sommers nomadisiren, sondern das ganze
Jahr, Sommer und Winter, in Filzhütten (Jurten) wohnen, und sich
mit ihren unabsehbaren Heerden von einem Orte zum andern in der
Steppe umhertreiben; besonders halten sie Unmassen der fettschwänzigen
Schafe mit schlechter Wolle und langhängenden Ohren, von denen all=
jährlich Hunderttausende auf der Linie verhandelt werden, um ihr Leben
in den Talgsiedereien zu enden. Die Kirgisen sind seit den ältesten
Zeiten unter sich in Stämme und Geschlechter eingetheilt, die sich aber
oft feindlich behandeln und dann mit einander eine Art Krieg (Baranta)
führen, der gewöhnlich darin besteht, daß eine Partei die andere über=
fällt, ausplündert und ihr das Vieh wegtreibt. Die ganze an das
Orenburgsche Gouvernement grenzende Orda der Kirgisen gehört zum
Complex des großen russischen Reichs, denn der Kirgisen=Chan Abul=
chair, ein Nachkomme von Dschingis=Chan, begab sich 1731 frei=
willig unter russische Botmäßigkeit und leistete für sich und sein Chanat
den Eid der Treue. Sie zahlen aber weder Abgaben noch haben sie
Leistungen zu stellen, und werden von der Regierung auf eine wahrhaft
milde und rücksichtsvolle Art behandelt; trotzdem hängen sie, wie alle
uncivilisirten Asiaten, sehr zähe an ihren alten Volksgewohnheiten, und
wollen daher immer noch nicht begreifen, daß Diebstahl und Raub,
mit List und Gewandtheit ausgeführt, wenn auch bei ihnen volksthüm=
lich und in den Liedern ihrer Sänger als Tugend besungen, dennoch
das Eigenthumsrecht anderer Menschen gefährdet und darum als Ver=
brechen bestraft werden muß. Diese Ansicht der Dinge ist denn auch
der Hauptgrund der immerwährenden Räubereien unter einander und
gegen die Ansiedelungen der Linie, wozu aber auch die Feindschaft mit

den diesseits der Linie wohnenden Baschkiren, besonders des neunten
Kantons, als der nahen Grenznachbarn, viel mit beiträgt. Diese Feind=
schaft stammt aus früheren Jahrhunderten, in denen beide Theile, um
sich gegenseitig zu berauben, oft förmlich unter einander Krieg führten.
Große Helden sind die Kirgisen freilich nicht, und nicht im entfern=
testen mit den tapfern Völkern des Kaukasus zu vergleichen; obgleich
sie ihre langen Lanzen mit vieler Gewandtheit zu führen wissen und
es ihnen an List beim Ueberfalle nicht mangelt, so wagen sie doch selten
einen Angriff auf Kosaken oder Baschkiren. Den tapfern Uralschen
Kosaken gegenüber sind sie aber ausnehmend feig zu nennen, ein Paar
dieser braven Krieger auf ihren schnellen Pferden und mit Pike und
guter Flinte genügen, um ein Dutzend Kirgisen zu verscheuchen. Sie
selbst besitzen nur selten schlechte Luntenflinten ohne Schlösser, daher
haben sie vor allen Feuerwaffen den höchst möglichen Respect. Zu mei=
ner Zeit, vor vielen langen Jahren, ereignete sich der Fall, daß ein
einziger Linien=Kosak mit einer ungeladenen Flinte beim Heumachen
von fünf Kirgisen mit langen Piken überfallen wurde. Aber indem
er Jeden, der sich ihm näherte, aufs Korn nahm, hielt er sie sich vom
Leibe. Sie umschwärmten ihn eine Zeitlang mit lautem Geschrei, und
courbettirten auf ihren Pferden um ihn her, doch der gewandte Kosak
hielt ihnen immer mit raschen Wendungen die Mündung seiner Flinte
entgegen. Da nun keiner sich zuerst opfern wollte, so ließen sie end=
lich den Kosaken in Ruhe und sprengten davon. Der Kosak erzählte
später, daß nur seine ungeladene Flinte ihn gerettet habe, denn wäre
sie geladen gewesen, so hätte es ihm doch wohl an kaltem Blute ge=
fehlt, er würde einen der Räuber niedergeschossen haben, von den andern
aber dann gespießt worden sein.

Bei einem andern Fall ereignete es sich, daß ein russischer Geist=
licher unweit der Linie von einer Ansiedelung zur andern fuhr. Es
war stockdunkle Nacht, als der gute Mann aus tiefem Schlafe aufge=
schreckt wurde. In der Angst seines Herzens griff er nach einem großen
Musketon, mit mehr als doppelter Ladung, und schoß im Halbschlafe,
um keinen zu tödten, aus seinem Wagen aufs Gerathewohl in die Luft.

Es erfolgte ein gewaltiger Knall und durch den starken Ruck wurde ihm das Geschütz aus der Hand gerissen, die Kirgisen aber sprengten erschrocken davon, weil sie glaubten, der Mann habe Kanonen im Wagen.

Im Winter, sobald der tiefe Schnee sein weißes Gewand über die unabsehbare Steppe ausbreitet, und der Kirgise nicht mehr zu Pferde sitzen kann, wie er von Kindesbeinen an gewöhnt ist, watschelt er mit seinen krummen Beinen unbehaglich im Schnee, von einer Jurte zur andern, ist dann furchtsam und bescheiden, radebrecht ein paar Worte Russisch und will für den gehorsamsten Unterthan gehalten wer= den. Die ärmeren Kirgisen, von den Einwohnern Bayguschy genannt, ziehen dann mit ihren Jurten näher zur Linie, um kümmerlich den Winter durchzubringen, und suchen, um sich ein wenig Mehl zum Unterhalt für ihre Familie zu verdienen, oft bei den Linien=Bewohnern Arbeit. Andere ziehen dörferweise (Aul) tiefer in die Steppe und schlagen zur Winterwohnung ihre Filzhütten dort auf, wo vertrocknetes hohes Steppengras Nahrung für das Vieh giebt, oder im hohen Schilfe der Landseen. Eine solche Jurte ärmerer Kirgisen giebt im Winter ein wahres Bild des Jammers. In der Regel haben diese Bayguschy nur wenig Vieh. Die Filzjurte ist eine runde Hütte, ähn= lich einem Heuschober, mit einer Oeffnung nach oben, durch welche der Rauch abzieht. Von Außen ist diese Hütte, der Wärme wegen, mit etwas Schnee beworfen, und im Innern selbst kauern die braunleder= nen Mongolengesichter, rauchgeschwärzt und starrend von Schmutz, um ein kärgliches Feuer von getrocknetem Dünger oder von Schilf, und nähren sich kümmerlich von dünnem Mehlbrei, oder kauen ein Stück Schafstalg, welches selbst den kleinen Kindern in den Mund geschoben wird. Ist die Kälte sehr stark, die nicht selten bis 25° steigt, so wer= den die kleinen nackten Kinder in die warme Asche gelegt, so daß nur der Kopf hervorragt. Um die Jurte herum ist stellenweise der Schnee etwas weggeschaufelt, und dort sucht ein Dutzend Schafe und Ziegen ihr kärgliches Futter hervor. Weiter in der Steppe weiden ein Paar Pferde und scharren mit einem Vorderfuße das hohe trockene, nie gemähte

Steppengras unter dem Schnee hervor. Ist die Noth zu groß, so wird auch wohl ein Schaf oder eine ledige Stute geschlachtet, doch thut der Kirgise dies sehr ungern, so sehr er auch Fleisch liebt. Einerseits hängt sein Vieh ihm an der Seele, da es seinen Reichthum ausmacht und ihm allein die Mittel bietet, sich und seine Familie zu ernähren, andererseits kommen auch, sobald ein Stück Vieh geschlachtet ist, Nachbarn und Verwandte der alten Sitte gemäß zu ihm, um an dem Festmahle Theil zu nehmen, und es bleibt wenig für ihn übrig. Nach unserm Begriffe ist nun wohl dies Jammerleben, besonders wenn sich noch Blattern und andere Krankheiten in der Familie einstellen, als ein wahres Elend zu betrachten, und doch vertauscht selbst der ärmste Kirgise seine dürftige Wohnung nicht mit irgend einem Palast der Erde.

Die reicheren Kirgisen, von denen manche viele Tausend Schafe, Ziegen, Pferde und Kamele und auch dann und wann Hornvieh besitzen, haben freilich Mittel und Wege, sich größere Bequemlichkeiten zu verschaffen, und ziehen gewöhnlich im Winter tiefer nach dem Süden der Steppe, oder nehmen Winterquartiere im Rohre des Kaspischen Meeres. Die Aeltesten und Reicheren besitzen in der Regel mehrere Jurten für ihre Familien, und es fehlt sogar nicht an Luxus in diesen Filzhütten. Man findet ringsum hölzerne Divans mit persischen Teppichen bedeckt, und kostbare Waffen, mit Silber und Gold ausgelegt, zieren die Filzwände der Jurten, doch auch wohlhabende Kirgisen erwarten mit Sehnsucht den Frühling und sind ebenfalls während des Winters ungemein zahm. Sobald aber nur der Schnee verschwindet und sich die Steppe mit jungem Grün bekleidet, verläßt der Kirgise seine traurige Winterwohnung. Alles ist dann voller Freude und Leben; die Jurten werden abgebrochen und auf Kamele oder Pferde geladen, welches gewöhnlich das Geschäft der Weiber ist.

Die Kirgisen sind Mahomedaner und somit haben Reichere oft bis vier Frauen. Die Jüngere und Schönste — gewöhnlich die Lieblingsdame des Herrn — ist immer besser gekleidet, verschleiert, als die andern, und so lange Jugend und Freundschaft dauern, von Arbeiten verschont. Alt und Jung, Weiber und Kinder setzen sich zu Pferde,

die Viehheerden des ganzen Auls werden voraus getrieben, und nun
geht's im vollen Jubel, heiter und lustig in die blumenreiche Steppe
hinein, um an einem passenden Wasser, und gutes Futter fürs Vieh
darbietenden Ort die Jurten für eine Zeitlang wieder aufzuschlagen.
Menschen und Thiere erholen sich nun rasch von dem Hungerkummer
des Winters, denn um diese Zeit mehrt sich die Heerde, Milch und
eine Art harter Käse (Krut) sind vorhanden, und besonders giebt die
gegohrene Stutenmilch (Kmüß) eine so kräftige Nahrung, daß die ab=
gemagerten Gestalten bald die Sommerrundung ihrer braunen Voll=
mondsgesichter wieder erhalten.   Der Kirgise ist dann auch nicht mehr
so demüthig und furchtsam, wie während des Winters. Er kann wie=
der zu Pferde sitzen, und sobald sich nur die Möglichkeit findet, mit
List und Gewandtheit etwas zu unternehmen, was über das Mein und
Dein entscheidet, so betrachtet er ein gelungenes Kunststück dieser Art
als eine Heldenthat, von der man sich noch lange in den Auls erzählen
wird.   Besonders war damals, wie erwähnt, der Menschenraub trotz
der strengen Bewachung noch eine ganz gewöhnliche Sache, sogar kleine
Jagdpartieen in der wildreichen Steppe durften nicht anders als von
mehreren Personen gewagt werden. Zeigte sich nun auch dann und
wann in weiter Ferne ein Trupp Kirgisen, von denen man nicht wissen
konnte, was sie im Schilde führten, so genügte es immer, ein paar
Kugeln in diese Richtung zu senden, um anzudeuten, daß Feuerwaffen
vorhanden waren.

Zum Schutze der innern Ansiedelungen gegen alle diese Unbilden
wurden, wie gesagt, alle Frühjahre Baschkiren= und Mescheräken=Re=
gimenter nach der Linie beordert, um vereint mit den Linien=Kosaken
die Wachtposten zu beziehen.   Es war vor ungefähr 30 Jahren, als
ich von dem General=Gouverneur in Orenburg abcommandirt wurde,
um ein solches Baschkiren=Regiment zu inspiciren, Pferde und Waffen
zu untersuchen und das Regiment nach der Linie zu befördern. Es
war ein schöner Frühlingstag, als ich in Begleitung einiger Kosaken
und eines Kanzleibeamten die Steppengegend des siebenten Kantons
am Flusse Diöma erreichte. Unzählige Schaaren wilder Enten und anderer

Wasservögel belebten den Strom, Kronschnepfen, Reiher und Kraniche kreisten mit lautem Geschrei in den Lüften. Heerden wilder Gänse zogen im Dreieck vorüber, und in unabsehbarer Höhe schwebten gewaltige Adler (Berkut) ohne Flügelschlag in stillen ruhigen Kreisen, mit lüsternen Augen auf das Gewimmel da unten herabsehend, dazu sang die Steppenlerche ihr sanft trillerndes Lied, und überall in der Steppe saßen, erwacht vom langen Winterschlafe, die trägen Murmelthiere auf ihren sandhügelartigen Erdhöhlen, um dumm und neugierig in die Welt hineinzuschauen. Die ganze Steppe war ein schönes Naturbild voller Leben und besonders würde dem alten Jäger bei diesem Ueberflusse an Federwild das Herz vor Freude gelacht haben.

Die Steppe war erst unlängst abgebrannt worden, um, wie dies im Frühjahre immer geschieht, das trockene hohe Steppengras zu beseitigen. Ein solcher Steppenbrand giebt in der Nacht, besonders bei starkem Winde, einen furchtbar schönen Anblick. Man sieht dann oft auf einer Fläche von 20 Werst eine unabsehbare Feuerlinie, die den Himmel röthet, in rasender Hast mit dem Winde im Zickzack fortläuft und hinter sich eine abgebrannte schwarze Fläche zurückläßt. Ereignet es sich nun, wie dies mir einige Mal erging, daß der eifrige Jäger mit seinem Tarantas bei starkem Winde zwischen diese Zickzacke geräth, so ist an kein Entfliehen zu denken, um so mehr da der Rauch keine Umschau zuläßt. In diesem Fall wird das Dreigespann gerade gegen den Wind und die schnell entgegenlaufende Feuerlinie geleitet, so wie man sich aber derselben nähert, wird Alles vom Rauch verhüllt, und sobald man die Wärme des Feuers empfindet, bedeckt man das Gesicht, läßt den schnaubenden Rossen den Zügel schießen, schreit und schlägt darauf los, und in einer einzigen Sekunde fliegt das Dreigespann über die kaum ein paar Ellen breite Feuerlinie hinüber und in die schwarze abgebrannte Fläche hinein. Jetzt ist alle Gefahr verschwunden, indem man sich hinter dem Winde befindet, der Feuer und Rauch unaufhaltsam weiter treibt, bis entweder ein Fluß, ein breiter Heerweg oder eine im Herbst kahl abgeweidete Steppe dem Feuer eine Grenze setzt. Während der Zeit, wo Steppengegenden brennen, ist die ganze

Umgegend oft auf 100 Werst Entfernung wochenlang mit einem feinen
Rauche und Brandgeruche angefüllt; schnell aber bedeckt sich die ab=
gebrannte Steppe wieder mit üppigem Grase, und dies schöne Sma=
ragdgrün auf dem kohlschwarzen Boden giebt einen wunderschönen
Anblick, besonders in der Steppengegend zwischen dem Uralflusse und
der Wolga, wo oft Millionen wilder Tulpen von violetter, gelber
und weißer Farbe aus dem unlängst abgebrannten Boden rasch hervor=
schießen und einen so wunderbar lieblichen Blumenteppich auf schwar=
zem Grunde bilden, den zu beschreiben man wahrlich keine Worte
findet. Eiw' Allah! sagt der Asiate, „Gott ist groß!"

Gegen Abend erreichte ich den Sammelplatz des Regiments, wo
mich der Kanton=Befehlshaber mit den Dienstrapporten empfing und
in eine für mich besonders aufgestellte und mit Teppichen ausgezierte
Filzjurte führte. Es war ein herrlicher warmer Frühlingsabend und
wunderbar war hier in Gottes freier Natur das fremdartige Bivouac=
leben dieser Nomaden. Ueberall zwischen den in der Eile aufgeschla=
genen Jurten, an denen Piken und Gewehre lehnten, wimmelte es von
Menschen und Pferden, in der Steppe jagten Baschkiren hin und her,
um mit den Arkanen — eine Art Lasso — Pferde einzufangen, oder auf
die Weide zu treiben. Hinter den Jurten wurde gekocht und gebraten
und nicht selten ging die Schale mit schäumendem Kmüß*) von Hand
zu Hand. Hier und da hatten sich kleine Kreise gebildet, welche nach
türkischer Art auf der Erde kauerten, aus denen ohne Choranschluß
der aus Molltönen bestehende ganz eigenthümliche leise Gesang eines
einzelnen Baschkiren erklang, nur in einiger Entfernung vom Lager er=
schallten, wie ferne Aeolsharfentöne, die melancholischen Laute des Szi=
bisgans — eines einfachen, aus dickem Rohr bestehenden Instruments.
Am andern Morgen stand das Regiment in zwei Gliedern aufgestellt,
die Inspection wurde beendet und das Regiment marschirte nach der
Linie ab. Das erste Glied war mit Piken, Säbeln und Flinten ver=
sehen, im zweiten Gliede befanden sich aber damals noch viele, die

---

*) Ein weinsäuerliches, etwas berauschendes Getränk aus gegohrener Stutenmilch.

als gute Schützen bekannt waren, mit Bogen und Pfeilen bewaffnet. Obgleich nach dem militärischen strengen Purismus an der Bewaffnung Manches getadelt werden konnte, so waren doch die gewandten Reiter und besonders ihre kleinen unförmlichen, aber dauerhaften und wahrhaft unverwüstlichen Steppenpferde recht gut für den leichten Cavalleriedienst zu gebrauchen, und konnten, wenn auch nicht zum regelmäßigen Angriff, doch mitunter zum Kosakendienste verwendet werden.

Nach dem Abmarsche des Regiments veranstaltete der Chef des Kantons zum Schlusse noch für mich eine Jagd mit Habichten und Falken auf Federwild. Diese Jagd ist eine alte volksthümliche Sitte, welche sich vorzugsweise bei den nomadisirenden Baschkiren an der östlichen, asiatischen Seite des Uralgebirges noch erhalten hat. Hier hat jeder Aelteste oder wohlhabende Baschkir seine abgerichteten Habichte oder Falken. Unter letztern befindet sich auch als Seltenheit der Edelfalke (Kretschet), der von den Baschkiren und Kirgisen sehr hoch geschätzt und daher theuer bezahlt wird. Wir ritten in der Steppe zu einem entfernten, mit Schilf umgebenen Landsee. Jeder Baschkir hielt seinen Habicht oder Falken mit einem kurzen Riemen am Fuße, auf dem Arme oder Sattelknopf, und dabei war der Kopf des Vogels mit einer ledernen Kappe bedeckt, so daß das Thier durchaus nichts sehen konnte. Der See war wie überall im Frühjahr in dieser wildreichen Gegend mit Enten und allerlei Wasservögeln wie bedeckt und überall im Schilfe schnatterte und piepte es. Ich war nun wohl mit einer Doppelflinte bewaffnet, hatte aber doch in dieser Masse von Wild nur ein paar Schüsse thun können, aber mit diesen wäre auch Alles verscheucht und die ganze so interessante Jagd verdorben worden. Um nun das Wild fest zu bannen und am Wegfliegen zu verhindern, wurde ein ganz einfaches, aber eigenthümliches Mittel angewandt. Ein Baschkir eilte nämlich mit einem Stück rohen Fleisches in der Hand nach der andern Seite des See's, hielt das Fleisch in die Höhe und ließ sonderbare Locktöne erschallen. Auf unserer Seite wurde nun ein Habicht losgelassen, und da diese Thiere vor einer solchen Jagd, um sie recht eifrig zu machen, immer einige Tage hungern müssen, so folgte der Habicht

sogleich den Locktönen, flog über den See hinüber und setzte sich auf
den Arm des Baschkiren, um ein kleines Stück Fleisch zu empfangen.
Auf dieselbe Art wurde der Vogel wieder zu uns herüber gewabt *)
und machte so die Reise über den See mehrere Male hin und her.
Kaum aber hatten Enten und Wasservögel ihren Feind zum ersten
Male erblickt — wohl wissend, daß sie nur im Fluge seine Beute
werden konnten — als alle sich eiligst im Schilfe zu verbergen suchten.
Das Schreien und Geschnatter hatte plötzlich aufgehört, es erfolgte
eine lautlose Stille und ich konnte den See umgehend ohne viele Mühe
ein halbes Dutzend Enten schießen, ohne sie vom See zu verscheuchen.
Endlich wagten es doch mehrere davon zu fliegen; nun wurde aber
ein anderer Habicht losgelassen, das kluge Thier hatte, sobald nur die
Kappe abgenommen war, mit seinen scharfen Augen die nach der Steppe
abfliegende Kette erspäht, welche er mit raschem Fluge einholte und
wie Spreu auseinander sprengte.   Mit vieler Gewandtheit packte er
eine große Ente mit seinen scharfen Klauen, und senkte sich fast kopfüber rasch mit ihr auf die Steppe herab.   Ein Baschkir, der sofort
herbeisprengte, nahm die todte, bereits angefressene Ente, bedeckte den
Habicht mit seiner Kappe, und nahm ihn wieder auf den Arm.   Auf
diese Art wurden noch mehrere Enten gefangen.   Zuletzt sollte noch
die Jagd mit dem Edelfalken beginnen, welche sich sehr von der Jagd
mit dem Habicht unterscheidet.   Der Habicht jagt nämlich, von der
Hand seines Herrn abfliegend, hinter dem Wilde her und fängt es im
Fluge.   Der Falke aber, ein edles und sehr intelligentes Thier, kennt
genau seinen Herrn, kreist, einmal losgelassen, hoch in der Luft um
denselben herum und folgt ihm, wo er auch hinreitet.   Es ist ein
wahres Vergnügen, zu sehen, wie das schöne Thier mit seinen großen
klugen Augen sich von seinem Herrn wieder auf die Hand nehmen
und füttern läßt.   Der Falke fliegt nie wie der Habicht hinter dem
Wilde her, sondern schwebt hoch in Luft immer über demselben, und
schießt dann von oben, wie ein Blitzstrahl, mit gewaltigem Stoße auf

---

*) Waben — ein Jägerausdruck.

seine Beute herab. Wir versuchten durch Lärmen und Schießen einige
Enten von dem See aufzuscheuchen, doch die Thiere waren durch den
über ihnen schwebenden Falken so sehr eingeschüchtert, daß alle Mühe
umsonst war, auch ging der Tag schon zur Neige, der Falke wurde
daher durch Locken und ein Stück Fleisch zurückgewabt und die Jagd
war beendet.

So waren vor langen Jahren die Lebenszustände in diesen fernen
Gegenden. Als ich aber vor einigen Jahren auf einer geologischen
Reise Orenburg wieder besuchte, fand ich bereits Alles auf wunderbare
Art verändert. Die raschen Fortschritte einer geregelten Civilisation
und Ordnung, welche sich mit Riesenschritten von Jahr zu Jahr immer
mehr ausbreiten und das ganze Volksleben durchdringen, haben auch
in diesem entfernten Winkel des Reichs ihre wohlthätigen Wirkungen
geäußert. Eine Menge Schulen und Lehranstalten sind ins Leben
getreten, die innere Verwaltung und militärische Organisation der Baschkiren und anderer Völker ist jetzt besser und zweckmäßiger eingerichtet,
als früher, die nomadisirenden Baschkiren beschäftigen sich schon bedeutend mit dem Ackerbau, welcher in früherer Zeit nur von den europäischen, an der westlichen Seite des Uralgebirges wohnenden Baschkiren
betrieben wurde. Auf den weitläufigen Ländereien der Baschkiren werden persische Hengste (Argamaks) gehalten, um die Landes-Race zu
veredeln, eben so ist auch eine Bienenzüchterei nach dem Prokopow'schen
System eingerichtet, und in Orenburg selbst ist eine großartige Karavanserei erbaut — ein wahres Prachtgebäude — in welchem unter
Anderem den jungen Baschkiren nützliche Handwerke gelehrt werden.
Alle diese und eine Menge anderer vortrefflicher Einrichtungen verdan-
ken diese fernen Länder der weisen und dabei milden, aber kräftigen
Verwaltung des Herrn Generalgouverneurs General-Adjutanten von
Peroffsky, der sich auch dadurch ein Monument der Dankbarkeit im
Herzen aller Einwohner gesetzt hat. Was keinem seiner vielen Vor-
gänger hat gelingen wollen, ist durch ihn erreicht worden, daß nämlich
der Menschenraub durch die Kirgisen seit der Expedition nach Chiwa
gänzlich aufgehört hat, weil einerseits die Chiwinzen keine Russen als

Sclaven mehr kaufen, und andererseits auch die Kirgisen strenger beaufsichtigt werden und anfangen, sich in eine bessere Ordnung der Dinge zu fügen. Die Linie ist jetzt weiter östlich in die Steppe verlegt; der Handel hat mehr Schutz als früher, der Landmann bearbeitet ruhig seine Felder, ohne zu befürchten, in die Steppe geschleppt und als Sclave verkauft zu werden, und selbst in das Innere der Steppe ziehen oft handeltreibende Tartaren von Aul zu Aul, um Waaren an die Kirgisen gegen Felle und Schafe zu verhandeln, so daß also auch unter diesen rohen Völkern ein auffallender Fortschritt gegen die frühere Zeit nicht zu verkennen ist.

Ueber den eigentlichen Ursprung der Baschkiren schwebt noch in den Geschichtsblättern ein ziemliches Dunkel. So viel ist wohl gewiß, daß alle Reisende schon vor 600 Jahren in diesen Ländern eines Volks: „Paskatyria oder Baskirdia" erwähnen. Nach Ritschkoff und Anderen waren vor der russischen Herrschaft die östlichen Baschkiren den sibirischen Herrschern, die westlichen den Kasanschen Chanaten, die Gebirgsbaschkiren des Urals den Nogayer Tartaren unterthan. Einige Geschichtsschreiber halten sie sogar für Ueberbleibsel dieser Nogayer; nach Dahl aber soll im Volke selbst die Sage herrschen, als ob sie von den Buräten abstammen. Alle Baschkiren sind Mahomedaner, sprechen die tartarische Sprache, ein verdorbenes Türkisch, und nennen sich in ihrer Sprache „Baschkur oder Baschkurt", welches wörtlich übersetzt „Bienenhaupt" bedeutet. Unter sich sind sie in Stämme und Geschlechter abgetheilt, die ungeheuer große Ländereien besitzen, welche aber nicht dem einzelnen Individuum, sondern jedem Geschlechte als Corporation erb- und eigenthümlich angehören. Als im Jahre 1552 der Zar Johann der Furchtbare Kasan eroberte, unterwarfen sich schon viele der westlichen Baschkiren dem russischen Scepter, und als später ein sogenannter Sultan Aknasar die meisten entfernten Baschkiren unterjochte, grausam behandelte und sie auch überdies von den Steppenvölkern noch oft geplündert wurden, unterwarfen sie sich im Jahre 1556 freiwillig dem russischen Reiche und baten um Schutz gegen ihre Unterdrücker, der ihnen auch zu Theil wurde. Zugleich wurden ihnen auch die Län-

dereien, welche sie theilweise noch gegenwärtig besitzen, erb- und eigenthümlich geschenkt, und durch eigene Patente auf schmalen Pergament-
streifen bestätigt. Da aber diese Ländereien so ungeheuer groß und
bei der damaligen geringen Menschenzahl wenig benutzt werden konnten,
so überließen die Baschkiren gegen eine geringe Abgabe einzelne größere oder kleinere Parzellen Landes an Ansiedler aus den angrenzenden
Woywodschaften, Tscheremissen, Tschuwaschen, Mordwinen, Tartaren und
anderen Völkern, oder verkauften große Strecken Land an Gutsbesitzer
und Kaufleute, um auf dem vortrefflichen Boden Bauern anzusiedeln,
oder Kupfer- und Eisenbergwerke anzulegen. So bevölkerte sich denn
das Gouvernement nach und nach bis auf unsere Zeit. Die Baschkiren
waren aber anfänglich schlechte Unterthanen, denn noch in den Jahren
1676, 1707 und 1734 empörten sie sich zu drei verschiedenen Malen
gegen die Regierung, wurden aber bald wieder zur gesetzlichen Ordnung gebracht, jedoch verloren viele durch diese Empörungen ihren
Landbesitz mit den früheren Rechten. Von allen Abgaben für die hohe
Krone sind sie völlig befreit, dafür aber leisten sie zeitweise Militär-
dienste. Die Regierung sorgt für sie auf eine milde und wahrhaft
tolerante Art, sie genießen den Schutz der Gesetze, wie alle anderen
Unterthanen des Reichs, haben in allen größern Dörfern ihre Moscheen
(Metschet) und einen von der Regierung sehr freigebig besoldeten Mufti,
der für ihre geistlichen Bedürfnisse Sorge trägt. Dafür sind sie aber
auch jetzt getreue und dem Gesetze gehorsame Unterthanen des Reichs,
freundlich und gastfrei gegen Reisende, und man reist sicherer und weniger
von allerlei Plackereien belästigt in den Steppenländern der nomadisirenden Baschkiren, als auf manchen Poststationen des Auslandes, obgleich, zugestanden — wohl nicht so bequem wie dort, doch — ländlich sittlich! —

Das frühere Orenburgische Gouvernement, welches der bequemern
Verwaltung wegen gegenwärtig in zwei Gouvernements, das Orenburgische und Samarische, abgetheilt ist, nimmt einen so ungeheuer
großen Flächenraum ein, wie ein paar deutsche Königreiche. Es giebt
einzelne Kreise, die bis 500 Werst lang sind. Das Uralgebirge mit

den Obschei-Syrt-Abzweigungen theilt das Gouvernement in zwei Hälf-
ten. Die westliche, größere Seite hat einen außerordentlich fruchtbaren
Boden-Complex. Herrlicher Ackerboden, vortreffliche Wiesen, Wälder
und Thalgründe, von einer Menge Flüsse und Bäche durchzogen, wechseln immerwährend unter einander ab. Der Boden dieser westlichen
Seite besteht größtentheils aus der berühmten schwarzen Erde (Tscher-
nosem), welche niemals Dünger bedarf, in Europa ihres Gleichen nicht
hat, und oft den zwanzigsten Kornertrag liefert. Die östliche, an Asien
grenzende Seite des Gouvernements, sowie die Gegend um Orenburg
selbst, ferner die Ländereien der Uralschen Kosaken, und Parzellen des
Gouvernements Samara haben schon mehr oder weniger den eigenthümlichen Charakter einer Steppengegend, wo die schwarze Erde und
der Waldwuchs verschwindet, und dafür der graue thon- und sand-
haltige Steppenboden hervortreibt, der hier und da auf den Urboden
eines vorweltlichen Meeres der jüngern Tertiär-Periode hindeutet.
Aber auch dieser fette Steppenboden ist mit Ausnahme der Stellen, wo
etwa der Sand vorherrscht, außerordentlich fruchtbar und giebt sehr
reiche Ernten des vortrefflichen Kubanka oder Beloturka-Weizens. Auch
bedecken bei der großen Räumlichkeit unabsehbare Viehheerden diese
Steppengegenden. Die Hitze steigt in den südlichen Gegenden oft über
30° Réaum. im Schatten, der Winter aber ist rauh und streng, darum
ist der Obstbau hier noch sehr beschränkt. Nur die Arbusen- und Melonenfelder schimmern im August hier und da aus der grauen Steppe
wie grüne Oasen hervor, und geben, da ein ganzes Fuder der großen
zuckersüßen Arbusen an Ort und Stelle oft nicht einmal einen Silberrubel
kostet, bei der afrikanischen Hitze ein wahres Labsal für Menschen und
Thiere. Alle Lebensmittel des Landes sind überhaupt sehr billig und
auch Salz hat das Gouvernement in ungeheurem Ueberfluß. Das reiche
Steinsalz-Lager bei Iletzkaja-S[s]aschita — von dem einst ein Berg-
Offizier die Berechnung machte, daß es 1000 Jahre die ganze Welt
mit Salz versorgen könne — ist als ein Wunderwerk zu betrachten,
wogegen das Salzwerk von Wiliczka in ein Nichts verschwindet. Es ist
ein wahrer Weltreichthum, dem, um vollkommen nutzbringend gemacht

zu werden, nichts fehlt als Communicationsmittel. Reiche Kupfer-
und Eisenerze sind in den Abhängen und Niederungen des Uralgebirges
im Ueberfluß vorhanden. Die früher so ergiebigen Goldwäschereien
sind bekannt genug, und welche reiche Metallschätze noch in dem Innern
des so großen und noch wenig untersuchten Uralgebirges ruhen mögen,
läßt sich jetzt nur aus den Andeutungen des forschenden Geologen und
Bergmanns ahnen.

Wie unendlich spärlich ist nun aber dies so außerordentlich reiche
Gouvernement bevölkert! — Wie viele reiche Naturschätze schlummern
noch unbenutzt in diesen großen Räumen und wie viele Millionen
arbeitsamer Ansiedler werden hier einst eine glückliche und sorgenfreie
Existenz finden! — Es liegt daher auch nicht der geringste Zweifel
vor, daß diese fernen Länder einer großen Zukunft entgegen sehen.

Lith.Anst. v. Winckelmann & Söhne in Berlin.

Steinsalzlager von Jletzkaja bei Orenburg.

Ein paar Worte über das so ausserordentlich reiche Steinsalzlager von Iletzkaja Scaschitta in der Nähe von Orenburg.

Mit einer Lithographie.

Es war ein herrlicher Frühlingsmorgen, als ich Orenburg verließ, um das berühmte Steinsalzlager Iletzkaja Scaschitta zu besuchen, welches einige sechszig Werst südlich von Orenburg in der Kirgisensteppe belegen ist. Der Uralfluß, welcher hart an der Stadt Orenburg vorbeifließt, war noch nicht in seine Ufer zurückgetreten, daher auch die Schiffbrücke, welche hier Europa mit Asien verbindet, nicht aufgeschlagen. Wir fuhren daher in einem großen Prahmen über den Uralfluß. Das hohe europäische Ufer mit der Festung Orenburg, seinen glänzenden Kuppeln und dem Palaste des Kriegsgouverneurs ragten über die ganze Umgegend empor. Im Hintergrunde schimmerte im Strahl der Morgensonne das hohe Minaret der Karavanserei-Moschee. Das linke, asiatische Ufer der Stadt gegenüber ist mit Wald bedeckt, in dem sich freundliche Parkanlagen befinden. Silberpappeln, Espen und Weiden bilden herrliche Baumgruppen, bekränzen das ganze Ufer und neigen ihre Wipfel bis in die Fluthen des rasch dahinfließenden Stroms. Durch diese Baumgruppen nun schimmerten die weißen Mauern des zwei Werst von Orenburg entfernten Tauschhofes, hinter welchem sich vor unsern Augen die unabsehbare Niederung der Kirgisensteppe ausbreitete. Das ganze jenseitige Ufer war mit Kirgisen, Kamelen und Schafheerden bedeckt, welche am Ufer die Fähre erwarteten, um nach der Stadt übergesetzt zu werden. Die Schafe mit ihren langen

hängenden Ohren und unförmlichen Fettschwänzen hatten sich in kleinen
Gruppen unter den Bäumen gelagert, die Kamele waren nahe dem
Ufer niedergekniet und starrten, wiederkäuend, in den vorbeifließenden
Strom. Das ganze Gemälde hatte so eigenthümliche Formen, daß es
uns unwillkürlich an die Nähe Asiens erinnern mußte. Da ich aber
mit eigenen raschen Pferden bis zur ersten Poststation fuhr, und meine
Pferde, aus Rußland kommend, nicht an den Anblick der Kamele gewöhnt waren, so wurden sie, wie wir uns dem Ufer näherten, scheu,
und wir wagten es nicht eher zu landen, als bis diese wahrhaft unförmlichen Thiere tiefer in den Wald getrieben waren.

Von Orenburg bis Jlezkaja verschwindet aller Baumwuchs gänzlich, und man erblickt nur die unabsehbare Steppe, deren Einförmig-
keit durch kleine Anhöhen und wellenartige Hügelketten unterbrochen
wird. Geologisch gehört der Boden zur Formation des Westuralschen
Kupfersandsteins, der hier wie eine schmale Erdzunge zwischen dem Jura
der Flüsse Jlek und Berda eingekeilt und begrenzt wird. Von menschlicher Regsamkeit, Ackerbau und Ansiedelungen erscheinen kaum die
ersten Spuren, obgleich der vortreffliche Weizenboden, da wo er an-
gebaut wird, gewöhnlich das funfzehnte bis zwanzigste Korn Ertrag
liefert. Alle fünf Werst steht ein kleines Kosakenpiquet mit einem
Wachhause, zwei Poststationen mit einigen ärmlichen Hütten sind denn
auch Alles, was man von menschlichen Wohnungen auf dieser Reise
antrifft. Dafür aber ist der Weg desto belebter; überall begegneten
uns unabsehbare Salzfuhren, größtentheils mit Ochsen bespannt, Kirgisen, die, auf Kamelen reitend, ihre Schafheerden zur Stadt trieben,
Kosaken und andere Bewohner des Landes, so daß wir glaubten, uns
auf einer großen Landstraße im Innern des Reichs zu befinden.

Die Regierung hat seit einigen Jahren eine Poststraße zwischen
Orenburg und Jlezkaja angelegt, und ob nun gleich der Reisende —
seit der neuen Postverwaltung — in der Regel überall auf eine wahrhaft humane und rechtliche Art behandelt wird, und an allen Orten
Bequemlichkeiten eingerichtet sind, die früher gänzlich unbekannt waren,
so wurde ich doch sehr überrascht, hier — am Ende des Reichs und

in diesem entfernten Winkel der Erde — auf jeder Poststation für den Reisenden ein reinliches, mit Tapeten bedecktes Zimmer zu finden, in dem nicht allein Tische, Stühle und ein Divan zum Ausruhen oder Uebernachten, sondern sogar eine Uhr vorhanden war, um die Zeit des Ankommens und der Abreise zu bestimmen. In einigen Minuten waren die raschen Steppenpferde angespannt, und nun brauste das Dreigespann im gestreckten Galopp über die Steppe dahin. Man fährt wohl überall schnell in Rußland, wenn der Reisende es selbst wünscht und der Postknecht ein gutes Trinkgeld erwartet; doch habe ich es niemals erlebt, daß ich bei beständigem Bitten: langsamer zu fahren, dessenungeachtet 16 bis 17 Werst in der Stunde zurücklegen mußte.

In den östlichen Steppenländern sind, besonders im Frühjahre, wenn die Dünste aus der Erde steigen, die unter dem Namen „Mirage" bekannten Täuschbilder eine ganz gewöhnliche Erscheinung, die daher auch mir längst bekannt waren. Denken Sie sich, mein verehrter Freund, den Anblick der öden, baumlosen Steppe und nun unsere Ueberraschung, wie wir bei einer Beugung des Wagens plötzlich einen See mit mehreren Inseln erblicken, dessen entfernteres Ufer wie mit kleinen Bäumen umkränzt erschien. Die liebliche Landschaft, welche sich hier vor uns ausbreitete, ergötzte uns lange, doch da wir mit der reißenden Eile unserer Pferde dem Bilde schnell näher kamen, wurde es immer lichter. Zuletzt verschwand jede Spur des Täuschbildes, und die kahle Steppe trat wieder hervor, auf der nur niedriges Strauchwerk der wilden Akazie und der Steppenkirsche spärlich wucherte. Späterhin beobachteten wir diese eigenthümliche Erscheinung noch öfters; so sahen wir einst ein Dorf oder einen Aul nomadisirender Kirgisen größtentheils im Wasser schwimmen, und nur die etwas auf Anhöhen liegenden Filzhütten schienen als Inseln hervorzuragen. Das ganze Täuschbild war auffallend ähnlich — wir glaubten nicht allein Wasser, sondern auch eine Art Wellenschlag oder vielmehr ein schnelles Fließen sehr deutlich zu erkennen; nachdem wir uns aber dem Gegenstande mehr näherten, verschwand auch das Wasser, statt dessen wir hart am Boden ein Flimmern der Luft bemerkten, welches der Richtung des Windes folgte.

Die Steppe war jetzt noch mit jungem Grün bedeckt, und wir freuten uns der Steppenflora, die, wenn sie auch gerade nicht sehr mannigfaltig war, doch in vielen fremden und uns unbekannten Blumen= arten in voller Blüthe vor uns stand. Im Augustmonate, wo ich zum zweiten Male Jletzkaja besuchte, war die Steppe ungeachtet des nassen Vorsommers schon mit ihrem gewöhnlichen falben Kleide bedeckt; Alles war vertrocknet, und die einförmige Oede wurde durch das graue, vertrocknete Steppengras noch mehr erhöht. Die Hitze war aber auch während des ganzen Augustmonats wahrhaft afrikanisch und betrug ge= wöhnlich über 28 bis 31 Grad im Schatten, und in Orenburg stieg sie sogar während einiger Tage bis auf 33. Das drückende Gefühl, welches eine solche Hitze verursacht, ist für den Nordländer unaussteh= lich — der ewig klare Himmel, das Lichtmeer, worin sich alle Gegen= stände tauchen, und der abscheuliche Staub vermehren auf die Länge der Zeit das Unbehagen. — Der Sand, woran die Umgegend von Orenburg so reich ist, brennt unter den Füßen wie glühende Kohlen, man sucht überall nach kühlender Labung, jeder erfrischende Luftzug wird mit Begierde eingeschlürft, und Nacht und Tag ist man in Schweiß gebadet. Wer nicht dringende Geschäfte hat, bleibt zu Hause, und nur des Abends sind die Straßen belebt, die Feuerluft ist etwas gemildert, und jeder erfreut sich der erfrischenden Kühle. Wenn diese Gegenden nicht eben so strenge Winter haben würden, wie der Som= mer heiß ist, so leidet es keinen Zweifel, daß hier der Weinstock vor= trefflich im Freien gedeihen könnte, bei der starken Kälte aber, und besonders bei den so späten Frühlingsfrösten, wächst hier nur selten ein Apfelbaum, an Birnen und Pflaumen ist vollends gar nicht zu denken. Dafür aber gedeihen Melonen und Arbusen vortrefflich und sind von einer Güte, die den Astrachanschen wenig nachgiebt. Die herrlichen saftreichen und süßen Arbusen sind bei der brennenden Son= nenhitze, die hier oft bis zum October währt, ein wahres erquickendes Labsal, um so mehr, da sie der Gesundheit nicht nachtheilig sind, was mit den Melonen wohl nicht der Fall ist. Man hat Arbusen von bedeutender Größe, welche dann, wiewohl in seltenen Fällen, bis

ein Pud Gewicht haben. Im August besuchte ich in der Nähe von
Iletzkaja ein Arbusenfeld oder Bakscha, wie es hier genannt wird. Es
war für uns ein lieblicher Anblick, diese mit Sonnenblumen umkränz-
ten Arbusen- und Melonenfelder wie grüne Inseln aus der grauen
Steppe hervorragen zu sehen. Man pflügt im Frühjahre den neuen
Steppenboden, beeggt ihn etwas und setzt dann die Körner einige Ellen
weit von einander. Wegen der Menge dieser Felder und Mangels an
Wasser ist an kein Begießen zu denken, und Niemand bekümmert sich
daher weiter um seine Bakscha, bis endlich im August die Zeit der
Reife heran rückt. Es ist unglaublich, welche Menge Früchte eine
einzige Dessätine Land Ertrag liefert, und recht erfreuend ist es für
den vorbeifahrenden Reisenden, wenn er schon von fern ein solches
Arbusenfeld, mit den großen runden Kugeln bedeckt, aus der Steppe
hervorschimmern sieht. Ende August oder Anfang September sieht
man aber auch überall Arbusen und Melonen, und nicht allein Menschen, sondern auch Hausthiere, Federvieh und selbst die Pferde essen
diese herrlichen Früchte recht gern. Wer sich die Mühe nehmen will,
auf der Bakscha, an Ort und Stelle, zu kaufen, bezahlt in guten
Jahren für das Fuder Arbusen einen Rubel Banco, in Orenburg aber
schon 4 und 5 Rubel.

Endlich näherten wir uns Iletzkaja Scaschitta. Die kleine Stadt,
von einem Erdwalle umgeben, mit der schönen unlängst erbauten Kirche
und einigen erfrischenden Baumgruppen, nahm sich in der Entfernung
nicht übel aus. Der nahe bei der Stadt liegende hohe Gypsberg,
auf dessen Spitze sich eine alte, mit Schießscharten versehene, Kase-
matte befindet, dominirt die Stadt und hebt durch sein ruinenartiges
Ansehen die ganze Landschaft. In der Stadt selbst fanden wir gerade,
regelmäßige Straßen, eine Menge freundlicher Wohnungen nebst vielen
großartigen Krongebäuden, und am südlichen Ende der Stadt einen
kleinen Teich, der ringsum mit Bäumen und lieblichen Parkanlagen
umgeben war. Nur derjenige, der lange Jahre in diesen dürren Steppengegenden verlebt hat, ist im Stande den Werth solcher Anlagen
gehörig zu würdigen. Jede Wasserfläche giebt hier schon durch den

bloßen Anblick eine Erinnerung an erfrischende Kühle, und jeder
Baumschatten ist bei einer Hitze über 30 Grad eine freundliche Ein=
ladung. Der Anblick dieses kleinen aber freundlichen Städtchens,
welches hier am äußersten Rande der civilisirten Welt liegt, war für
uns eine überaus liebliche Erscheinung, da sie uns zum letzten Male
an das heimathliche Europa erinnerte. Ueber der Stadt hinaus brei=
ten sich schon die großen und unheimlichen Steppen des mittlern
Asiens aus.

Kaum angekommen, verließen wir auch schon mit Ungeduld unsere
Wohnung, um das Steinsalz zu besuchen. Eine mit dickstämmigen
Weidenbäumen gezierte Allee führte uns neben der steinernen Moschee
und dem Wachthause vorbei, und plötzlich standen wir am Rande einer
von steilen Abhängen begrenzten großen Grube oder Niederung, welche
von Norden nach Süden 110 Saschen lang, von Osten nach Westen
46 breit und 7 Saschen tief war. Unten in der Grube befanden sich
einige hundert Arbeiter, welche mit langen Beilen sowohl in der Länge
als auch in der Quere Rinnen in das Steinsalz einhieben, welches,
von oben betrachtet, als ein quadrirtes Netz großer Parallelopipeden
oder länglicher Würfel erschien. Um sich gegenseitig nicht zu hindern,
arbeitete man terrassenförmig, und nachdem die Rinnen eingehauen
waren, schritt man zum Abbrechen der allein nur noch unten an der
Masse festsitzenden Salzblöcke, welches durch einen Balken, nach Art
der alten Mauerbrecher an Ketten hängend, sehr leicht bewerkstelligt
wurde. Die auf eine solche Art abgestoßenen großen Salzblöcke, deren
jeder das Gewicht von ungefähr 200 Pud haben kann, werden dann
leicht in kleinere Stücke gehauen und in regelmäßige große und lange
Haufen verpackt. Diese versieht man mit steilen Seitenwänden und
mit einem spitz zulaufenden Dache von Salzstücken, und überschüttet
sie zuletzt noch mit Staubsalz, so daß ein solches Dach durch Regen
und Sonnenwärme zu einer festen Bedeckung zusammen sintert, jeder
Witterung Trotz bietet, und Jahre lang im Freien stehen kann. Die
ganze Arbeit ist höchst einfach und zweckmäßig — das Ungesunde und
die mannigfaltigen Unbequemlichkeiten eines innern Grubenbaues sind

hier gänzlich vermieden, und dabei sind die Kosten der Salzförderung so auffallend gering, daß im Jahre 1844 jedes Pud Salz der hohen Krone nach Abzug aller Kosten nur 2½ Kop. S. zu stehen kam.

Nachdem wir eine Zeit lang mit Erstaunen die weißen schimmernden Salzwände und das Treiben der Menschen da unten betrachtet hatten, stiegen wir den großen Fahrweg hinab und befanden uns nun mitten in der Grube. Hier aber, wo uns die Gegenstände näher berührten, stieg unsere Verwunderung bis auf den höchsten Grad, und schwerlich finde ich Worte, Ihnen unsere damaligen Empfindungen zu schildern. Das Neue und Wunderbare der Erscheinung und das Getöse der Salzarbeiter benahm uns anfänglich die Sprache, der Blick irrte auf allen diesen fremden Gegenständen umher, und nur mit Mühe sammelten sich nach und nach die empfangenen Eindrücke. Hier unten war nun Alles Salz: der Boden auf dem wir wandelten, die hohen schroffen Felsenwände, welche die gewaltige Grube begrenzten — Alles bestand aus Salz, und überall sahen wir nichts, als ein Stück Himmel über uns und die krystallartig weißschimmernde Salzmasse.

Das Steinsalz ist bei vorzüglicher Weiße aus grobkörnigen Krystallen zusammengesetzt, die eine schimmernde harte Masse bilden, daher denn auch bei hellem Sonnenschein der Anblick dieser riesigen Salzfelsen höchst überraschend ist; doch muß man das Steinsalz im Frühjahre oder nach starkem Regen besuchen, im Herbste aber ist durch die große Sonnenhitze alles mit einer weißgrauen Salzkruste bedeckt. Häufig finden sich im Salze größere Krystalle, die ihrer Reinheit und Durchsichtigkeit wegen an Bergkrystall erinnern und von den Einwohnern in frühern Jahren zu allerlei Gegenständen: Brenngläsern, Salzfässern, Leuchtern und Ringen verarbeitet wurden. Seit einiger Zeit aber sind diese Salzkrystalle seltener geworden, und da auch die besten Arbeiter in diesem Genre ausgestorben sind, so gehören diese niedlichen Salzarbeiten jetzt zu den Seltenheiten, die für Geld nicht mehr zu haben sind.

Höchst interessant ist der Anblick dieser Salzfelsen in ihrer natürlichen Gestalt mit zackigen, vom Regenwasser ausgewaschenen Spitzen, welche, kaum einige Arschin mit gypshaltigem Sand bedeckt, aus den

Seiten der Grubenwände hervorragen. Weniger Effect macht die völlig glatt behauene westliche Wand. Das Wasser, welches theils durch Regen sich in der Grube sammelt, theils aus der Salzmasse selbst herausfickert, wird durch einfache Pferde-Maschinen aus der Grube geschafft; die kostbare Salzsoole, welche in jedem andern Lande ein Schatz sein würde, verrinnt nach Süden hin im Sande. In dieser Richtung, welche die Niederung der ganzen Gegend bildet, und wohin alle Gewässer abfließen, befinden sich mehrere alte Gruben und Niederungen, welche mit Salzwasser angefüllt sind. Wenn im Herbste die Hitze sehr groß ist, so wird die Salzsoole durch Verdünstung so stark gesättigt, daß ein Badender nicht mehr untersinken kann, sondern unwillkürlich auf der Oberfläche schwimmt. Die Kirgisen badeten sich in frühern Jahren verschiedener Krankheiten wegen sehr oft in dieser Salzsoole. Es war ein eigenthümliches Schauspiel, zu sehen, wie diese von der Sonne verbrannten, braunledernen Gestalten sich kopfüber in den ätzenden Salzpfuhl stürzten, um ihn nach einigen Minuten hochroth wieder zu verlassen.

Ueberall wo man in der Umgegend den obern Gypssand wegräumt, findet man das schönste Salz, das hier — um mich eines bergmännischen Ausdrucks zu bedienen — im eigentlichen Sinne des Worts überall zu Tage liegt. In früheren Jahren befanden sich östlich von der Salzgrube mehrere Wohnungen auf dem Salzflötz, deren Keller in Steinsalz gehauen waren, worin das ganze Jahr eine erfrischende Kühle geherrscht haben soll. Unter dem Gypsberge befinden sich Keller, worin bei der größten Hitze das Wasser zu Eis gefriert. Nach einer von der Salzverwaltung angestellten Untersuchung wurde das Salzflötz von dem Punkte des nördlichen Endes der Salzgruben an in folgender Verbreitung ermittelt: Nach Norden bis zum südlichen Ende der Stadt Iletzkaja Saschitta nur 87, nach Süden 895, nach Osten 469 und nach Westen 140 Saschen, die Sasche zu drei Arschin gerechnet. Die Länge von Norden nach Süden betrug demnach 982 Saschen oder fast 2 Werst, die Breite zwischen Osten und Westen 609. Nach Süden hin senkte sich das Salzflötz etwas in die Tiefe, daher die weitere

Untersuchung zu kostspielig wurde. Die Tiefe betrug nach einem Bohr=
versuch 68 Saschen, also 272 Ellen, und überall fand man nur das
schönste reine Salz, nicht verunreinigt durch Erdschichten oder Gebirgs=
arten. Glauben Sie aber ja nicht, mein theurer Freund, daß durch
diese Forschungen der wirkliche Bestand des Steinsalzes genau ermittelt
ist, da weder der Länge nach in Süden, als auch in der Tiefe ein
Endpunkt erreicht wurde. Man schürfte und bohrte immer nur in
reinem Salze, ohne das Ende zu finden, und gab der Kosten wegen
eine Arbeit auf, die, wo ein so ungeheuer großes Material vorhanden
ist, nur noch einen rein wissenschaftlichen Zweck haben konnte; denn
wenn man auch nur denjenigen Theil des Salzflötzes in Rechnung
bringen will, der bis jetzt mit Gewißheit erforscht ist, und die Kubik=
Arschin auf 49 Pud berechnet, so würde dies schon die unendlich große
Summe von 53,183,478,096 Pud Salz betragen! — Wir erstaunen
über diesen Weltreichthum und sinnen nach geologischen Buchstaben,
um uns diese gewaltige Salzanhäufung zu erklären, und selbst Humboldt,
der auf seiner Reise dies Salzwerk besuchte, soll hier gesagt haben,
daß ein ähnlicher Salzreichthum nirgends in der Welt, als nur noch
in Afrika, vorhanden sei.

Ueber das Entstehen dieser Salzmasse lassen sich nur Vermuthungen
aufstellen. Sie liegt nicht in der Jura=Formation, wie ich früher
glaubte, und welche auch in der Nähe zu Tage steht, sondern im West=
uralschen Kupfersandstein. So viel läßt sich übrigens wohl mit Ge=
wißheit bestimmen, daß, da das Steinsalz aus lauter kleinen Krystallen
in Kuben besteht, es sich primitiv in einem flüssigen Zustande befunden
haben mußte. Beobachten wir in der Rinde des Erdkörpers die vielen
Spuren jener gewaltigen plutonischen und Neptunischen Kräfte, die
vom Innern des Planeten aus den Felsbau der Schichten zerrütteten,
oder die Erde durch vorweltliche Fluthen mit Trümmer=Sedimenten
bedeckten, so ist es am einfachsten anzunehmen, daß in einer jener be=
wegten Bildungs=Perioden Quellen aus reinem salzsauren Natrum
das große Becken mit Salzsoole anfüllten, welche bei einer größern
tellurischen Hitze verdunstete und das harte Steinsalz in krystallinischer

Form zurückließ, oder wir müssen mit Anderen annehmen, daß der Ueberrest eines vorweltlichen Salzmeeres sich in diese Mulde zurückzog und durch Verdunstung Steinsalz hervorbrachte.

Zu welcher Zeit und von wem der unter dem 51. Grade nörd= licher Breite und 72. Grade östlicher Länge liegende Jletzkische Salz= flötz zuerst entdeckt worden ist, davon ist längst jede Kunde verschollen, doch so viel ist aus Traditionen bekannt, daß schon die Nogauer Tartaren hier Salz holten, später benutzten es die Kirgisen und Basch= kiren, und jetzt sieht man noch in der Umgegend überall ihre alten Salzgruben. Gegenwärtig wird jährlich nur eine Million Pud Salz gebrochen, an Ort und Stelle für 20 Kop. Silber verkauft, und von den Käufern theils im Orenburgischen, theils in den angrenzenden Gouvernements verfahren. Das Steinsalz ist für alle Speisen vor= trefflich, von einer blendenden Weiße, so daß man sagen möchte, es sei das schönste in der Welt. Indessen soll es sich mehr für den Tisch als zum Einsalzen von Fleisch, Fisch und Gemüse eignen. Wenn einst durch eine Eisenbahn, oder mittelst einer Canal= und Schleusenein= richtung auf dem Flusse Samara, Jletzkaja Scaschitta mit der ungefähr 400 Werst entfernten Wolga verbunden sein wird, um dann auf die= sem Strome mit Dampf weiter befördert zu werden, so leidet es wohl keinen Zweifel, daß dieses Salzwerk alsdann als das erste der Welt zu betrachten sein wird.

Wir verließen Jletzkaja Scaschitta voll von den Eindrücken dieser wunderbaren Naturerscheinung und der Erinnerung an die freundlichen Menschen, welche wir hier zurückließen, und erreichten das 66 Werst entfernte Orenburg bei schönem Wege und herrlicher Witterung in kaum fünf Stunden.

Lith. Anst. v.W.Brockmann & Söhne. Berlin.

gebaute oder russische Hafen.

Karavancerey in Orenburg.

Geologische Reise in die innere Steppe der Uralschen Kosaken und die Entdeckung der Kreide-Formation bei den Saragul-Bergen.

Mit einer Lithographie der Karavanserei in Orenburg.

Pallas sagt in seinem bekannten Werke, Russische Ausgabe Tom. I. pag. 641 und 642, daß in der innern Steppe, jenseits der Stadt Uralsk am Derkul und Itschka-Berge Quarz und Feldspat anstehend sei; und auch Hermann in seiner Beschreibung des Uralschen Erz=gebirges sagt pag. 71 bis 74: daß die Kuppe des Itschka-Berges aus Granit bestehe; da nun dieses in einer Gegend, wo bekanntlich nur Kreide= und Tertiär=Bildungen vorhanden, eine höchst merkwürdige Erscheinung sein würde, so machte mich Murchison während seiner geologischen Reise am Ural darauf aufmerksam und ersuchte mich, den Itschka-Berg zu untersuchen und das Resultat meiner Untersuchung be= kannt zu machen, wo sich denn auch ergab, daß dieser sogenannte Granit aus einem harten Quarzsandstein besteht, der als ein sehr feinkörniger Quarzit allerdings sehr viel Aehnlichkeit mit wirklichem Quarz hat, bei näherer Untersuchung aber erwies es sich, daß derselbe mit einer Unzahl von fossilen Muscheln angefüllt war, unter denen ich Inoceramus, nucula, Lucina, Turitella und Haifischzähne (carcharias megalodon) erkannte. Dieser Quarzit lagert auf der Kuppe des Itschka-Berges über der Kreideformation, enthält sehr viel dem Feldspate ähnliches, versteinertes Holz und gehört zu den tertiären Bildungen. Im Bulletin

der Kaiserlichen Naturforschenden Gesellschaft habe ich den Felsbau
dieser Gegend geognostisch beschrieben (Bulletin 20. Bd. 1847).

Herrlich und schön ist denn doch die Natur überall in den mannigfaltigen Formen ihrer großen Einheit, und selbst die einförmige Steppe
hat heitere Lebensbilder, welche uns aus der leeren Steppenöde freundlich entgegentreten.

Den 20. April unternahm ich von der Stadt Uralsk eine geologische Excursion nach dem Itschka-Berge, in der innern westlichen
großen Steppe, welche außer den Ländereien der Uralschen Kosaken und
der inneren Kirgisen-Orda, auch Parcellen des Saratowschen, Sama-
rischen und Astrachanschen Gouvernements enthält. Der herrliche Uralstrom mit seinen riesigen Fischen war überall aus den Ufern getreten
und hatte am linken asiatischen Uferrande einen ganzen Wald von
Espen und Silberpappeln überschwemmt, deren mit jungem Grün belebte Kuppeln erfrischend aus der Wasserfläche hervorragten. Hier und
da sah man zwischen den hohen Bäumen die leichten Kähne —
Baidaren — der flinken Uralschen Kosaken auf den Fluthen dahingleiten
und im Gebüsche verschwinden. Die Wärme betrug über 20 Grad im
Schatten, und vom jenseitigen Ufer des mit rascher Eile zum kaspischen
Meere fließenden Stroms wehten Asiens milde Lüfte zu mir herüber.

Ich verließ die regsame Kosakenstadt mit ihren glänzenden Kuppeln und einigen bescheidenen Moscheen, auf deren Minaretten der
halbe Mond schimmerte, an einem schönen Frühlingsmorgen. Mit
raschen Kosakenpferden eilte ich durch die Niederung des Uralstroms
jener Hügelkette zu, welche als ein kleiner Gebirgszweig von Norden
nach Süden die ganze große Steppe durchzieht, und unter dem Namen
des Obtschey-Sirt bekannt ist. (Eigentlich ist dieser jüngere Enkel des
Uralgebirges — der hier zur Kreideformation gehört — nur ein hoher
Wasserscheider, von dessen östlicher Seite sich alle Gewässer dem Uralflusse zuwenden, während die westlichen der Wolga zufließen.

Je weiter ich mich vom Uralflusse entfernte, je mehr verschwand
aller Ackerbau, und einzelne Baumgruppen von Pappeln und Weiden,
welche in der Nähe der Stadt die Landschaft wenigstens spärlich noch

belebten — jenseits der Höhenzüge verlor sich aber auch die letzte
Spur von Baumwuchs — überall nur der blaue Himmel und die
einförmige stille Steppe mit ihrem vorjährigen grauen Grase und
sandhaltigem Lehmboden.

Längs dem Derkul-Flusse fand ich hier und da noch etwas Acker-
land und einige kleine Dörfer oder Kosakenansiedelungen, zum Theil
aus Erdhütten bestehend. Das ärmliche, obgleich reinliche Ansehen
dieser Wohnungen stand sehr im Kontrast mit den unzähligen Viehheerden, welche die Steppe belebten und von der Wohlhabenheit der
Bewohner zeugten. Nicht selten nomadisiren in der Nähe eine arme
Kirgisen- oder Kalmücken-Familie, welche, von den Kosaken gemiethet,
die Hirtenstelle vertritt, zugleich aber auch das Recht hat, ihre kleine
Heerde auf dem Kosakenlande zu weiden. Gewöhnlich sieht man ihre
Filzhütte (Jurta) in der Nähe des Dorfes auf einer Anhöhe aufgeschlagen; hier weidet denn auch die kleine Heerde, Ziegen, einige dick-
schwänzige Schafe, seltener auch ein paar Kühe; um die Filzhütte
spielen halbnackte Kinder mit braunen Mongolen-Gesichtern im Grase
herum, während das Kirgisenweib ihre Ziegen melkt und der Mann,
auf einem dürren aber raschen Steppengaul oder auf einem Kamel
reitend, die große Heerde des Dorfes weidet.

Noch befand ich mich freilich in Europa, doch begegneten mir
überall schon fremdartige Erscheinungen und Mangel europäischer Cultur.
Hier und da fand ich in den ungeheuren Raumgrößen des gesegneten
Bodens nur noch wenig Spuren von Ackerbau, unabsehbare Flächen
lagen völlig unbebaut — niemals vom Pfluge berührt — und waren
mit dem vorjährigen vertrockneten Steppengrase bedeckt, welches besonders im Frühjahre und Herbste der Landschaft das einförmige graue
Ansehen giebt; nur wo die Steppe frühzeitig abgebrannt worden war,
hatte sich der jungfräuliche Boden schnell mit jungem smaragdgrünen
Grase bedeckt, und große grüne Inseln auf schwarzem Untergrunde
ragten erfrischend aus der grauen Steppenöde hervor. Jenseits des
gebirgigten Hügellandes — dessen höchste Spitze der Itschka-Berg ist —
verschwand aber auch die letzte Spur menschlicher Regsamkeit. Das

Murmelthier saß auf seinen Erdhaufen, die man so häufig in der Steppe sieht, und gaffte erstaunt den Fremdling an, der es wagte diese Einöde zu betreten. Der Steppenfuchs schlich um seine Höhle und schien hier nicht selten zu sein; die schöne grüne Eidechse raschelte im Grase fast bei jedem Schritte; Kraniche, die kleine Trappe, Wachteln und Lerchen belebten die Steppe und schienen sich wenig zu fürchten. Hoch in den Lüften kreiste der Adler, von Menschen aber war keine Spur vorhanden, nur auf den Hügeln, die sich dann und wann in der Steppe erheben, bezeichneten große Steinhaufen die Gräber jener alten Völker, welche in einer vorgeschichtlichen Zeit einst diese fernen Gegenden bewohnten.

Am westlichen Rande dieser großen Steppe, im Saratowschen Gouvernement, wohnen seit langen Zeiten eine große Menge deutscher Kolonisten in den wohlhabensten Zuständen, sonst ist die Steppe mit einigen Ausnahmen der westlichen Gegend nur mit Nomaden bevölkert, welche mit ihren Heerden bis Astrachan und dem kaspischen Meere hin- und herziehen, und oft kann man 100 und mehr Werst in der Steppe reisen, ohne auch nur eine menschliche Seele anzutreffen, bei allem dem ist hier die gesetzliche Ordnung so außerordentlich groß, daß ein Raubanfall niemals stattgefunden hat. Es ist eine thatsächliche Wahrheit, daß man hier sicherer reist, als in manchen großen Städten des Auslandes, nur fehlt es natürlicherweise in diesen unbewohnten Gegenden an aller und jeder Reisebequemlichkeit.

Auf den an Waldwuchs und durch Menschen belebte Gegenden gewöhnten Beobachter macht die Steppe einen eigenthümlichen Eindruck. Die gänzliche Entfernung aller Spuren von Ackerbau und menschlicher Thätigkeit — nirgends ein Baum oder Strauch — überall eine unheimliche Stille, welche nur durch das Geschrei der Vögel unterbrochen wird, und ringsum am Horizont, der graue Rand der Steppe — alles dies erregt ein einsames fremdartiges Gefühl, ähnlich jener Empfindung, welche die erste Seereise erregt; man fühlt sich durch diese Stille und Gleichförmigkeit der Erscheinungen und durch das Alleinsein in der weiten Oede beengt! — Zuletzt verschwindet

denn auch noch jede Spur eines Weges, und man fährt oder besser reitet
in der Steppe gerade aus, nach der Sonne oder dem Compas, wie es
so ungefähr jedem beliebt, der hier etwas zu thun hat.

Der Botaniker mag in diesen Gegenden, besonders im Anfange
des Frühlings, noch viele seltene Pflanzen finden, da später bei der
wahrhaft afrikanischen Hitze und dem hier vorherrschenden Mangel an
Regen, die Steppenflora bald verblüht.   Schon in der Nähe von
Uralsk wurde ich durch einige wilde Tulpen überrascht, die einzeln am
Wege blühten, jenseits der Derkuls-Berge aber blieb ich voller Verwunderung stehen, denn hier bot sich mir ein reizender Anblick dar,
der mir ewig unvergeßlich bleiben wird; die Steppe war hier nämlich
sehr frühzeitig abgebrannt worden, und nun war diese ganze Fläche
von einigen Quadratwersten dicht gedrängt mit blühenden Tulpen verschiedener Farben bedeckt.   Die meisten Tulpen waren von schwefel-
gelber und hochrother Farbe, seltener waren rosenrothe mit einem
Strich ins violette, und noch seltener weiße mit gelbem Kelch und feiner
röthlicher Punctirung.   Die Zwiebeln dieser Tulpen fand ich fast eine
Spanne tief in dem sandhaltigen Lehmboden, und es schienen mir die
rosenrothen etwas wohlriechend zu sein. Es war ein unvergeßlich schönes
Bild, hier mitten in der Steppe eine große grüne Oase zu finden,
mit Millionen dieser lieblichen Kinder des Frühlings.   Ungern trennte
ich mich von diesem reizenden Bilde, um welches mich gewiß jeder
Blumenfreund beneidet haben würde, und selbst im Wegfahren be-
wunderte ich noch aus der Ferne die glühende Farbenpracht dieses
großen Tulpenfeldes.

Ueber die Fruchtbarkeit des Steppenbodens in dieser Gegend lassen
sich Data beibringen, die in andern Ländern nicht geglaubt werden
möchten, diese Fruchtbarkeit nimmt zu, je mehr man sich westlich dem
Wolga-Ufer und nördlich dem Gouvernement Samara nähert, nach
Süden aber zum kaspischen Meere hin, verschwindet der schöne Weizenboden und geht in Sandflächen über. Man säet auf neuen Boden,
der tief gepflügt wird, nur den großen und schönen Kubanka-Weizen
als Sommerkorn, der in guten Jahren oft das 20. Korn Ertrag liefert;

das dritte und vierte Jahr, und immer auf einer und derselben Stelle gesäet, ist der Ertrag schon bedeutend weniger und giebt oft nur das sechste, siebente oder achte Korn, der Boden bleibt dann als unfruchtbar acht bis zehn Jahre unbenutzt liegen und neuer Boden wird wieder aufgepflügt. Der herrliche Weizen mit seinen langen goldgelben Aehren erreicht in guten Jahren — wenn es nämlich an Regen nicht mangelt— sehr oft die Höhe eines Fadens und bietet dann ein Bild der Ueppigkeit dar, wie man es an Gräsern dieser Art wenig findet. Auch die Goldhirse — welche neuen fetten Boden und viel Sonne liebt — wird hier häufig gesäet, ein Pud Aussaat giebt oft bis 200 Pud Ertrag. Dünger wird in der Steppe nur zur Heizung benutzt, sonst aber hier und in den angrenzenden Gegenden der berühmten fruchtbaren schwarzen Erde zur Bodencultur gar nicht benutzt, sondern als ein ganz unnützes Material betrachtet, welches oft zu einer wahren Landplage wird, da viele Dörfer, besonders im Frühjahre und Herbste, des überall herumliegenden Düngers wegen, nur mit Mühe zu passiren sind.

In der Nähe der Stadt Uralsk ist die Kreideformation durch gewaltige Thonlagen und Sand-Detritus mehr gedeckt, in der Nähe des Itschka-Berges tritt sie aber strichweise mehr hervor und nordwestlich von diesem Berge erscheint ein Kreide-Berg von 70 bis 80 Fuß Höhe. Es war für mich ein eigenthümlicher Anblick, diesen isolirten Kreidehaufen zu sehen, der mit seinem blendenden Weiß in weiter Ferne durch die graue Steppe schimmerte. Hier war auch das Ziel meiner Reise erreicht und ich kehrte wieder über Uralsk längs der Grenzlinie nach der Stadt Orenburg zurück, um meine Sammlungen zu ordnen und mich etwas auszuruhen.

Orenburg hat sich während der Verwaltung des unvergeßlichen General-Gouverneurs Wasily Alexeewitsch Perowsky unendlich verschönert. Alle die großartigen Bauten, Paläste, Fontänen, so wie viele herrliche Privathäuser stammen aus dieser Zeitperiode her. Der adelige Klubb ist ein Prachtgebäude in einem so edlen Style, daß es selbst einer Residenz Ehre machen würde. Das Palais des General-

Gouverneurs ist wohl ein geschmackvolles Gebäude, doch nicht ohne architektonische Mängel. Der sich mitten in der Stadt befindende Paradeplatz ist mit herrlichen Gebäuden umgeben, auf der einen Seite steht ein Obelisk und auf der andern sprudelt eine Fontäne, von allen Gebäuden aber, welche die freundliche Stadt zieren, verdient beson= ders die vor dem Thore liegende Baschkiren=Karavanserei die Aufmerk= samkeit jedes Reisenden. Dies herrliche und großartige Gebäude im arabisch=gothischen Style, dessen Plan von dem berühmten Brülow ge= macht wurde, giebt einen ganz eigenthümlichen und imponirenden An= blick. Das fremdartige, aber dabei doch harmonische der ganzen Architectur überrascht unwillkürlich. Das Minaret der in der Mitte der Karavanserei sich befindenden Moschee ist äußerlich ganz mit weißen Kacheln belegt und hat bei 17 Saschen Höhe (ungefähr 119 Fuß) kaum zwei Faden im Durchmesser. — Eine wahrhaft kühne Idee! — Das Innere der Moschee erregt, durch ihre geschmackvolle Einfachheit, das Erstaunen eines jeden Besuchers. Das Ganze ist ein Octogon, dessen acht blendend weiße Marmorwände mit arabischen goldenen Sprüchen aus dem Koran verziert sind. Der Boden ist Parquet mit kostbaren Teppichen belegt, der Betstuhl des Mollah ist mit Schnitz= werk im orientalischen Geschmack und die gothischen Fenster sind mit Scheiben aus buntfarbigem Glase geziert. So reizend sich das Ganze nun auch darstellt, so schien es mir doch, als wenn der so ganz moderne und kostbare Kronleuchter von Krystall den fremdartigen orientalischen Effect etwas schmälere. Man glaubte in Stambul zu sein und findet sich nun in Rußland!

Von Orenburg unternahm ich eine Reise nach den Saragul= Bergen, welche sich 60 Werst weiter nördlich vier oder fünf Werst von der Poststation Jemangulowa befinden. Es war längst bekannt, daß diese Berge, oder besser gesagt „Hügel" der Jura=Formation an= gehören, welche hier höchst merkwürdigerweise als eine ganz kleine ab= gerissene Insel völlig isolirt mitten im westlichen Uralschen Kupfer= sandsteine liegt. Bei meinem frühern Herumtreiben im Gebirge ent= deckte ich einst in einem Baschkiren=Dorfe eine weiße Substanz, welche

zum Anstreichen der Oefen benutzt worden war, und die ich für wirkliche Kreide erkannte, auf meine Frage hörte ich denn, daß diese weiße
Erde unweit der Saragul-Berge gefunden worden sei, auch von Berg-
leuten, welche im Gebirge nach Kupfererze schurften, erfuhr ich, daß
sechs Werst von den Saragul-Bergen, am kleinen Bache Gresnucha ein
weißer Thon anstehe. Da nun am ganzen westlichen Uralrande nirgends
eine Spur von Kreide entdeckt worden war, und selbst in Murchison's
geologischer Karte Rußlands wohl die kleine Jura-Insel am Saragul
angedeutet, von einer Kreidebildung aber in dieser Gegend nirgends
die Rede ist, indem diese Formation erst in der Kirgisensteppe und
im Lande der Uralschen Kosaken erscheint, so übernahm ich es die
Sache näher zu untersuchen.

Auf der Poststation Jemangulowa, wo ich übernachtete, erkun-
digte ich mich bei den dortigen Baschkiren nach dem Bache Gresnucha,
doch diesen wollte keiner kennen, wahrscheinlich aus dem Grunde, weil
die Baschkiren in ihrer Sprache für viele Localitäten andere Namen
haben wie die Russen; ich nahm daher ein paar Baschkiren als Wegweiser mit und fuhr auf gut Glück nach den nahen Saragul-Bergen.

Der Weg von Jemangulowa führte mich einige Werste längs den
Ufern des Baches Salmisch, deren Uferkuppen von rothem Sand und
Kalksteinstraten des Kupfersandsteins sich in der Regel mit 10 bis
15 Grad an beiden Seiten zum Lande hinsenken, so daß die empor-
gehobenen Schichtenköpfe dem Wasser zugekehrt sind. Die Saragul-
Berge bilden eine kleine Hügelkette, welche ungefähr nur fünf Werst
in gerader Linie von Norden nach Süden streicht, eine Richtung die
merkwürdigerweise hier in der Nähe der Vorgebirge des Urals auf-
fallen muß, da die Hauptaxe des Uralgebirges ebenfalls von N. nach
S. streicht, so daß hier ein Zusammenhang der geologischen Erscheinungen und eine Hebung des Urals nach der Jura-Periode zu ahnden
möglich ist.

Auf den Abhängen der Saragul-Berge fand ich überall Stein-
trümmer voller Jura Petrefacten, unzählige Belemiten und Ammoniten-
reste; da aber alles mit Gras bewachsen und sich nirgends ein größerer

Abschnitt befand, so war es unmöglich die Schichtungsverhältnisse des Jura auch nur annähernd zu erkennen, und eben so wenig konnte ich eine Spur von Kreide entdecken, selbst die mich begleitenden Baschkiren, die ich nach weißem Thon in der Umgegend fragte, konnten hierüber keine Auskunft ertheilen.

Trostlos stand ich auf der Spitze der Saragul=Berge und spähte in die menschenleere Steppe — denn da sich hier weder Baum noch Strauch und überall ellenhohes Steppengras befindet, so wird dies, niemals vom Pfluge berührte wellenförmige Hügelland von den Ein= wohnern ebenfalls Steppe genannt. — Da erblickte ich in weiter Ferne einige Filzhütten nomadisirender Baschkiren, welche hier eine kleine Heerde hüteten; ich ließ daher meine Pferde, die unten am Saragul=Bache grasten, anspannen und fuhr zu jenen Baschkiren, von ihnen erfuhr ich denn endlich Folgendes: „ungefähr Eine Werst östlich von dem ersten Saragul=Hügel befinde sich die kleine Seifudin=Schlucht, und hier solle — wie sie von anderen Baschkiren gehört — ein weißer Thon gefunden worden sein, ob aber noch welcher da sei, könnten sie nicht wissen."

Voller Freude fuhr ich nun zurück, um die im hohen Grase ver= steckte Seifudin=Schlucht aufzusuchen, und fand nun endlich an einer Stelle dieser Schlucht in einem kleinen Abschnitt eine wirklich weiße Kreide mit gelblicher Schattirung anstehend und zugleich auch in der= selben die bezeichneten Versteinerungen, als Terebratula pectiniformis, T. carnea, Chrysalis digitata und die Trümmer eines kleinen Belemiten. So viel ich in dem kleinen Abschnitte erkennen konnte, schien die Schichtung antiklinal mit 15 Grad gehoben, und kaum zwei Ellen unter der Dammerde, von einer Schicht feinem Quarz= sande überlagert zu sein, da aber das Erdreich überall gedeckt und mit hohem Grase bewachsen war und mir die Möglichkeit abging, Schurfe graben zu lassen, so mußte ich die Verbreitung und nähern Schichtungs= verhältnisse meiner Entdeckung aufgeben und sie nach mir folgenden Geologen überlassen, doch bin ich der Meinung, daß diese ebenfalls nicht große Kreideformation, da sie ringsum vom westuralschen Kupfer=

6*

sandstein umgeben ist, sich nur längs der Seisubin=Schlucht von
Norden nach Süden parallel der Saragul=Berge und vielleicht auch
noch ein paar Werste östlich in der Steppe ausbreitet.

Das wunderbare Verhältniß dieser beiden kleinen Ablagerungen
bringt den Geologen unwillkürlich zu dem Glauben, daß zur Zeit des
Jura= und Kreidemeeres, wo das Gros dieser Weltfluthen sich nach
Süden — der jetzigen Kirgisensteppe — hinwälzte, sich bei den
Saragul=Bergen, mitten im Kupfersandsteine, Niederungen befanden,
in welchen die vorüberziehenden Fluthen jener Meere kleine Spuren
ihrer Sedimente zurückließen, welche dann später bei den Oscillationen
des Uralgebirges mit empor gehoben wurden.

Im Bulletin der Kaiserlichen Naturforschenden Gesellschaft in
Moskau 1847, 20. Bd. „Beiträge und Ergänzungen zu den geologischen
Verhältnissen des Orenburgischen Gouvernements" habe ich diese Ent=
deckung bekannt gemacht.

National-ökonomische Streiflichter über die verschiedenen Werthe im Staatsleben Russlands.

Rußland ist — national-ökonomisch aufgefaßt — der reichste Staat in Europa.

Jeder Reichthum eines Landes besteht aus mannigfaltigen und verschiedenartigen Werthen, von denen aber Gold und Silber als Waare und als Werthzeichen nur einen bedingten Theil ausmachen. Alle diese Werthe aber — sie mögen einen Namen haben, welchen sie wollen — alle unsere Lebens- und Luxusbedürfnisse, alle unsere Metalle und alle unsre Agricultur- und Handelsproducte entstehen in ihrer Urform einzig und allein aus dem Boden. Die Industrie veredelt nur die Formen dieser Bodenerzeugnisse und der Handel treibt sie von einem Orte zum andern. Es ist unmöglich, in Meer und Land oder überhaupt im Erdenraume, auch nur einen einzigen sachlichen Werth zu finden, der nicht uranfänglich aus dem Boden entsprungen wäre, oder als organisches Wesen von den Erzeugnissen des Bodens lebte, und selbst die „Arbeit" als eine bewegte Körperkraft, als eine Potenz, von der wir annehmen können, daß sie in sich selbst schon einen Werth repräsentirt, auch die Arbeit kann nur im Boden und durch Producte des Bodens verwirklicht und mobil gemacht werden.

Gold und Silber bedingen noch keineswegs den wahren Reichthum eines Landes, sie sind eine Waare, wie jede andere, eine goldene Elle, um alle anderen Werthe damit zu messen. Leider ist aber das Werthverhältniß der edlen Metalle und der aus ihnen hervorgegangenen

Werth- und Creditzeichen keinesweges ein stetiger Regulator für andere sachliche Werthe, sondern steht durch Mehrproduction und viele andere Lebensbedingnisse unter dem unabänderlichen Gesetze „des Angebots und der Nachfrage", und ist daher in seinem Werthe immerwährenden Coursschwankungen unterworfen. Andererseits lehrt auch die Erfahrung, daß sich das wahre Werthverhältniß der edlen Metalle im Laufe langer Zeiten stets verminderte, daß aber in Bezug auf reichen Bodenbesitz und seine Erzeugnisse immer der umgekehrte Fall stattfand. — Wir sehen aus den Blättern der Geschichte, daß ein Land — z. B. Spanien — einst außerordentlich reich an Gold und Silber, zuletzt doch an Werthzeichen der edlen Metalle gänzlich verarmte, und dies einzig und allein aus dem Grunde, weil die Beschaffung des Goldes alle Kräfte absorbirte, dahingegen die weit kostbareren Bodenerzeugnisse und die aus ihnen hervorgehenden Industrie- und Handelsbetriebe gänzlich vernachlässigt wurden.

England ist unbestritten der geldreichste Staat der Erde, seine Erwerbsquellen sind außerordentlich groß und sein Credit ist unermeßlich, — und was ist der ursächliche Grund oder die primitive Basis dieses großen Reichthums? — Etwa das aus allen Theilen der Erde nach England hinströmende Gold? — Keinesweges! — Englands Reichthum besteht in der Kohle und in den andern Bodenerzeugnissen seines Landes und seiner Colonien. Alle anderen mitbegünstigenden Causalgründe, Weltlage, Institutionen, günstige Handelsbedingnisse u. s. w. sind hier immer nur Nachträgliches.

Ohne die Steinkohle von Old-England und ohne die Bodenerzeugnisse seiner Colonien würde Industrie und Handel verkümmern, Gold und Silber bald aus dem Verkehr verschwinden und England dann unter seiner Schuldenlast zusammenbrechen. Das ist so einfach als verständlich.

Es kann in einem Lande durch momentane Verminderung der Exporten und durch Krieg und Handelskrisen u. s. w. eine ungünstige Handelsbilance hervorgerufen werden, und demzufolge können, aus Mangel an Valuta, die Werthzeichen der edlen Metalle verschwinden und

dem Auslande zuströmen. Es ist ferner denkbar, daß Gold und Silber, als Waare betrachtet, höher im Preise steigen können, als der
Nominalwerth der aus diesen Metallen geprägten Landesmünzen, wodurch denn letztere ebenfalls aus dem Verkehr verschwinden müssen.

Alle hier erwähnten Eventualitäten sind nun wohl für den Augenblick unbequem und wirken nachtheilig auf den Verkehr der Menschen,
doch ist dieser Zustand der Dinge immer nur vorübergehend, wenn
anders ein Staatswesen nur vielen und reichen Bodenbesitz hat, aus
dem sich günstige Agricultur-, Industrie- und Handelsverhältnisse entwickeln können; denn immer und ewig bleibt es eine national-ökonomische Wahrheit, daß nur der Boden mit seinen Erzeugnissen der primitive Causalgrund aller Werthe ist und daß — wenn die reichen
Bodenschätze eines Landes nur mit Intelligenz und reger Thätigkeit
ausgebeutet werden und sonst keine Hemmnisse vorliegen — sich der
Credit, diese Großmacht des Jahrhunderts, unerschütterlich feststellt und,
als eine natürliche Consequenz, Gold- und Silberwerthe einem solchen
Lande dann ganz von selbst zuströmen werden.

Dies alles, was hier nun gesagt wurde, sind national-ökonomische
Grundlehren der Geschichte aller Staaten, welche, freilich mit zeitge-
mäßen Modulationen, immer belehrend bleiben werden, so lange Menschen Menschen sind und so lange Adam Smith's Grundzüge der Volkswirthschaft für alle Zeiten wissenschaftliche Geltung haben.

Nach diesen Principien nun ist Rußland das reichste Land aller
civilisirten Staaten der Welt, denn es hat den größten und unerschöpf-
lich reichsten Boden der Erde, und nur Nordamerika allein kann hier
eine Parallele darbieten.

Rußlands ungeheure Raumgrößen im Verhältnisse zur Menschen-
anzahl und sein außerordentlich ergiebiger Boden sind Zustände, welche
man im Auslande weder gehörig versteht noch zu würdigen weiß. Der
dritte Theil des ganzen europäischen Rußlands — ein Länderraum,
der wohl größer sein mag wie Deutschland und Frankreich zusammen
— besteht aus der berühmten „Schwarzen Erde" (чернозёмъ), welche
seit undenklichen Zeiten, so lange man hier Ackerbau treibt, ohne Dünger

und Culturmittel, und selbst bei oberflächlicher Bearbeitung, bis jetzt immer noch die reichsten Erndten giebt — ein Boden, der in Europa seines Gleichen nicht hat und über·deffen Bildung und unbegreifliche Fruchtbarkeit sich die Geologen und Agricultur-Chemiker vergebens die Köpfe zerbrochen haben, — ein Boden, der unermeßliche Größen aller Arten Erzeugnisse, in vielen östlichen Gouvernements noch wenig oder gar nicht vom Pfluge berührt wurde und dem noch eine großartige Entwickelung bevorsteht.

Es giebt in Rußland einzelne an diesem Boden sehr reiche, aber volksarme Gouvernements, so z. B. das Orenburgische, mit den dazu gehörigen Kosakenländereien und das der Samara, welches vom kas=pischen Meere an, wo bereits die Traube reift, bis zu den Ufern des Tobolflusses eine Raumlänge von ungefähr 200 deutschen Meilen hat und mehr Flächenraum einnimmt als ganz Deutschland, ein Gouver=nement, welches den ergiebigsten Boden hat, der niemals Dünger be=darf und alle Bedingnisse glücklicher Agriculturverhältnisse im Ueberflusse besitzt, — ein Gouvernement, das überdies noch reiche Bergwerke, Steinsalz, große Viehzucht und im Uralflusse großartige Fischereien besitzt und dennoch bei all diesem Reichthum nur von ungefähr zwei Millionen Menschen bewohnt wird, — folglich ein Gouvernement, wo das ganze Proletariat Europas, von deffen Entstehen in Rußland die Blätter des Auslandes so viel fabeln, Raum, Arbeit und Brod finden würde. Wo so viel unentwickelter und theils unbenutzter Boden vor=handen ist, wo, wie in den Gegenden der schwarzen Erde, alle Lebens=mittel fabelhaft niedrige Preise haben und wo endlich, wie überall in Rußland, der Staat jedem freien Bauer und Ansiedler gegen einen geringen Bodenzins Land für Kinder und Kindeskinder als eine Art Lehen umsonst giebt — in einem solchen Lande kann es noch für viele Jahrhunderte an Raum, Arbeit und Brod nicht fehlen und daher die Bildung eines Proletariats nur zu den Traumbildern gehören.

Es bedarf eigentlich keiner Erwähnung, wie außerordentlich reich Rußland an allen Arten Getreide ist, da es als bekannt angenommen wird, daß ihm nur Nordamerika Concurrenz machen kann. Der herrliche

Wolga-Strom, dieser Mississippi Rußlands, welcher mitten durch die fruchtbare schwarze Erde strömt, trägt ganze Kornflotten und bringt in vielen Tausend Schiffen den herrlichen Belaturca- und Kubanka-Weizen, die Hirse und viele andere Getreidearten und Bodenerzeugnisse nach den mittleren und nördlicheren Gegenden des großen Reiches. Dieser Kornüberfluß und Unmassen von Hanf, Flachs und Leinsaamen, Talg und Häuten, Pottasche, Oel und Borsten, Holzproducten und Pelzwaaren bilden nebst anderen Bodenerzeugnissen, die vorzüglichsten Handelsexporte Rußlands. Der Ural und Altai liefern edle Metalle und Schmucksteine, und besonders viel vortreffliches Eisen und Kupfer, von welchem auch ein Theil ins Ausland geht. Die Goldseifen fördern, wie bekannt, alljährlich große Massen dieses edlen Metalles zu Tage, und welche unbekannten Mineralschätze mögen noch wohl in den Gebirgsketten Rußlands, vom Ararat bis zum Amurflusse, schlummern und nur auf die weckende Hand des Bergmanns warten! Die südlichen Gegenden produciren nicht allein viel Wein, der noch einer großen Veredelung fähig ist, sondern, was noch unendlich viel wichtiger, sie haben auch einen Ueberfluß an vortrefflichen Steinkohlen, deren Ausbeute in der Gegend des Donflusses bereits ins Leben getreten ist. Mit Viehheerden, Merinoschafen und wahrhaft unverwüstlichen Pferden sind die Steppengegenden reich belebt. An Salz ist Rußland besonders reich. Außer den vielen Salzseen und Salzsiedereien verdient das Steinsalz von Jletzkaja-Scaschitta bei Orenburg, als eine so wunderbare Naturerscheinung, daß selbst Humboldt, als er dies Salzwesen besuchte, sein Erstaunen über sie aussprach, und selbst das berühmte Steinsalz in Wilitschka keinen Vergleich dagegen aushält, einer besondern Erwähnung. Das Jletzkische Steinsalz kommt in kleinen kubenförmigen Krystallen von blendend weißer Farbe und Reinheit vor, es lagert als eine feste steinharte Gebirgsart nur ein Paar Arschin unter der Oberfläche des Bodens, ohne die geringste Zwischenschichtung von Gyps oder andern Gebirgsarten, wie dies in Wilitschka der Fall ist, daher denn auch das Salz durch leichte Tagesarbeit gewonnen wird. Es sind, so zu sagen, ganze Berge von Salz, die hier frei und offen

zu Tage liegen! — Der National=Oekonom wird begreifen, welche
Zukunft hier zu erwarten ist, wenn einst die Anzahl der Menschen sich
vergrößert haben und die nur 60 Meilen entfernte Wolga mit diesem
Weltreichthum in Verbindung treten wird.

Bei der Betrachtung über die verschiedenen Werthe im Staats=
leben Rußlands ist besonders hervorzuheben, das es in ganz Europa
kein Land giebt, welches so große und unbeschränkte Domainen besitzt,
wie Rußland. Wenn man die vielen hundert Millionen Dessätinen
Staatsländereien, welche den freien und Appanage=Bauern zur Be=
nutzung übergeben sind, gar nicht einmal in Anschlag bringen will,
sondern nur die unermeßlich großen und unbenutzten Bodenräume, die
Urwälder und den Metall= und Salzreichthum des Staats in Erwä=
gung zieht, so sind dies schon so große Werthe, daß sie gar keine Be=
rechnung und am allerwenigsten eine richtige Schätzung zulassen.

In den meisten Staaten des Auslandes sind die Hülfsquellen des
Bodens schon fast bis zur Erschöpfung ausgebeutet. — Wissenschaft und
Industrie mühen sich ab, aus der Scholle noch den letzten Werth her=
auszupressen. — Eisenbahnen durchkreuzen die kleinen Räume nach allen
Richtungen, um den Verkehr der Menschen zu fördern — und dennoch
herrscht in diesen Ländern, in den untern Schichten der Bevölkerung,
die bitterste Armuth, so daß jährlich Tausende nach anderen Welttheilen
auswandern, um nur Arbeit und Brod zu finden, denn — die Men=
schenmenge ist zu groß und Bodenraum zu wenig. — Das geldreiche
England zahlt jährlich eine größere Armentaxe, als die ganzen Ein=
künfte eines mittelgroßen Königreiches betragen. — Es scheint, als
wenn sich in den Lebensanschauungen der untersten Klassen der Gesell=
schaft eine eigenthümliche Unruhe gebildet hat, die immer nach anderen
Lebenszuständen hinstrebt. — Die Völker ermüden und sind alt ge=
worden!

Ganz der umgekehrte Fall findet in Rußland statt. Hier sind im
Gegentheil die vielen unentwickelten Bodenkräfte als glückliche Beding=
nisse eines jugendlichen und kräftigen Volkslebens zu betrachten; der
rasche Jüngling wird den Greis überleben. Bisher fehlte es Rußland

nur an genügenden Communicationsmitteln, diesen Hauptbedingnissen eines regen Volkslebens; in den großen Raumverhältnissen lag allein Rußlands Schwäche. Auch war ein hemmender Grund der Mangel an vielen Erfordernissen des fortschreitenden Jahrhunderts und an Händen zur Arbeit, denn gerade in den land- und productenreichsten Gegenden fehlte es an Menschen, während die Bevölkerung anderer Orte für die Gegenwart noch genügte. Besonders war der Ackerbau, etwa mit Ausnahme der baltischen Gouvernements, sehr wenig entwickelt, in den fernen Gegenden sogar noch in einer wahren Kindheit. Nun liegt aber, bei dem großen und ergiebigen Boden und seinen mannigfaltigen Erzeugnissen, in dem Ackerbau mit allen seinen Nebenzweigen gerade der wahre Nationalreichthum des Landes, dem ein zu weit ausgebreitetes Fabrikwesen, weil es dem Boden nothwendige Kräfte entzieht, mehr schaden als nützen könnte. Im Allgemeinen läßt sich mit Gewißheit annehmen, daß, so lange Rußlands Fabrikate mit denen des Auslandes noch nicht Concurrenz halten können, eine Fabrication für den eigenen Bedarf und die asiatischen Nachbarn genügen, eine industrielle Veredelung der vielen Rohproducte des Landes aber für die erste Zeit diesem den meisten Nutzen schaffen würde.

Wenn nun bei allen diesen Mängeln und unentwickelten Lebenszuständen Rußland dennoch ein Land ist, wo Alles, was der materielle Mensch braucht, schon jetzt im großen Ueberflusse vorhanden ist, wo Jeder, der mit Redlichkeit und Intelligenz nur die Lust zu arbeiten verbindet, sich so zu sagen nur zu bücken braucht, um etwas aufzuheben: — welche segensreiche Zukunft steht ihm dann bevor — ihm, über dem schon jetzt die Morgenröthe einer neuen Aera, die nach und nach in hellen Tag übergehen wird, schimmert! ihm, in dem milde Gesetze den Verkehr der Menschen begünstigen, in dem die Bevölkerung sich mit der Zeit immer gleichmäßiger vertheilen, der Ackerbau ein neues Leben beginnen und vor allen Dingen Eisenbahnen und Telegraphenlinien die großen Räume vermindern werden! —

Dies alles sind Voraussetzungen, die sich nach den Gesetzen einer gesunden Volkswirthschaft selbstverständlich realisiren müssen, und deren bevorstehende Erfüllung den Wohlstand des Landes unendlich vergrößern und Handel und Wandel beleben wird, worauf denn auch die edlen Metalle und ihre Werthzeichen als eine ganz natürliche Consequenz dem Lande ganz von selbst zuströmen werden.

Darum und deswegen ist Rußland — national=ökonomisch aufgefaßt — der reichste Staat in Europa.

Ueber den Verkauf der russischen Staatsdomainen sind durch die öffentlichen Blätter viele Ansichten zur Sprache gekommen und haben mehr oder weniger im Publikum Anklang gefunden. Man hat sich der Meinung hingegeben, durch den Verkauf der Domainen könnten sich unsere Finanzverhältnisse heben und die Production des Bodens vergrößern, andererseits würden auch dem kleinen Capitale die Mittel gegeben, sich durch Erwerbung von Landbesitz eine sichere Stellung zu verschaffen.

Das Princip des Verkaufs der Domainen ist unbestritten ein richtiges und mit den Begriffen einer gesunden National=Oekonomie völlig übereinstimmend, daher denn auch, was Herr Professor Mackschewitsch in Kasan, Herr C. Woldemar in der St. Petersburger Deutschen Zeitung Nr. 17 und Andere über den interessanten Gegenstand ausgesprochen haben, die höchste Beachtung verdient. Es ist eine längst bewiesene Thatsache, daß der Staat sich weder zum Landbau, noch zu industriellen Unternehmungen eignet, und daß — wenn Staatsdomainen durch Verkauf in Privathände übergehen — der Ertrag bedeutend gesteigert und daher auch der Nationalreichthum vergrößert wird.

So wahr und richtig nun aber auch die Sache im Princip angenommen werden muß, so dürfen wir uns doch mit unserer Meinung nicht übereilen, denn die Sache hat auch ihre Schattenseiten. Der wahre und unschätzbare Werth unserer Domainen=Ländereien hat sich wegen der mangelnden Bevölkerung noch nicht überall preiswürdig herausbilden können. Die Domainenländer können wohl verkauft aber sie müssen nicht verschleudert werden, und besonders sind es eine Menge localer und eigenthümlich gestellter Lebenszustände, welche hier zu berücksichtigen, und mehr praktisch als theoretisch aufzufassen sind. Zu-

vörderst ist hier die Frage zu beantworten, worin bestehen denn eigentlich die russischen Staatsdomainen?

Ueberall in den europäischen Staaten giebt es völlig wirthschaft-
lich eingerichtete Domainengüter, und auch in den westlichen Gegenden
Rußlands und besonders in den deutschen Ostsee-Gouvernements finden
wir ganz ähnliche Zustände. Die Domainengüter haben hier besonders
abgetheiltes Hofs- und Bauerland, Wohngebäude und vollständige landwirthschaftliche Einrichtungen. Auf dem Domainenlande sind freie
Bauern angesiedelt, welche entweder Pacht zahlen oder dem Hofe nach
bestimmten Regeln Arbeit leisten. Diese Domainen sind vollständige
Landgüter und können als solche verkauft oder in Arrende abgegeben
werden.

In Großrußland hat sich das Domainenwesen auf eine ganz andere Art herausgebildet. Es giebt hier gar keine Landgüter, sondern
nur Domainendörfer, und der dem Staate zugehörige Grund und Boden
besteht aus bewohnten und nicht bewohnten Domainenländereien. Die
freien Krons- und auch die Apanage-Bauern leben in Dörfern, und
haben rings um ihr Dorf herum oder in dessen Nähe einen ursprünglich nach der Seelenzahl berechneten und ihnen zur Benutzung für Kinder
und Kindeskinder übergebenen Boden-Complex, den sie als Eigenthum
der ganzen Gemeinde betrachten und alle Jahre unter sich theilen. Hofs-
land und wirthschaftliche Gutseinrichtungen sind hier gar nicht vorhanden. Die freien Domainenbauern zahlen weder Pacht noch leisten sie
Arbeit, sondern zahlen nur neben der Kopfsteuer einen, in Vergleich
zu andern Staaten, sehr bescheidenen Grundzins, es liegt also auf der
Hand, daß diese Domainendörfer mit ihren im Ganzen unermeßlichen
Ländereien weder in Arrende abgegeben, noch verkauft werden können.
Nach Haxthausen: „Studien über Rußland" pag. 506 betrug im Jahre
1850 die Gesammtfläche des den freien Kronsbauern überwiesenen Grund
und Bodens 80,390,601 Dessätinen oder circa 16,000 Quadratmeilen.

Eine andere und von diesen ganz verschiedene Art Domainen sind
die gänzlich unbewohnten Ländereien, welche unter dem Namen Pachtartikel (оброчныя статьи) auf eine gewisse Anzahl Jahre in Pacht

gegeben werden. Sie liegen in ganz Rußland überall zerstreut umher und bestehen aus einzelnen — vom angesiedelten Lande besonders ab= getheilten — größeren oder kleineren Landparzellen, und in den fernen nördlichen, östlichen und südöstlichen Gouvernements aus außerordentlich großen und zusammenhängenden Raumflächen. Da aber bei dem jetzigen im Verhältniß zur Bodengröße mangelhaften Stande der Bevölkerung der gegenwärtige Werth des Landes nur von den vorhandenen Arbeits= kräften bedingt wird, so wären demnach alle obigen Pachtartikel in drei Abtheilungen oder Kategorien abzugrenzen.

I. In den starkbevölkerten Gouvernements, wo natürlich auch weit weniger unbewohntes Land vorhanden, freie Arbeiter leicht zu haben sind und aus allen diesen Gründen auch Grund und Boden bereits hoch im Preise gestiegen ist, befinden sich in der Regel weniger Do= mainen=Pachtartikel, der Pachtzins steht verhältnißmäßig ziemlich hoch und steigt immerwährend, je mehr die Bevölkerung und die intelligente Nutzanwendung des Bodens sich vergrößert und den Werth des Lan= des erhöht.

II. In denjenigen Gouvernements, welche schon den fernen land= reichen Gegenden nahe liegen und ziemlich stark bevölkert sind, wo aber dennoch im Verhältniß zur Bevölkerung weit mehr unbewohnter Boden vorhanden ist und auch die Privaten viel eigenes Land besitzen, hat der Staat schon weit mehr und weit größere Parzellen Land als Pacht= artikel in Arrende zu vergeben. In diesen Gegenden sind Arbeitskräfte und besonders freie Arbeiter schon weniger zu haben, die Nachfrage nach Land geringer und der Boden und seine Producte stehen niedriger im Preise, daher concurriren bei der Pachtübernahme gewöhnlich nur die nahen Gutsbesitzer oder freie Bauern und Bürger der Umgegend, weil Arbeitskräfte nicht gut aus der Ferne zu beschaffen und theuer sind, wodurch denn der Pachtzins bedeutend herabgedrückt wird.

III. In die dritte Kategorie gehören endlich die fernen, außer= ordentlich großen und landreichen, aber verhältnißmäßig wenig bevöl= kerten Gegenden Rußlands. In den Gouvernements Archangel, Wologda, Wjatka, Perm, Orenburg, Samara, Astrachan und den südlichen Gegenden

besitzt der Staat unermeßlich große und unbewohnte Domainenländer
mit den großartigsten Waldungen; auch Kosaken, Baschkiren und an=
dere Landeigenthümer besitzen hier viel eigenen Grund und Boden.
Der größte Theil dieser Länder liegt im Radius der durch ihre Frucht=
barkeit berühmten schwarzen Erde (чернозёмъ), einer Ackerkrume, welche
nach der wirthschaftlich=statistischen Karte, herausgegeben vom Ministe=
rium der Reichsdomainen, fast den dritten Theil des ganzen europäi=
schen Rußlands bedeckt. Viel jungfräulicher Boden ist hier noch vor=
handen, der nie vom Pfluge berührt wurde. Die Fruchtbarkeit dieser
Erde, welche weder Düngers noch künstlicher Culturmittel bedarf und
in welcher für die Zukunft alle Bedingnisse glücklicher Agriculturver=
hältnisse vorhanden sind, hat in Europa nicht ihres Gleichen, aber
dennoch liegt der Ackerbau hier, wegen Mangels an Arbeitskräften und
Communicationswegen, und wegen fabelhaft niedriger Productenpreise
größtentheils in einer wahrhaft patriarchalischen Kindheit! Freie Ar=
beiter zum Ackerbau sind hier für schweres Geld kaum zu erhalten,
daher stehen denn auch die Bodenpreise tief unter ihrem wahren Werthe,
und ebenso niedrig ist verhältnißmäßig auch die Arrende für die Pacht=
artikel des unbewohnten Domainenlandes. Ich erinnere mich sehr wohl,
daß in einer frühern Zeit im Nicolajew'schen Kreise des Gouvernements
Samara 1000 Dessätinen des fruchtbaren Steppenbodens — auf dem
der herrliche Kubanka=Weizen gewöhnlich das fünfzehnte bis zwanzigste
Korn Ertrag liefert — an freie Bauern des Busulukschen Kreises die
Dessätine zu einem Rubel Banco oder 25¼ Kopeken Silber in Pacht
abgegeben wurde! Gegenwärtig lese ich im Anzeiger für politische
Oekonomie vom 13. Februar 1860, daß alle Domainen=Pachtartikel
des Nicolaischen Kreises bereits für 55,428 Rub. S. verpachtet worden
sind. Wenn wir aber die ungeheuer großen Räume der Pachtartikel
dieses so fruchtbaren, aber wenig bevölkerten Kreises in Betracht ziehen,
so ist die obige Pachtsumme doch noch immer nur ein wahrer Spott=
preis, da dieser große und ergiebige Boden bei einer zehnfach größeren
Bevölkerung, bei intelligenter Bearbeitung der Scholle und besseren
Communicationsmitteln wenigstens eine Million Pachtzins tragen würde.

— Außer allen hier erwähnten bewohnten und nicht bewohnten Ländereien hat Rußland noch viele andere Staatsdomainen, Mühlen, Fischereien, Fabriken, viele Baulichkeiten, so unter andern die großen Jahrmarkts=Gebäude in Nischni=Nowgorod, Bergwerke, Salzwesen, Stutereien, Agricultur=Lehrfarmen, Eisenbahnen u. s. w. Ohne die Gemeinde=pachtartikel betrug im Jahre 1852 die Zahl aller Kronspachtartikel 10,302, und der jährliche Pachtzins 1,677,995 Rub. S., wird aber wohl jetzt, da bereits viele Hindernisse weggeräumt sind, weit bedeu=tender sein.

Nach Haxthausen haben die unermeßlichen bewohnten und nicht bewohnten Domainen=Ländereien und Wälder — Sibirien nicht ge=rechnet — einen Flächenraum von 52,000 Quadatmeilen! Mit Recht sagt darum Haxthausen pag. 455: „diese Zahlen muß man ins Auge fassen, um ihre unermeßliche Bedeutung zu erkennen! Wie schwindet dagegen das Gewicht des Domainenwesens in den westeuropäischen Staaten!"

Dies sind nun die Staatsdomainen des großen russischen Reiches, Sibirien, die amerikanischen Colonien, das Amur=Gebiet, den Kauka=sus und Polen nicht mitgerechnet. Hier entsteht nun die Frage, ob, wie und welche von diesen Domainen, ohne Nachtheil für die gegen=wärtige und zukünftige Staatswirthschaft, verkauft werden können? — Was Fabriken, Eisenbahnen, Baulichkeiten, Mühlen, Fischereien und andere ähnliche Domainen=Besitzlichkeiten anbelangt, so leidet es wohl keinen Zweifel, daß sie, wenn sie nach und nach durch Verkauf in Privathände übergehen könnten, dann eine weit höhere Rente tragen, folglich den Nationalreichthum vermehren und bedeutende Summen zum Staatshaushalte liefern würden, daher von diesen Domainen auch hier nicht weiter die Rede sein kann. Weit wichtiger ist die Frage des Verkaufs der Domainenländereien und muß mit ungleich größerer Fern=sicht behandelt werden. Adam Smith, Ricardo und andere National=Oekonomen sind der Meinung, welche freilich von anderen bestritten wird, daß neben der Arbeit die unzerstörbaren Naturkräfte des Bodens im Stande sind an und für sich Werthe zu schaffen, und demnach eine

Art Capital bilden, in dem eine Bodenrente liegt. Graf Cancrin ist in seinem letzten Werke: „Die Oekonomie der menschlichen Gesellschaft" pag. 21 ganz derselben Ansicht, indem er sagt: „der Landbesitzer zieht die Bodenrente für die direct producirende Naturkraft und als Salär für seine Arbeit." Allerdings produciren die Naturkräfte des Bodens selbst in wüsten und unbewohnten Ländern; aber ihre Producte sind, wo Menschen fehlen, ohne Werth, und auch zwecklose oder zerstörende Arbeit ist werthlos. Wenn aber Bodenkräfte und Arbeit, oder mit anderen Worten Land mit verhältnißmäßiger Bevölkerung sich vereinigen, erst dann werden preiswürdige Werthe producirt, eine geringere oder größere Rente erzielt und es entwickelt sich aus Angebot und Nachfrage ein Minimum der Bodenpreise. Wo z. B. so außerordentliche Landgrößen und ebenso außerordentlich wenige Arbeitskräfte vorhanden sind, wie dies mit unseren Domainenländereien in den fernen nördlichen, östlichen und anderen landreichen Gegenden der Fall ist, da werden natürlich alle Bodenerzeugnisse sehr niedrig und die Preise von Grund und Boden in einem Minimum, tief unter ihrem relativen wahren Werthe stehen. — Wenn aber in anderen Gegenden sich die Bevölkerung in Verhältniß zu den Bodenräumen so stark vermehrt, daß kein uncultivirtes Land mehr vorhanden ist, wenn durch den Fortschritt der Civilisation immer mehr Naturkräfte des Bodens entwickelt werden und überall Communicationswege den Verkehr der Menschen fördern, dann steigt die Bodenrente hoch, der wahre Werth des Landes entwickelt sich zu einem Maximum, Boden und Productenpreise erreichen ihre Culminationshöhe und werden in das große Netz der Concurrenz und Verkehrswege gezogen.

Dies sind nun die beiden Extreme, zwischen denen die Möglichkeit des Verkaufs der Domainenpachtartikel, ohne Nachtheil für den Staat, so ungefähr in der Mitte liegt. Vor allen Dingen aber ist zu beachten, daß jeder Verkauf von großen Massen Land nicht auf einmal, sondern nur nach und nach stattfinden darf, denn wo viel Waare auf den Markt kommt, fallen die Preise! Besonders sind es die Domainengüter der Ostsee-Gouvernements, welche sich so recht zum Verkauf eignen,

weil sie als wirkliche Güter auch verkaufbar sind, und andererseits
Privatgüter und cultivirter Boden in diesen Gegenden bereits zu fabelhaft hohen Preisen gekauft werden; doch auch hier wird man, um
keinen Druck auf die Preise hervorzurufen, nur langsam vorschreiten
müssen.

In denjenigen Gegenden Rußlands, wo — wie ich oben angedeutet habe — die Bevölkerung schon groß, Land verhältnißmäßig
wenig vorhanden ist und Grund und Boden hoch im Preise stehen,
ist es allerdings auch schon möglich, hier und da einzelne Parzellen
Domainenland zu verkaufen, um nach und nach einen Grund und Boden besitzenden freien Bauerstand hervorzurufen. In großen Massen
würde dieser Landverkauf aber wohl nur vermittelst einer Bank oder
langjähriger Zahlungstermine zu ermöglichen sein, weil unsere Kronsbauern sehr oft reich an Korn, Producten und allerlei Arten von Vieh
sind, aber in der Regel nicht reich an baarem Gelde, — und, da sie
Land zur Benutzung vom Staate beinahe halb umsonst erhalten und
als Gemeingut alljährlich unter sich vertheilen, so ist die Nothwendig-
keit und die Neigung zum Landkaufen auch überall bei den Kronsbauern sehr geringe. Doch giebt es auch hier und da schon Ausnahmen,
wo freilich gewöhnlich nicht der Einzelne, sondern die ganze Gemeinde
eigenes Land besitzt. Ueberdies ist hier aber auch noch ein sehr wichtiger Umstand in Betracht zu ziehen, der nämlich, daß der Verkauf
aller unbewohnten Domainenländer oder Pachtartikel der I. und II. Kategorie in sehr naher Beziehung zur Emancipation der Bauern steht.
In der Aufhebung der so unnatürlichen Leibeigenschafts-Verhältnisse
liegt unbestritten die Morgenröthe einer bessern Zukunft, und dies ist
auch von dem ganzen russischen Adel anerkannt worden, nur die Ausgleichung der gegenseitigen und so außerordentlich verschiedenartigen
Interessen steht noch in Frage. Aber der Gutsbesitzer glaubt in seinem
Grund und Boden eine Art Aequivalent zu finden. Das Land prä-
sentirt jetzt allein den Werth seines Gutes; er kann es entweder zu
erhöhten Preisen verkaufen, oder es giebt ihm die Mittel zur Hand,
sich freiwillige Arbeitskräfte zu verschaffen. Wenn aber plötzlich oder

auch nur in kurzen Zeiträumen eine so große Masse Domainenland auf
den Markt geworfen wird, so werden nicht allein alle Bodenpreise tief
im Werthe sinken, sondern viele wohlhabende Erbbauern werden billi=
ges Land kaufen und die Scholle ihres ehemaligen Herrn verlassen,
der somit ohne Land und Hand bleiben würde, — und da unsere weise
Staatsregierung in dieser Sache eine gegenseitige Ausgleichung aller
Interessen wünscht, so ist ein sehr erschwerender Umstand in dieser
Frage nicht zu verkennen.   Schließlich ist hier nun auch noch zu be=
rücksichtigen, daß, so wie die Beziehungen der Kronsdörfer zum Do=
mainenlande legislativ und gegenwärtig volksthümlich gestellt sind, der
Staat — bei der rasch zunehmenden Bevölkerung — sich schwerlich
entschließen wird, Pachtartikel zu verkaufen, welche in der Nähe der
Kronsdörfer liegen und als Reserveland für den künftigen Zuwachs
dienen können.

Zuletzt liegt denn auch noch die Frage vor, ob es wohl vortheil=
haft für den Staat sein kann, die in der dritten Kategorie bezeichneten
unbewohnten Domainenländer in den fernen landreichen aber wenig
bevölkerten Gegenden zu verkaufen? — In allen europäischen Staaten
liegt im fruchtbaren Grund und Boden immer ein wahrer National=
reichthum; denn alle Lebens= und Luxusbedürfnisse der Völker; alle
Metalle, Agricultur= und Handelsproducte werden wohl von der In=
dustrie umgewandelt und veredelt, aber in ihrer Urform entstehen sie
alle einzig und allein aus dem Boden.   In den außerordentlich großen
und fruchtbaren Domainenländern mit den herrlichsten Wäldern, welche
der Staat in diesen fernen Gegenden besitzt, liegt daher ein unermeß=
licher Schatz für die Zukunft Rußlands, und dies um so mehr, da wir
in einer glücklichen Zeitperiode der Entwicklung und des Fortschritts
leben.   Freilich fehlt es in diesen Ländern noch an Bevölkerung und
Händen zur Arbeit, doch das ist ein Fehler, der — wie die früheren
Revisions=Listen beweisen — sich in Rußland alle Jahre verbessert.
In vielen Gouvernements ist thatsächlich die Bevölkerung im Verhält=
niß zum Lande schon zu groß — denn unsere Slawen sind von Alters
her an große Räume gewöhnt — daher hat denn auch der Staat bereits

viele hunderttausende Colonisten aus den kleinrussischen Gouvernements
Tambow, Kursk, Woronesch und anderen in jene fernen Gouvernements
übergesiedelt, und doch ist hier noch Raum für so viele Millionen!—
Man kann daher diese fernen Gegenden einigermaßen als Colonien
zur Ansiedelung betrachten, wo Jeder, der nur arbeiten will, Raum
und Brod findet. Bei so bewandten Umständen und den tief unter
ihrem inneren Werthe stehenden Bodenpreisen versteht es sich nun wohl
von selbst, daß ein Verkauf dieser Domainenländer, wenn sich anders
so viele Käufer finden möchten, einer wahren Verschleuderung gleich-
kommen würde.

Graf Cancrin, der übrigens sehr viel auf Domainen hielt und
die Aufbringung eines gleichen Einkommens durch Abgaben mit Recht
als einen Nachtheil betrachtete, spricht sich in seinem oben erwähnten
Werke pag. 218 dahin aus, daß man wohl zum Theil zugeben könne,
daß die Domainen weniger einbrächten, als sie in Privathänden tragen möchten, und daß manche deshalb veräußert oder verschleudert
worden sind.

Es liegt eine ernste Warnung in diesen wenigen Worten, und bei
den vielen, in der Jetztzeit so rasch hingeworfenen neuen Ideen über
unsere finanziellen Zustände würde es nicht schaden, die praktischen Ansichten eines erfahrenen alten Finanzministers etwas zu berücksichtigen.
Die Zeit ist freilich nicht mehr dieselbe, aber wir stehen gegenwärtig
in der Vogelperspective und können das Nützliche, wie das Unnütze
jener Zeit gleichzeitig überschauen.

Landschaftsbilder aus Livland,

vom Gestade des Meeres bis zur merkwürdigen periodisch erscheinenden Insel beim Gute Festen im Ilfing-See.

Wenn der stille Beobachter und Freund der Natur die westlichen und nordwestlichen Strandgegenden Livlands durchwandert und sein Blick über das Meer hinschweift, so findet er in dieser herrlichen Naturerscheinung ein liebliches Bild, welches wie ein großer Spiegel Gottes eine stille Ahndung der Unendlichkeit in sich trägt.

Einsam am Gestade sitzend, betrachtet er mit stummem Entzücken, wie durch einzelne dunkle Wolken schimmernd sich der abendliche Himmel röthet und einen Purpurschein über die stille Fläche des Meeres ausbreitet, während kleine kräuselnde Silberwellen sich murmelnd am Gestade brechen. Oft aber auch betäubt uns das tobende Spiel der aufgeregten schäumenden Wellen, die sich mit rasender Hast verfolgen, überstürzen und mit donnerartigem Brausen durch die Brandung toben. Stundenlang verweilt das Auge ohne zu ermüden auf diesem endlosen, immer wechselnden Spiel der Wogen. Wenn in der silberglänzenden ruhigen Fläche des Meeres eine stille Weltgröße als ein Sinnbild der ewigen Unendlichkeit uns ahndungsvoll entgegen leuchtet, so tritt wiederum aus den sturmbewegten Wellen ein Bild des großen Gedankenreichs geisterartig hervor, wo ein inneres bewegtes Leben in unendlicher Mannigfaltigkeit alle Welträume zu überfluthen strebt. Herrlich ist das Meer in allen seinen Wandlungen und nie ermüdet der Blick, so oft

er über diese wunderbare Fläche hingleitet! — Doch mit einem weniger
freundlichen Rahmen ist dies großartige Bild umgürtet; öde hügelartige
Sandwülste und tausendjährige Dünenbildungen lagern sich um das
Meer bis tief ins Land hinein, ermüdende Sand- und Haideflächen,
oder düstere und monotone Nadelhölzer bedecken die ganze Umgegend
bis in weiter Ferne. Langsam dahinschleichend wühlen sich die Räder
des Wagens durch dieses Sandmeer, welches von den Winden aufge-
wirbelt alles mit Staub bedeckt. Die Hügel und Sandwülste, welche
das Meer umgeben, verhindern den Abfluß der Meteor-Gewässer, und
lassen Sümpfe und Moräste zurück, auf denen nur trauriges Ellernge-
strüppe wächst.

Höchst überraschend aber verändert sich die Scenerie der Landschaft
südöstlich von Riga längs dem Dünastrom auf dem Wege nach dem
reizenden Gute Kokenhusen. Der Contrast ist hier so auffallend, daß
wir unwillkürlich glauben müssen, wir befinden uns in einem ganz
anderen Lande. Schon hinter Kirchholm endet die ermüdende Sand-
Dünenbildung. Der devonische Sandstein mit seinen vorweltlichen Rie-
senfischen ist theils verschwunden, an dessen Stelle erscheinen die mittlern devonischen Kalksteinstraten, Gyps und Mergel. Diese Felsbildung
giebt der ganzen Landschaft eine in Livland nur ihr eigenthümliche
heitere und erfrischende Physiognomie, und bedingt nebst dem Düna-
strome — dieser großen Pulsader Livlands — die freundlichen Lebenszustände, welche sich hier entwickelt haben. Die Agriculturverhältnisse
des Landes sind hier ganz verschieden von denen der sandigen Strandgegenden. Auf dem warmen Kalkboden hat sich eine vortreffliche Humusrinde gebildet, überall wogen üppige Kornfelder abwechselnd mit Laub-
holzgruppen und kleinen Wäldern, zwischen denen freundliche und oft
großartige Landsitze, hier und da einzelne Bauergesindestellen und ein
paar Ruinen alter Ritterburgen hervorschimmern. Nicht minder freundlich ist die gegenüberliegende kurische Ufergegend, wo überall zwischen
Anhöhen und Thälern Kirchen und Landhäuser, mit Laubholz umkränzt,
herüberblinken. In der Mitte dieser Landschaft voller Leben fließt die
Düna über Kalksteinfelsen mit raschem Falle, man sieht es ihrer Eile

an, daß ſie ſich Livoniens Hauptſtadt ſchnell zu nähern ſtrebt. Ihre ſchroffen und ſteilen Felsufer der linken Seite erſcheinen, beſonders in der Nähe von Kokenhuſen, in der pittoresken Geſtalt alter mit Gebüſch bewachſener Feſtungsmauern, und um das heitere Landſchaftsbild noch mehr zu beleben, ſo bewegen ſich auf dem eilenden Strome ſehr oft eine Menge beladener Böte mit Waaren von Riga, die ins Innere gehen.

Auch der Freund der vaterländiſchen Geſchichte findet in dieſen Gegenden unendlichen Genuß und reichlichen Stoff zum Nachdenken und mit Vergnügen wird er in den Trümmern der alten Ritterburgen am Dünaufer herumklettern. Uexküll = Kirchholm wurde im Jahre 1186 vom Biſchof Meinhard, die herrlichen Ruinen von Lenewarden, Aſche= warden und Kokenhuſen vom Biſchof Albert in den Jahren 1200, 1208, 1210 und 1220 erbaut. Alle dieſe Ueberreſte aus der grauen Vor= zeit, und die vielen Schanzen aus den ſpätern Kriegen der Schweden und Polen beurkunden, daß wir uns auf dem hiſtoriſch = klaſſiſchen Boden der Vorzeit Livlands befinden. Wie viel Blut wurde einſt an den Mauern dieſer alten Zwingburgen vergoſſen! — Wie viel modernde Gebeine ruhen in jenem Boden, auf welchem jetzt ein Aehrenfeld wogt! — Lange haben nun wohl friedliebende milde Zeiten jenes eiſerne, mit Grauſamkeiten überfüllte Zeitalter verdrängt, aber immer noch ſchwebt ein hohes Intereſſe über die Heldenburgen jener thatenreichen Vorzeit! —

Die Krone aber dieſer ganzen Landſchafts=Scenerie iſt unbeſtritten Kokenhuſen mit ſeiner wahrhaft reizenden Umgebung. Wer in dieſer großartigen Natur ſchwelgen und ſich auch zugleich ſo recht in die Vor= zeit zurückleben will, der muß Kokenhuſen an einem ſchönen Frühlings= tage beſuchen, wenn die Natur ſchon völlig entwickelt iſt. Freilich hat Livland noch eine andere und nicht minder ſchöne Gegend, das Aathal mit den Ruinen von Treiden, Cremon und Segewold, oder die ſoge= nannte livländiſche Schweiz. Wird dieſe reizende Landſchaft aber in eine Parallele mit Kokenhuſen geſtellt, ſo weiß der Freund ſchöner Naturgegenden nicht, welcher er den Vorzug geben ſoll, denn beide geben uns ein ganz verſchiedenes Charakterbild.

Das Aathal ist unbezweifelt eine großartige Naturerscheinung. Es hat seine herrlichen Ruinen mit geschichtlichen Erinnerungen, die bis ins graue Alterthum hinaufreichen. Der Freund der Natur findet hier eine außerordentlich schöne Felsbildung des alten rothen Sand= steins, Grotten, Abgründe und tiefe Schluchten, Fluß und Thäler mit reizenden Fernsichten und einen wahrhaft malerischen Baumschlag, aber er findet wenig Leben in dieser Landschaft. Es ist eine wilde roman= tische Gegend à la Salvator Rosa, — eine nordische Sage von la Motte=Fouqué. — Wenn wir am Abend beim Untergange der Sonne uns in diesen düstern Bergschluchten allein befinden, so überfällt uns ein Schauer, und wir fühlen, daß ein todter Hauch über diesem tiefen und schönen Felsenthale schwebt. Selten und zerstreut sind unten im Thale menschliche Wohnungen, selbst der Aa=Strom tief unter uns wird nur dann und wann durch ein einsames Fischerboot belebt und über den hohen Rändern des Aa=Thales blinken in der Ferne die dunkeln Tannen und Fichten des Nordens hervor. Kokenhusen ist da= gegen eine liebliche heitere Idylle voller Leben und Freundlichkeit. Seine Gegend hat so frische, immerwährend wechselnde Lichtblicke, und es ruht auf der ganzen lieblichen Landschaft ein so milder Lebenshauch, daß man wohl mit Recht das Aa=Thal bei Treiden den herrlichen Schatten, Kokenhusen aber die liebliche Lichtseite in dem Bilde Liv= lands nennen könnte. Stellen wir uns auf die 300 Fuß hohe Garten= terrasse des kleinen reizenden Gutes Bildsteinshof, den sogenannten Kaiserplatz, wo der hochselige Kaiser Alexander der Erste, tief versun= ken in den Anblick der schönen Gegend, einst lange stehen blieb, und betrachten wir von hier aus, umgeben von Obstbäumen und Parkan= lagen, das vor uns sich ausbreitende herrliche Panorama. Wir stehen hier auf einem mit Gebüsch bewachsenen hohen Kalksteinfelsen, zu un= sern Füßen windet sich zwischen schroffen Felsufern der Dünastrom wie eine große silberne Schlange, durch eine Menge kleiner Boote belebt. Vom linken hohen Ufer schimmert uns aus der Ferne der reizend ge= legene Edelhof Klauenstein entgegen und auf der kurischen Seite er= scheinen freundliche Bauergesindestellen, und einige italienische Pyramidal=

pappeln, welche die Landschaft hie und da bekränzen, geben ihr einen
etwas südlichen Charakter. Gerade vor uns, der Terrasse gegenüber,
liegt auf einem schroffen Kalksteinfelsen die alte merkwürdige Ruine —
wie eine Sage der Vorzeit von Veit-Weber — sie steht hier von diesem Standpuncte so nahe vor uns, daß wir jedes Steinchen der Trümmer deutlich erkennen und wir ein stereoskopisches Gemälde vor uns
zu haben glauben. Steigen wir von der Terrasse herab, erklettern wir
mühsam den schroffen Abhang der alten Ruine, um sinnend unter diesen Trümmern der Vorzeit herumzuwandeln, so liegt gerade vor uns
die Hochebene, wo einst die alte Stadt Kukenois (Kokenhusen) stand.
Lange vor Ankunft der Deutschen in Livland herrschten hier slavische
Fürsten, und später, bis zum Anfange des 18. Jahrhunderts, war dieser Ort der Schauplatz immerwährender Kriege mit allen Verwüstungen
und Greuelthaten jenes rohen Zeitalters, erst unter den Fittichen des
russischen Aars verschwand das unaufhörliche Kriegsgetümmel, und die
Segnungen des Friedens und der Cultur verwischten die Ströme von
Blut und die vielen Thränen, welche hier einst vergossen wurden. Jetzt
wogt auf jener Stelle, wo früher das alte Kukenois stand, ein fried-
liches Aehrenfeld mit Alleen und Baumgruppen umkränzt, von der
alten Stadt aber ist keine Spur mehr vorhanden und nur der Pflug
des Landmanns wühlt noch dann und wann einige Mauertrümmer
aus der Scholle hervor. Rechts von diesem Plateau sehen wir die
russische Kirche, das Posthaus und viele andere Gebäude, vor uns die
protestantische Kirche und mit Alleen, Gärten, Obstbäumen und Parkanlagen umgeben die beiden Rittergüter Kokenhusen und Bildsteinshof
und links von der Ruine haben wir eine herrliche Ansicht in die wilde
und romantische Schlucht des Perse-Baches, welcher hier zwischen hohen
Uferabhängen eilend hervorströmt und sich am Fuße des Ruinenberges
in die Düna ergießt. Hier am Abhange der alten Veste liegen auch
noch einige alte gußeiserne Kanonen halb im Sande versunken, wahrscheinlich aus jener Zeit herrührend, wo im Jahre 1700 die Veste,
von den Sachsen im polnischen Dienste, in die Luft gesprengt wurde.
Wer schönen Baumschlag in der Natur studiren will, der besteige,

besonders im Herbst, wenn sich die Blätter der Espen und Pappeln
röthen, den alten Schloßberg und schaue in das gerade gegenüberliegende Perse-Thal. Links auf einer Anhöhe liegt mitten in einem
Parke die hübsche Villa Bildsteinshof und gerade vor uns öffnet sich
die wilde Schlucht, deren hohe Uferränder mit Linden, Pappeln, Eichen,
Rüstern, Birken und verschiedenen Gattungen Nadelhölzer und Gesträuche
bewachsen, als belaubte Waldberge erscheinen, aus denen hier und da
schroffe Kalksteinfelsen hervortreten. Dies ganze reizende Landschaftsbild
giebt eine Mannigfaltigkeit von Schatten und Licht, welche schwer zu
beschreiben ist. Nicht minder schön ist die Perse-Schlucht, wenn man
in derselben aufwärts geht. Auf beiden Seiten stellenweise bis hundert Fuß hohe Kalksteinfelsen, über denen waldbedeckte Berge herabschauen, die beiden Seiten der Ufer des Perse-Baches liegen voller
Gebirgstrümmer, aus welchen Bäume und allerlei Arten Gesträuch
üppig hervorwuchern, und um das Wilde und Romantische dieser kleinen Gebirgsgegend noch mehr zu heben, so finden wir hier auch, besonders im Frühjahre, zwei Wasserfälle. Der kleine Bach stürzt dann
über die Felsenschwellen tobend herab, braust schäumend durch die enge
Schlucht und macht sich gewaltig groß, ist aber dennoch nicht im Stande
die vielen Nachtigallen zu übertönen, welche im Frühlinge das schöne
Thal beleben.

Wer das herrliche Kokenhusen, diese Landschaftsperle Livlands,
auch nur einmal besucht und in dieser herrlichen Natur geschwelgt hat,
der wird es gewiß niemals wieder vergessen, und dies um so mehr,
da uns jetzt das schnaubende Feuerroß schon rasch nach der alten Kukenois bringt, die sich gewiß bald in ein neues Gewand kleiden wird.
denn die Eisenbahnen haben die besondere Eigenthümlichkeit, selbst
wenn sie durch eine öde Wüste geführt werden, überall, neben höherem
menschlichen Betriebe, auch Eleganz und Comfort hervorzurufen.

Der Weg von Kokenhusen bis zum Gute Festen mit der merkwürdigen schwimmenden Insel, geht östlich und etwas aufwärts in jenes
Hochland, welches als eine Abzweigung des Waldai-Gebirges, in
einem Höhenzuge unweit Dorpat und westlich von Werro und Marien-

burg, über Pebalg und Erlaa streicht, und endlich sich zum Dünaufer
herabsenkt. Dieser Höhenzug bildet die höchsten Punkte des westlichen
Rußlands, der Berg Muna-Maggi ist 1063, der Gaissekalns 1031, der
Bakuskalns 990 und der Spirekalns 871 englische Fuß hoch. Die
drei letztgenannten Berge bilden ein rechtwinkliges Dreieck, und schließen
den Hof Festen gleichsam beschützend in ihre Mitte ein. Der ganze
Weg von Kokenhusen nach Festen führt durch ein wellenförmiges Hügelland mit ziemlich gutem Ackerboden und ist mit herrlichen Landsitzen
und besonders schön bebauten Bauergesindestellen belebt, wo auch viel
Obstzucht betrieben wird. An herrlichen Fernsichten ist hier kein
Mangel. Wer diese interessanten Gegenden besuchen will, der vergesse
ja nicht den höchsten der hiesigen Berge, den Gaissekaln, entweder sehr
früh oder kurz vor Sonnen-Untergang zu ersteigen. Das großartige
Schaubild und die romantisch schöne Fernsicht von diesem Berge
wird man wohl an keinem andern Orte in Livland finden. So weit
das Auge reicht bis in grauer Ferne, wo zuletzt alles in Nebel verschwindet, erscheinen zwischen Bergen, Thälern und Waldgruppen eine
Unzahl von freundlichen Herrenhäusern, Kirchen, Pastoraten, Wind-
mühlen und andere Wohnlichkeiten, und um das heitere Gemälde noch
mehr zu heben, so blinken hier und da zwischen den Landschaftsgruppen
eine Menge Landseen von verschiedener Größe hervor, welche, wenn
die Abendsonne diese Wasserflächen bescheint, wie große Spiegel aus
dem ganzen Panorama hervorschimmern.

Gleich hinter dem Gute Festen liegt der Ilsing-See mit einer
merkwürdigen schwimmenden Insel, welche alljährlich, seit undenklichen
Zeiten gewöhnlich im Juli-Monat aus der Tiefe des Sees empor-
steigt, sich spärlich mit etwas Gras bedeckt, und im September oder
October beim ersten Frost, wieder auf den Grund des Sees herabsinkt, um so zu sagen, den Winterschlaf zu halten, und dann im künftigen Jahre — aber immer an einer und derselben Stelle — wieder
auf der Oberfläche zu erscheinen. In warmen Sommern steigt sie
früher, in kälteren aber später aus der Tiefe empor, auch hat es sich
während eines kalten regnerischen Sommers einstmals ereignet, daß sich

die Insel gar nicht auf der Oberfläche zeigte; dahingegen fand aber auch der Fall statt, daß während eines sehr warmen Sommers die Insel ungewöhnlich lange auf der Oberfläche blieb, und als dann auf einmal starker Frost eintrat, festfror und am Hinabsinken verhindert wurde, sobald aber im Frühjahre das Thauwetter begann, löste sich die Insel vom Eise los und senkte sich wieder auf den Grund des See's herab.

Die ältesten Leute in der Umgegend erinnern sich des periodischen Erscheinens der Insel so lange sie denken können und daß sie niemals ihre Stelle veränderte, Fischer erwähnt in seiner Naturgeschichte Livlands vom Jahre 1780 dieser eigenthümlichen Insel und auch Bienenstamm beschrieb sie in seiner Geographie Livlands, aber dennoch fehlte es bis jetzt an einer genügenden Erklärung ihrer Entstehungsart. In den 40er Jahren, wo ich Director des Rigaer naturforschenden Vereins war, brachte ich diese Sache zur Sprache, doch ohne daß der ursächliche Grund der Erscheinung erklärt werden konnte, ich entschloß mich daher, mit meinem Freunde, dem Herrn Chemiker Neese, die Insel an Ort und Stelle zu untersuchen und hier ergab sich denn folgendes Resultat:

Die Insel liegt ungefähr 50 oder 60 Faden vom nordwestlichen Ufer des Ilsing-See's und ragt bis 8 Zoll über dem Wasser hervor. Sie hat, wenn keine starken Winde wehen, welche die obere Erdrinde abspülen, eine Größe von ungefähr 10 bis 12 Faden, so daß fünf bis sechs Personen bequem auf ihr herumgehen können. Die ganze Insel besteht aus einer Art Torf oder Pflanzenfilz von allerlei Wurzeln, Moos und Wasserpflanzen einer frühern Zeit mit ungefähr einem Faden Mächtigkeit und von grauer, fast dunkler Farbe, so daß dieselbe von wirklichem Torf wenig zu unterscheiden ist. Dieser Pflanzenfilz ruht aber nicht auf dem Boden des See's, sondern schwimmt frei auf der Oberfläche des Wassers, so daß man mit einer langen Stange auf mehreren Seiten ganz bequem unter der Insel herumfühlen kann, auf einer Seite aber senkt sie sich herab und ist hier mit der Torfsubstanz am Boden des See's fest verbunden, sowie überhaupt der ganze Boden

überall mit einer dicken Lage dieses Torfs oder Pflanzenfilzes bedeckt
ist, und da die Insel mit dem einen herabhängenden Ende am Boden
des See's festhält, so mußte sie natürlich immer an einer und der=
selben Stelle auf der Oberfläche erscheinen, auch das periodische Auf=
und Untertauchen der Insel erklärt sich ganz einfach: Wir fanden näm=
lich in diesem halbverkohlten Pflanzenfilz, woraus die ganze Insel be=
steht, eine ganz ungewöhnliche Menge des so leichten Kohlenwasserstoff=
gases, welches sich bei der leisesten Berührung in Millionen kleinen
Bläschen aus dem Pflanzenfilz der Insel entwickelte. Vermittelst einer
kleinen Vorrichtung wurde von uns etwas Gas aufgefangen und an=
gezündet, welches sofort mit einer bläulichen Flamme brannte. Ueber=
raschend war für uns diese starke Gasentwickelung, denn obgleich
überall in Morästen sich diese brennbare Luft entwickeln kann, so doch
schwerlich in einer so außerordentlich großen Menge, wie dies hier der
Fall war. Sobald nun im Sommer das Wasser des See's erwärmt
wird, so entwickelt sich aus der torfartigen Substanz das so außer=
ordentlich leichte Gas, füllt den Pflanzenfilz mit Millionen kleiner
glänzender Luftbläschen, macht ihn dadurch leicht, und hebt endlich die
Insel als eine Art halboffener Blase auf die Oberfläche empor. Da
nun während des Winters sich auf der Insel Schlamm und Erde an=
gehäuft, so wird diese Humusrinde mit emporgehoben und giebt Ver=
anlassung, daß sich die Insel mit etwas Graswuchs und Wasserpflanzen
bedeckt, welches besonders in warmen und lange anhaltenden Sommern
der Fall ist. Es ereignet sich in solchen Jahren oft, daß die Insel
schon im Juni auf der Oberfläche erscheint und erst im October wieder
auf den Boden des See's herabsinkt. Sobald es kalt wird und die
ersten Nachtfröste eintreten, so hört natürlicherweise die Gasentwickelung
nach und nach auf, die große Blase wird schwer — klappt zu und
senkt sich wieder auf den Boden herab, um wie man in der Umgegend
sagt, ihren Winterschlaf zu halten.

Wie sich der Jlfing=See gebildet hat, lehrt der Augenschein. Hier
war früher gar kein See, sondern nur ein großes Torfmoor, in dessen
Mitte aber ein kleiner Bach floß. Vor vielen langen Jahren wurde

hier nun eine Wassermühle angelegt und der Bach gedämmt, wodurch das ganze Torfmoor unter Wasser gesetzt wurde. Die Ufer des See's bestehen aus Sandgrund, und auch die Unterlage des Torfs am Boden des See's wird aus Sand bestehen, so daß durch die Gasentwickelung gehoben, sich der Torf stellenweise als ein Flötz vom sandigen Untergrunde ablösen und an die Oberfläche emporsteigen konnte.

Erstaunen müssen wir über den eigenthümlichen Zusammenfluß so vieler günstiger Umstände zur Hervorbringung dieser merkwürdigen Naturerscheinung, welche, so leicht sie sich auch erklären läßt, und so einfach sie auch dasteht, in Rußland doch ihres gleichen nicht hat, und so viel bekannt ist, soll sich auch nur in Holstein eine etwas ähnliche Insel dieser Art befinden. Wer die reizende Gegend von Kokenhusen aus besuchen, und die merkwürdige Insel auch in der Nähe besehen will, der wähle den Juli-Monat, wo er sicher sein kann, daß die Insel ihren Winterschlaf beendet und schon auf der Oberfläche des See's erschienen ist, obgleich sie dann noch als ein großer dunkler Körper auf dem Wasser schwimmt, und erst später ein grünes Kleid anzieht, indem sie sich spärlich mit Graswuchs bedeckt.

Geologische Studien

über die Bildung der Stein- und Braunkohle aus vorweltlichen Torf- und
Tiefmooren, vorgetragen im Naturforschenden Verein.

Nach allen bisherigen Forschungen sind die Stein- und Braunkohlen unbezweifelt Producte der Verkohlung vegetabilischer Körper
und immer mehr oder weniger vermischt mit mancherlei Mineralsub-
stanzen. Die verschiedenartige Sonderung dieser fossilen Brennstoffe
will ich hier nur in einigen Hauptarten entwickeln.

1. **Anthracit und Glanzkohle.** Diese ziemlich harte und homogene
Kohle gehört der ältesten Kohlenbildungsperiode an, ist von allen die
reichste an Kohlenstoff und aus diesem Grunde von hohem Werthe für
technische Zwecke, doch ist sie nicht reich an Wasserstoff und Sauer-
stoff, und bedarf daher zum Verbrennen einen weit stärkeren Zutritt
atmosphärischer Luft, wie andere Kohlenarten. Spuren von Pflanzen-
resten sind in ihr wohl seltener, und viele Geologen sind der Ansicht,
daß die Hitze des Erdinnern jener vorweltlichen alten Zeit so wie der
gewaltige Druck der obern Erdmassen mit zur Bildung dieser Kohle
beigetragen habe.

2. **Gewöhnliche Steinkohle,** welche unter verschiedenen Namen, als Kännelkohle, Blätter- und Schieferkohle, Grobkohle, Rußkohle
und mehrere andere Arten bekannt sind. Alle diese Kohlen, unter
welchen die Kännelkohle den ersten Rang einnimmt, gehören schon zu
einer jüngern Bildungsperiode, und oscilliren vorzugsweise in und um

der sogenannten Kohlenformation. — Diese Kohle enthält viele Pflan=
zenreste und obgleich manche nur unter dem Mikroskope als Pflanzen=
faser erkennbar sind, so erscheinen doch oft auch ganze Baumstämme
und in einzelnen Fällen sogar in aufrechtstehender Richtung. Da aber
im allgemeinen die Verkohlung keine so vollständige war wie beim
Anthracit, so enthalten diese Kohlen auch weniger Kohlenstoff und
mehr elementare Bestandtheile der Pflanzensubstanz — mehr Sauer=
stoff, Wasserstoff, Stickstoff u. s. w., sind leichter entzündbar als
Anthracit, brennen mit Rauch und Geruch und liefern mancherlei
chemische Producte. Die Flora dieser Steinkohle ist eine längst nicht
mehr vorhandene, sie gehört einer alten Zeit an, lange vorher ehe
unser Geschlecht den Erdball betrat.

3. Braunkohlen. Diese Art Steinkohle ist in der Regel eine
weit jüngere Bildung und erscheint größtentheils in der geologischen
Tertiär=Periode, wo Thiere und Pflanzen sich schon mehr der Jetztzeit
näherten. Dieser fossile Brennstoff besteht theils aus holzartigen Braun=
kohlen, bituminöses Holz oder Lignit, schwarze oder braune Erdkohle,
welche schon etwas Aehnlichkeit mit dem älteren Torf haben, sammet=
schwarze Moorkohle und viele andere Arten, welche alle nach dem
Grade ihrer chemischen Zersetzung, größerer oder minderer Vermischung
mit verschiedenen Erdarten, auch mehr oder weniger Kohlenstoff ent=
halten und daher auch ein besseres oder schlechteres Brennmaterial
liefern. Da diese Kohle wie gesagt, einer weit jüngeren Zeit ange=
hört, so liegt sie auch in der Regel nicht so tief wie die ältere Stein=
kohle und wird sogar oft durch Tagewerk gefördert, indem ihre Schichten
an die Oberfläche treten.

Schon lange wurde von der Wissenschaft die Frage gestellt, wie
und auf welche Art sich die Stein= und Braunkohlen wohl gebildet
haben möchten, und von vielen Forschern die Frage dahin beantwortet:
daß Anhäufungen von Baumstämmen an den Mündungen großer Flüsse,
überhaupt Anschwemmungen vegetabilischer Stoffe und deren Ab=
lagerung in großen Mulden, der ursächliche Grund der Steinkohlen=
bildung sein müsse. Der berühmte Geologe Elie de Beaumont wies

aber mit schlagenden Gründen nach, daß eine Anschwemmung von Baumstämmen keine Veranlassung zur Bildung der Steinkohle sein könne, und auch die größten Geologen unseres Zeitalters Brongniard, Bischof, Lyel, Naumann, Göppert und andere stimmen darin überein, daß dies nur in einzelnen Fällen stattfinden möge, und es als eine erwiesene Thatsache angenommen werden müsse, daß alle Stein= und Braunkohlen=Pflanzen größtentheils an Ort und Stelle gewachsen sind, und daß der vegetabilische Urstoff unserer Kohlenbildungen nur vor= weltlicher Torf gewesen sein könne.

In neuerer Zeit hat unser bekannter Naturforscher Professor der Moskauer Universität, Tschurowsky, in einem Aufsatze in russischer Sprache über die Bildung der Steinkohlen ganz dieselbe Ansicht aus= gesprochen, indem er ungefähr folgendes sagt: „die Steinkohlen waren nach allen Deutungen einst vorweltliche Torfmoore, um sich davon zu überzeugen, braucht man nur unsere jetzigen Torfmoore zu betrachten. Jeder solcher Torfmoräste (торфянбіхъ Болотъ) besteht aus zwei Arten vegetabilischer Stoffe zur Torfbildung, aus Wasser= und Land= pflanzen. Erstere wachsen am Boden, sterben ab, andere wachsen über ihnen hin und bilden nach und nach eine Art Pflanzenfilz, wel= cher allmälig die ganze Tiefe ausfüllt und das Wasser immer mehr verdrängt. Auf der Oberfläche bildet sich grüner Rasen und in Wald= gegenden wachsen sogar Bäume auf diesem Torfschlamm und Moder verkohlter Pflanzenreste. Hatten nun solche Torfmoore eine niedrige Lage, so konnten sie in der Vorzeit durch Meeresfluthen mit Sand und Thon bedeckt werden, wobei viele Baumstämme in ihrer geraden Richtung verblieben. Mit der Zeit bildete sich dann in derselben Niederung ein zweites, drittes u. s. w. Torfmoor, und so wird es er= klärlich, daß sich im Laufe der vielen Jahrtausende eine Menge kohlen= stoffhaltiger Flöze an einer und derselben Stelle ablagerten, wozu Hebungen und Senkungen des Bodens mit beigetragen haben mögen." Tschurowsky sagt ferner: „daß in Holland und Deutschland Torfschichten mit einer Mächtigkeit von 30—40 Fuß, in Irland aber noch weit mächtigere vorhanden sind, und daß in Carolina ein Torfmoor besteht,

welches eine Länge von 40 Meilen und eine Breite von 25 Meilen
hat, dessen Tiefe aber unbekannt, doch sei es unbezweifelt, daß in großen
und tiefen Mulden die Torflager oft eine Mächtigkeit von einigen
hundert Fuß erreicht haben mögen."

In der letzten Zeit hat der als Geologe rühmlichst bekannte Herr
Dr. Ludwig in Darmstadt seine Beobachtungen während einer Reise
am westlichen Ural bekannt gemacht, und erwähnt der gewaltigen Torf=
und Tiefmoore jener fernen Gegenden, in denen er sogar das Skelet
eines Mammonts (Elephas primigenus) entdeckte. Das Riesenthier
war in jener alten Zeit, wo diese Thiere noch den Ural bewohnten,
wahrscheinlich in dem Tiefmoore versunken und im Schlamme erstickt.
Hr. Ludwig sagt positive: „alle Steinkohlen und Braunkohlen
waren ehemals Torf." Die Torfmoore unserer Zeit entstanden als
Süßwasser und Landbildungen, aus Harz= und gerbestoffreichen Lykopodien,
Moosen, Heidekräutern, Preiseln und Tannen im Schutze der Urwälder,
entweder als Hochmoore, oder in von Sphagneen, Seggen, Tannen
und Birken überwachsenen, also oben geschlossenen Tiefmooren. In offenen
Sumpfflächen entsteht nur ein kohlenstoffhaltiger Schlamm mit kalk=
und eisenhaltigem Niederschlage. Die in offenen Sumpfflächen wachsen=
den Conferven, Schilfe, Seggen, Nymphäen u. s. w. entwickeln im
besten Falle nur eine aschenreiche Blätterkohle. Soll ein ergiebiges
Kohlenlager gebildet werden, so ist Abschluß von Luft und Licht und
die passende Pflanzenart erforderlich. Sumpfflächen und Seen über=
wachsen nach und nach mit Torfmoosen, welche sich in einander schlingen,
sich verfilzen und schwimmend endlich die ganze Wasserfläche bedecken.
An der Unterfläche faulen die abgestorbenen ältern Pflanzen ab, und
fallen als feiner Moder in das ruhige Wasserbecken nieder, mit der
Zeit verdickt sich dadurch das Wasser zu einem schwarzen Brei, worin
weder Pflanze noch Thier leben kann, der aber die fäulnißwidrigen
Harz= und Gerbestoffe der Moose — dieser eigentlichen Kohlenpflan=
zen — in Menge enthält. Wenn endlich der Sphagium=Filz stark
genug geworden ist, so wachsen Bäume und Gesträuch auf der Ober=
fläche und drücken mit zunehmender Last auf den unter ihnen befind=

lichen Moder und preſſen ihn allmälig feſt und trocken. Die Wurzeln dieſer Bäume dringen nicht in den für ſie giftigen Moder, ſobald ſie dahin gereichen ſterben ſie ab und verweſen, während dieſer Zeit wächſt aber das Moos oben beſtändig fort. Wird ein ſolches Tiefmoor durch irgend ein Naturereigniß mit Erde, Thon oder Sand bedeckt, ſo kann es zu Braunkohle werden, und bei Maikor wurden zwei ſolcher Torf= lager eins über dem andern gefunden.

Von den Kohlenbildungen am Waldai=Gebirge ſagt Hr. Ludwig: „dieſe Kohlenflötze, bedeckt durch Sand und Lehm, blieben als Torf= maſſen an derſelben Stelle und Vertiefung, wo ſie ſich angeſammelt, unbeirrt liegen, ſie moderten langſam, und haben zum Theil heute noch das Weſen von Torf bewahrt, beſtehend aus Pflanzenreſten von Segenarien, Lepidodendern und andern Pflanzen der Kohlenperiode. Einige von ihnen ſind zu Braunkohle geworden, andere endlich wurden Steinkohle. An keinem Orte der Welt mag der Uebergang aus Torf bis zur ächten Steinkohle deutlicher zu erkennen ſein als hier."

So weit Hr. Ludwig. Im Bulletin der Kaiſerl. naturforſchen= den Geſellſchaft vom Jahre 1853. Nr. 1, Beiträge zur Kenntniß der ſchwarzen Erde (Tſchornoſöm) beſchrieb ich ganz ähnliche Zuſtände, wie ſie in Livland und den angrenzenden nördlichen Ländern ſo ganz gewöhnliche Erſcheinungen ſind, wo ſich noch feuchte undurchdringliche Waldgegenden befinden, die man nur im Winter betreten kann, wo Baumſtämme neben Baumſtämmen modern, und alles ſich mit feuchtem Mooſe überzieht, ich erwähnte der großen und ſehr tiefen Moosmoräſte oder Tiefmoore unſerer nördlichen Gegenden, welche ganz identiſch ſind mit den rieſengroßen ſibiriſchen Tundern und Unmaſſen von Moder und Schlamm als vegetabiliſchen Kohlenſtoff enthalten.

Wenn nun eine Weltkataſtrophe, wie ſie in der geologiſchen Vor= zeit ſo oft ſtattfanden, dieſe Torf= und Tiefmoore, Moosmoräſte und Tundern der Jetztzeit mit vegetabiliſchen Kohlenſtoffen, durch Meeres= fluthen pötzlich und mehreremal mit Bergen von Sand und Thon be= decken und einen gewaltigen Druck auf ſie ausüben würde, und wir dann noch die häufigen Senkungen und Hebungen des Bodens der Vorzeit

8*

in Betracht ziehen wollen, und dies um so mehr, da seculäre Hebungen und Senkungen der Kontinente, noch in der Jetztzeit, als erwiesene Thatsachen vorliegen, so wird aus physikalischen und chemischen Gründen wohl als gewiß anzunehmen sein, daß diese vegetabilischen Kohlenstoffe sich dann nach Jahrtausenden in Braunkohlen oder Steinkohlen umwandeln würden, und als schlagender Beweis für diese Annahme ist zu erwähnen, was Gustav Bischof in seiner chemischen und physikalischen Geologie pag. 1797 von der Torfkohle von Princeton sagt: „daß diese alte Torfkohle bereits ganz in der Umwandlung in Steinkohle begriffen sei."

Ist nun auch wohl mit Sicherheit anzunehmen, daß die meisten großen Steinkohlenlager nicht durch angeschwemmte Stoffe, sondern an Ort und Stelle entstanden sind, so finden doch auch Ausnahmen statt, und manche Kohlenflötze können aus angeschwemmten vegetabilischen Stoffen entstanden sein, wie dies ja auch mit dem Torfe der Fall ist, denn wir finden an den Küsten von Holland, Norwegen und Schweden einen mit Sand und Grus bedeckten Seetorf, der sich nur aus angeschwemmtem Seetang gebildet hat, und eben so sind manche Kohlenschiefer, viele kleine Braunkohlenlager, die Kohlenrußstreifen, welche oft die Gebirgsschichten durchsetzen, und die gewaltigen Hauwerke halbverkohlter Holzstämme mit Eisen- und Kupferoxyden am Uralgebirge unbestritten aufgeschwemmter Natur.

Was endlich noch über die so außerordentlich verschiedenen Torfarten zu sagen wäre, so ist es sehr schwer in dieser großen Mannigfaltigkeit eine richtige Klassification zu finden, auch die Benennung von Landtorf, Seetorf, Moortorf, Sumpftorf und Haidetorf, wie George Wieck in seinem Torfbuche annimmt, ist völlig ungenügend, denn in ihrer Mitte liegen unzählige Nüancen, und vom leichten Haidetorf, der größtentheils aus Wurzeln der Erica-Arten besteht, bis zum schweren Pechtorf ist eine große Kluft vorhanden, daher kann auch der technische Werth und die Güte einer jeden Torfgattung, nachdem sie mehr oder weniger in einem gewissen Volumen brennbaren Kohlenstoff und fremde Erdarten enthält, nur durch eine Analyse bestimmt werden. Was aber die alten schweren und bituminösen Torfarten anbelangt, so nähern sich diese schon den Braunkohlen und bekunden auch hier schon ihre Hörig= keit zur Steinkohle.

Im Allgemeinen gilt hier, was Hr. Dr. Ludwig über die Bildung der Kohle sagt, daß nur die gänzliche Abschließung von Luft und Licht für ihre Güte maßgebend ist, denn da die Fäulniß oder Verwesung der Stoffe mit Hilfe von Feuchtigkeit und atmosphärischer Luft als eine Art langsamer Verbrennung zu betrachten ist, so wird in mehr oder weniger offenen Räumen, wo sich der Torf bildet, auch die Zersetzung schneller bewirkt und der Torf weniger Kohle und andere nutzbare Stoffe ent= halten, wenn aber im Gegentheil Torfmoore, Moosmoräste und andere Pflanzenkohle enthaltende Tiefmoore sich unter Wasser oder unter einer Rasendecke befinden, und somit dem Einflusse der säuernden Atmosphäre entrückt sind, so werden sie auch im Laufe langer Jahre einen bessern, mehr oder weniger kohlenstoffhaltigen Torf bilden, der in vielen Fällen als ein alter Moor= oder Sumpftorf bezeichnet werden kann.

Was das relative Alter des Torfs betrifft, so bildet sich derselbe noch in der Jetztzeit unter unsern Augen, anderseits aber reicht sein Alter auch in die Jahrtausende, denn man hat in Holland und andern Orten in Torfmooren Münzen, Waffen und Geräthe gefunden, welche 2000 Jahre alt sind, folglich damals schon als Tiefmoore oder Moos= moräste vorhanden sein mußten. Besonders ist Holland, Norddeutsch= land und unser feuchter Norden sehr reich an Torflagern, und da die Wälder von Jahr zu Jahr mehr verschwinden, so wird unbestritten bald eine Zeit kommen, wo unsere reichen Torflager mehr beachtet, und für die Zukunft ein unschätzbares Brennmaterial liefern werden.

Kriegsbilder aus dem Feldzuge von 1814.

Seit der französischen Revolutionszeit ist eine neue Art der Kriegs-
führung ins Leben getreten. Seltener sind jetzt im offenen Felde die
Angriffe in geschlossenen Massen, denn gewöhnlich wird in Tirailleur-
linien gefochten, nur beim Sturm, wo Alles über den Haufen geworfen werden soll, rücken Massen ins Feuer, und hier entscheidet dann
als letzte Instanz die Lieblingswaffe, das von kühnen Männern getra-
gene kräftige Bayonnet! — Von den früheren sogenannten Nothwen-
digkeiten und Bequemlichkeiten des Lebens im Felde, als Winterquartiere,
Zelte, viele Bagage und ein großartiger Verpflegungstrain, ist mit der
alten Zopfzeit jede Spur verschwunden. Ohne Zelte und oft nur mit
einem auf ein paar Tage reichenden Vorrath von Zwieback zieht der
Soldat gegenwärtig leicht und bequem zu Felde und hilft sich, wie
er kann und wie es gerade möglich ist. Winterquartiere wie in den
frühern Zeiten giebt es nicht mehr, das Bivouac ist zu jeder Zeit im
Jahre die eigentliche Heimath des Soldaten im Felde. Wo sich Brenn-
holz, Gesträuche oder etwas Stroh finden läßt, werden in der Eile
kleine Hütten gebaut, die oft nur den Kopf und halben Körper bedecken. Vor einer jeden solchen Hütte brennt ein kleines Feuer, und
hier nun schläft der Soldat bei Kälte und Schnee, bei Regen und
Wind, und sehr oft auch mit leerem Magen; halb erstarrt oder völlig
durchnäßt tritt er dann des Morgens unter die Waffen, um auf den
Marsch oder auch sogleich in ein Gefecht zu gehen, wo ihn oft der

Tod schon erwartet. Findet sich zum Bau der Biveonac-Hütten kein
Material — obwohl dies seltene Fälle sind, da im Nothfalle auch
Dächer und Häuser abgerissen werden, denn Noth kennt kein Gebot, —
nun so behilft sich der Soldat auch ohne seine Bivouac-Hütte, ohne
Stroh und Feuer, er schläft dann auf der gefrornen oder nassen Erde,
man kriecht zusammen und sucht nur die Nacht durchzubringen. An
einen eigentlichen Schlaf ist freilich nicht zu denken, und eine solche
Nacht ist, besonders auf der Retirade, wahrlich schauderhaft; doch kaum
graut der Morgen, so erwärmt ein rascher Marsch die erstarrten Glieder, die nasse Kleidung trocknet auf dem Körper und alles Erduldete
ist vergessen, so wie es auch in der Regel keine nachtheiligen Folgen
hat. Uns verwöhnten Städtern aber würde wohl eine auf diese Art
durchlebte Nacht höchst wahrscheinlich alle Arten Rheumatismus und
eine Unmasse von Erkältungsleiden auf den Hals laden.

Die Art der Kriegführung, wie sie uns die neuere Zeit gebracht
hat, ist nun freilich mit unendlichen Mühseligkeiten verknüpft und tritt
gänzlich aus allen gewohnten Lebensverhältnissen heraus. Hunger und
Kälte, Entbehrungen aller Art und oft Müdigkeit bis zur gänzlichen
Ermattung werden nicht beachtet und bei Sieg und Vorwärtsrücken,
durch hohe moralische Gefühle getragen, auch oft nicht einmal gefühlt.
Menschen und Pferde werden nicht geschont. Märsche und Gegen-
märsche sind weit complicirter wie in den früheren Zeiten. Der Soldat ist in ununterbrochener strategischer Bewegung und in gewaltigen
Zwangsmärschen ohne Ruhe und Rast wird oft das Unglaubliche geleistet. So zerstörend nun dieser ungewöhnliche Zustand der Dinge
aber auch im Ganzen wirkt, weil bei solchen Verhältnissen, selbst wenn
Engel mit Engeln Krieg führen würden, Unordnungen nicht zu vermeiden sind, so ist doch diese rasche Art der Kriegführung, weil sie
schneller zum Frieden führt, für die leidende Menschheit eine wahre
Wohlthat. Alles wird jetzt schneller entschieden wie früher. Dreißig-
jährige und siebenjährige Kriege sind in unsern Zeiten, wo rasche Resultate entscheiden, nicht mehr denkbar.

Es war im Anfange Februar des Jahres 1814. Die verbündeten

Heere rückten in einem großen Halbkreise Paris immer näher. Strah=
lend von Sieg und im Hochgefühle eigener Kraft glaubte der Soldat
an keinen ernsten Widerstand und Frankreichs Hauptstadt war das ge=
wünschte Ziel, wo Alles hinstrebte. Da ermannte sich der Attila jener
Zeit, und zum letzten Male noch lächelte ihm das Glück in leichten,
schnell vorübergehenden Siegen. Wir bewegten uns zerstreut auf einem
großen Bogen, er aber befand sich auf der Sehne, darum wurde es
ihm auch möglich, sich mit vereinter Kraft in großen Gewaltmärschen
von einem Gegner zum andern zu wenden und jeden einzeln zurück=
zudrängen. Er glich in dieser kurzen Periode wahrhaft einem erzürn=
ten Löwen, der die kleinen, zerstreuten Massen mit den Tatzen nieder=
schlug oder vor sich her trieb.

Wir waren im Vorrücken begriffen und standen auf dem Bivouac
unweit des kleinen Städtchens Pont=sur=Seine; Brod war schon seit
mehreren Wochen nicht vorhanden, denn obgleich sich in den Proviant=
fuhren noch auf ein paar Tage Zwieback befand, so blieb dieser doch
für den äußersten Nothfall aufgespart. Wir befanden uns in Feindes=
land, es wurden daher nach Kriegssitte Requisitionen gemacht; der
Soldat nahm Lebensmittel in den nahen Dörfern, ohne sich um das
„Mein“ und „Dein“ zu bekümmern. Oft blieb ihm nur das Wenige,
was die Feinde auf ihrer Retirade zufälligerweise zurückgelassen hatten,
und noch häufiger fand er gar nichts, denn verbrannte und von den
Einwohnern verlassene Dörfer bezeichneten den schauderhaften Weg des
Krieges. In diesen Fällen behalf sich der Soldat so gut es gehen
wollte; gewöhnlich kochte man Weizen in Wasser zu einem dicken Brei
gestampft. Fand sich gelegentlich junger, saurer Wein, so wurde dieser
zum Brei gegossen und als Würze benutzt. Dann wurde die kostbare
Kraftsuppe ohne Salz und Schmalz servirt, und der an solche Lecker=
bissen schon gewöhnte Magen auf 24 Stunden vollgestopft. Auf ein
paar Tage Hunger, wo man sich mit einer Handvoll Zwieback behalf,
kam es übrigens auch nicht an. In einem solchen Zustande befand sich die
Jäger=Brigade, bei welcher ich damals diente, und da in der Nachbar=
schaft schon längst Alles verheert war, so erhielt ich von meinem Obristen

den Befehl mit 50 Mann Soldaten in einigen etwas entfernten Dör=
fern eine Requisition auf Lebensmittel zu machen. Mir wurde ein
französischer Bauer als Wegweiser mitgegeben, die Namen der an einem
kleinen Flusse liegenden Dörfer bezeichnet, und befohlen, mit Vorsicht
zu gehen, besonders aber auf strenge Ordnung zu sehen. In den mir
angewiesenen Dörfern fand ich aber leider weder Einwohner noch Lebens=
mittel und alles verwüstet; doch begegnete ich in einem der letzten
Dörfer einem kleinen Commando Husaren mit einem Offizier, die Hafer
und Heu escortirten. Von ihnen erfuhr ich denn, daß sieben Werste
weiter an dem kleinen Flusse sich noch ein großes Dorf befinde und
vom Feinde keine Spur vorhanden sei, und obgleich dies gegen meine
Instruction war, so entschloß ich mich doch mit aller möglichen Vorsicht
bis zu diesem Dorfe vorzugehen. Unterdessen war es Mitternacht ge=
worden, als wir im Dorfe einrückten, wo sich nicht allein viele Ein=
wohner vorfanden, sondern zuletzt auch der Maire mit seiner dreifar=
bigen Schärpe sich zeigte. Ich stellte einige kleine Piquets aus und
verlangte Lebensmittel. Weizen war hier in Ueberfluß, auch einige
Säcke mit Mehl, etwas Hornvieh, Schafe 2c., aber durchaus kein Brod.
Rasch ließ ich nun alles auf Wagen und Pferde laden, und da schon
der Morgen graute und mir der Unteroffizier vom Piquet rapportirte,
man höre in weiter Ferne jenseits des Flusses unbekannte Trommel=
schläge, so machte ich mich, froh meinen Auftrag beendet zu haben,
schnell auf den Rückweg. Da keiner von uns seit 24 Stunden geschla=
fen, auch das Hornvieh bald ermattete, so gerieth unser Zug alle Augen=
blicke ins Stocken. Ich schlief reitend etwas auf dem Pferde, so gut
man's im Felde gewöhnt ist, wo wohl der Körper hin und her schau=
kelt, aber doch im Halbschlafe Schluß und Balance hält, und so ging
es denn unaufhaltsam vorwärts. Aber wie groß war mein Schrecken,
als ich gegen Abend unser Bivouac leer fand und von den vorbeiziehen=
den Truppen erfuhr, die ganze Division sei auf der großen Straße
nach Paris vorwärts marschirt und müsse in der Gegend von Provins
bivouaquiren. Ich ließ Menschen und Thiere ein paar Stunden aus=
ruhen und nun ging's im raschen Marsche wieder vorwärts. Die nach

Frankreichs Hauptstadt führende Chaussee war mit kleineren Truppen
abtheilungen, Bagage, Fouragieren und aller Art Fuhrwerken bedeckt
Ueberall wimmelte es von Menschen, welche zu ihren Regimentern
eilten. Links und rechts vom Wege erblickte man verbrannte Dörfe
oder einzelne zerstörte Häuser. Am Wege lagen hier und da todte Körpe
von Menschen und Pferden, erste auch oft halb nackt im Chausseegraben

Bei einem schnellen Marsch bleiben häufig kleine Truppenabthei
lungen und besonders viel Bagage und Fuhrwesen zurück, das Ganz
gleicht dann einem aufgerührten Ameisenhaufen, wo sich Alles bun
durcheinander bewegt. Alles lärmt und schreit, Pferde und Menschen
werden angetrieben und jeder fragt nach seinem Armeecorps. Hat e
dies gefunden, was immer nicht schwer fällt, da die Stellung eines
so großen Truppenkörpers allen bekannt ist, — so fragt er nach de
Division und endlich nach dem Regimente, und so findet denn, selbs
bei der größten Verwirrung, in kurzer Zeit ein Jeder seinen Platz
Der gewandte und praktische russische Soldat, der sich in alle Verhält
nisse rasch und entschlossen findet und in allen Ortslagen außerordentlic
schnell orientirt, ist, wo es auf eine schnelle Auffassung, rasches Han
deln und genaue Befolgung der Befehle ankommt, unbezweifelt der best
Soldat der Erde. Da bei meinem Commando Menschen und Thier
erschöpft waren und besonders das Schlachtvieh nur sehr langsam ge
trieben werden konnte, so erreichten wir erst nach Mitternacht unser
Brigade, wobei die den Himmel röthenden Bivouacfeuer als Wegweise
dienten. Wir fanden eine Menge Truppen in der Nähe des Städtchen
Provins, wo die Regimenter auf beiden Seiten der Chaussee bivoua
quirten. Die Freude über die von uns mitgebrachten Lebensmittel wa
sehr groß, Alles kam nun in rasche Bewegung, die Lebensmittel wur
den vertheilt und das Vieh mit größter Eile geschlachtet, gebraten un
gekocht. Der Soldat ist in solchen Fällen außerordentlich rührig un
macht Alles mit einer praktischen Gewandtheit, die oft Erstaunen er
regt. Ich trank noch eine Tasse Thee bei meinem Obristen, und b
schon der Morgen graute, so warf ich mich, angekleidet wie ich war
in meinen Mantel gehüllt am Bivouacfeuer nieder. Der kalte Nordwin

strich über die gefrorene Erde und dennoch schlief ich einen wahren
Todtenschlaf. Doch kaum hatte ich ein paar Stunden ausgeruht, so
wurde ich durch ein großes Getümmel geweckt, fand Alles in Bewegung
und erfuhr, daß wir Ordre zum schleunigen Rückzuge erhalten hatten.
Graf Pahlen, der unsere Avantgarde commandirte, sei bei Mormant
von einer gewaltigen Uebermacht überfallen, mehrere Infanterie = Regi =
menter größtentheils zerstreut und der Graf Wittgenstein beinahe ge =
fangen genommen worden. Kaum war diese Nachricht bei uns angelangt,
so sahen wir auch schon auf der Chaussee eine bunte Marschbewegung:
Infanterie und Bagage, Cavallerie und Kosaken, alles durcheinander
in größter Eile uns vorbeiziehen. Aber auch bei uns, die wir an keine
rückgängige Bewegung dachten, sondern nur von Paris träumten, war
die Verwirrung grenzenlos. Wer sich satt gegessen hatte, war glücklich
zu nennen, der größte Theil blieb hungrig. Die halbgahre Suppe
wurde entweder verschluckt, so gut es gehen wollte, oder in die Feld =
flaschen gegossen, das halbgekochte oder rohe Fleisch auf den Ranzen
gebunden, und zuletzt noch, wie dies beim Abmarsche gewöhnlich ge =
schieht, auch die Bivouac = Hütten angezündet. Alles dies war das
Werk einiger Minuten, und da wir bestimmt waren den Rückzug zu
decken, so formirten wir Bataillons = Colonnen, die sich auf beiden
Seiten der Chaussee in einer Linie aufstellten, während etwas Artillerie
die Zwischenräume besetzte. Nachdem wir so Front gegen den Feind
gemacht, warteten wir der Dinge, die da kommen würden. Eine
Todtenstille herrschte in den Reihen, und drohend blitzten in der Mor =
gensonne die zusammengedrängten Bayonnete der Bataillons = Colonnen.
Endlich, nachdem aller Train und die letzten Truppen uns vorbei defi =
lirt waren, machten auch wir Kehrt und traten den Rückzug an; doch
kaum hatten wir bis 5 Werste zurückgelegt, so zeigten sich einige feind =
liche Schwadronen. Wir formirten in der Eile Quarré und erwarteten
den Angriff, doch da sie zu schwach waren, um etwas zu unternehmen,
und wir ihnen aus unsern Haubitzen einige Granaten zusandten, zogen
sie sich zurück und wir setzten ungestört unsern Rückzug fort. Der Marsch
in geschlossenen Colonnen und in Schlachtordnung, quer über die auf =

gethauten Felder, war aber sehr beschwerlich, da die Soldaten bis zum
Knöchel im Kothe wateten, aber dennoch erreichten wir, bis zur Erschöpfung ermüdet, gegen Abend Nogent=sur=Seine, wo sofort die Brücke
abgebrochen wurde und wir am linken Ufer der Seine die Bivouacs
bezogen. Lebensmittel und sogar Wein fanden wir hier in Ueberfluß,
und während Artillerie und Schützen den Uferrand der Seine besetzten,
wurde bei uns gekocht und gebraten nach Herzenslust, ohne daß dadurch
aber die trübe Stimmung verscheucht wurde, welche durch unsere Unfälle
hervorgerufen war. Am linken Ufer der Seine lagen eine Menge mit
Holzkohlen beladener Schiffe, welche für Paris bestimmt waren. Damit nun die Feinde diese nicht zum Bau einer Brücke benutzen möchten,
wurden sie von uns angezündet. Es war ein majestätischer Anblick,
als diese ungeheuren Kohlenmassen sich nach und nach entzündeten, und
nun vom Ufer abgestoßen, in stockfinsterer Nacht als hochroth glühende
Feuerklumpen den Strom hinuntertrieben, sich langsam in dessen Krümmungen als feurige Meteore fortbewegten, und noch in weiter Ferne
den Himmel rötheten. Unsere Soldaten ergötzten sich an dieser furchtbar schönen Illumination in stiller Betrachtung; doch lange sollte die
Freude nicht dauern. Nach Mitternacht erhielten wir wieder Befehl
zum Rückzuge, und in aller Stille brachen wir auf und marschirten in
die finstere Nacht hinein, ohne zu wissen wohin. Nachdem wir mehrere
Tage hin= und hergezogen und mit Entbehrungen aller Art gekämpft
hatten, erreichten wir endlich den 9. Februar beim Städtchen Mery
eine unabsehbare große Ebene, wo wir, außer vielen andern Truppen,
auch Preußen, unsere braven Waffengefährten, antrafen. Die ganze
Umgegend war von den vielen Hin= und Herzügen bereits völlig verwüstet, auch befanden sich in unserer Nähe keine Dörfer. An Holz
und Stroh zum Bivouac war daher nicht zu denken, die Kälte mochte
5 Grad betragen und ein rauher Wind blies über die große Ebene.
Lebensmittel waren nicht vorhanden und selbst an Trinkwasser für Menschen und Thiere mangelte es. Jeder warf sich, in seinen Mantel gehüllt, das Sattelkissen unter dem Kopf, auf die hartgefrorene Erde,
um sich ein paar Stunden, so gut es gehen wollte, einem taumelartigen

Schlummer hinzugeben. Doch lange war es so nicht auszuhalten, — vom Froste gerüttelt, sprangen Viele von ihrem harten Lager empor, um durch einen raschen Kreislauf im Lager die halberfrorenen Glieder etwas zu erwärmen und um dann auf ein halbes Stündchen wieder in einen Halbschlaf versinken zu können. In weiter Ferne brannten mehrere Dörfer und unwillkürlich drängte sich der Wunsch auf, in der Nähe dieses Feuers zu sein, um sich doch etwas erwärmen zu können. Es war eine wahrhaft schauderhafte Nacht, die wohl jedem der alten Waffengefährten noch in Erinnerung geblieben ist, und die, weil wir uns auf der Retirade befanden, von Jedem doppelt gefühlt wurde. Unsere mehr abgehärteten Soldaten krochen haufenweise zusammen um sich zu erwärmen und litten weniger, wie wir Offiziere, denn auch im Ertragen von Kälte und Hitze und aller Art Entbehrungen ist der russische Soldat unübertrefflich. Noch graute nicht der Morgen, so erscholl schon der Feldmarsch mit seinen einzelnen Trommelschlägen und der Zug begann aufs Neue. Wir Offiziere schliefen auf den Pferden und nickten rechts und links, die Soldaten aber im Marsche. Es ist merkwürdig zu sehen, wie der Soldat in diesem Schlaftaumel mit halb geschlossenen Augen immer im Zickzack marschirt. An eine Regelmäßigkeit in der Marschordnung ist freilich dabei nicht zu denken, und fällt einer, welches sich oft ereignet, so stürzen andere dutzendweise über ihn hin; das Geklirre der Waffen und alle Arten militairischer Kern- und Kraftrufe beleben dann die Stille dieser Nachtmärsche.

Ununterbrochen dauerte der Marsch noch viele Tage, und nicht allein wir, sondern auch alle unsere Verbündeten waren zurückgedrängt worden. Alles entfernte sich wieder von Frankreichs Hauptstadt, und wo der Rückzug enden würde, blieb Jedem ein Räthsel, darum sehnte sich auch Alles nach einer Schlacht. Freilich murrt unser Soldat niemals, denn felsenfest steht bei ihm das Vertrauen auf seine Führer, aber er fühlt bei allen seinen Retiraden ein moralisches Unbehagen, welches sich in allen seinen Zügen ausspricht. In den Truppenbewegungen liegt eine Art stiller Ermattung und selbst das Offiziercorps ist weniger gesprächig wie gewöhnlich. Dies sind nun so die wahren Leiden

des Soldaten und lange vergißt er nicht die trüben Tage der Unfälle
und Rückmärsche; doch im Felde wechseln die Verhältnisse außerordent=
lich schnell, es bedarf nur eines Sieges — einer gut berechneten Com=
bination des Feldherrn, oder der Benutzung eines unvorhergesehenen
Zufalls und alle Leiden des Soldaten sind verschwunden.

Bis Bar=sur=Aube dauerte der Rückzug, doch hier änderte sich
Alles. In einem blutigen Treffen schlugen wir die Feinde am 15. Fe=
bruar, warfen sie über die Aube in rascher Verfolgung bis Troyes,
welche Stadt von uns mit Sturm genommen wurde, und Alles ging
nun wieder vorwärts. Viele waren aus unseren Reihen verschwunden
und in das Land des Friedens hinübergegangen, doch Alles war froh
und heiter. Rasch zogen wir durch Troyes und bezogen jenseits der
Stadt in den Weinbergen die Bivouacs. Unterdessen war es Abend
geworden und der Himmel mit dunkeln Wolken bedeckt, unsere Caval=
lerie und reitende Artillerie verfolgten die retirirenden feindlichen Co=
lonnen und warfen Leuchtkugeln über sie hin, welche den ganzen Raum
erhellten, worauf dann sofort eine Salve von Kanonenkugeln und Gra=
naten folgte. Bei uns auf dem Bivouac war Alles in lebhafter Be=
wegung, an Lebensmitteln war wie gewöhnlich wieder Mangel, doch
jungen sauren Wein gab es im Ueberfluß. Daher kochten und stampf=
ten die Soldaten ihren Weizenbrei in französischen Küraffen, die man
von dem nahen Felde, wo eine Cavallerie=Attaque stattgefunden hatte,
zusammensammelte. Nach einigen Stunden Ruhe weckte uns der Trom=
melschlag und wir gingen wieder auf den Marsch.

Vor Bar=sur=Aube war nun eigentlich der Culminationspunkt, wo
der große Rückmarsch endete und durch eine Reihe von Erfolgen das
moralische Gefühl unserer Soldaten gestärkt wurde, aber dennoch trat
später ein Schwanken in den Kriegsverhältnissen wieder hervor; wir
blieben lange ohne entscheidende Resultate in strategischer Bewegung,
und Entbehrungen aller Art waren unsere ewigen Begleiter; endlich
aber concentrirte sich die Armee den 7. März bei Arcis=sur=Aube und
mit Sehnsucht sahen wir der längst gewünschten Schlacht entgegen.
Allen klopfte das Herz vor Freude, denn wir waren der ewigen Hin=

und Heermärsche herzlich satt und jeder trug die Ueberzeugung des Sie=
ges in sich. Die Feinde hatten unter der persönlichen Anführung ihres
Kaisers das rechte höhere Ufer der Aube stark mit Artillerie, die Stadt
Arcis aber mit Infanterie besetzt. Wir formirten auf dem linken Ufer
eine große Linie in Schlachtordnung. Vor uns die Stadt mit einem
von Gartenmauern und Hecken umgebenen Terrain, zwischen welchen
überall feindliche Bayonnete uns entgegen blinkten. Bis Mittag stan=
den wir in erwartungsvoller Stille, da erschollen Signalschüsse und in
langsamem Schritt wälzte sich die ganze Linie der Colonnen vorwärts.
Kaum erreichten wir die Kanonenschußweite, so ertönte ein Donner,
daß die Erde erbebte, und die große am rechten Stromufer aufgepflanzte
feindliche Batterie überschüttete uns mit Kugeln, welche sausend durch
die Lüfte schwirrten und um und neben uns blutige Spuren zurück=
ließen. Die meisten dieser Kugeln ricochettirten über uns weg; wo
jedoch ein solcher Todesbote durch eine Colonne fuhr, machte er in der
dichtgedrängten Menschenmasse eine offene Gasse. Alle Köpfe beugten
sich und Alles fuhr auseinander, doch nur einen Augenblick bebten die
muthigen Männerherzen, denn es ging ja vorwärts. Das donnernde
Commandowort ertönte, schnell schlossen sich wieder die auseinander=
gesprengten Glieder und rasch ging's vorwärts, während ein Haufen
todter und verwundeter Menschen die Erde bedeckte und als ein blu=
tiger Schweif hinter der Colonne zurückblieb. Da endlich ertönte der
Sturmmarsch und mit gefälltem Bayonnet ging's nun auf Arcis los.
Indem wir uns aber den Gärten der Vorstadt näherten, wurden wir
von der feindlichen Infanterie mit einem Kugelregen überschüttet, der
bedeutende Lücken in unsere Reihen riß. Da aber waren unsere Sol=
daten, die schon lange vor Begierde brannten, mit dem Bayonnet zu
arbeiten, durch kein Commandowort der Offiziere mehr zu halten, mit
einem donnernden Hurrah wurden im vollen Rennen Mauern und Hecken
überstiegen und Alles niedergestoßen, was sich widersetzte. In einer
Viertelstunde war die Vorstadt genommen und rasch ging's in die Stadt
hinein. Hier fanden wir jedoch noch feindliche Tirailleurs, welche uns
sogar aus den Fenstern der Häuser mit Kugeln begrüßten, doch auch

diese wurden bald vertrieben. Eine russische Batterie beschoß die große Straße, auf welcher die Feinde über die Brücke retirirten, mit Kartätschen, während unsere Tirailleurs in den Häusern aufräumten. Alles, was sich hier nicht ergeben wollte, wurde entweder niedergestoßen oder durch einen Luftsprung vom zweiten oder dritten Stockwerke auf die Straße herab transportirt. Es war ein ganz eigenthümliches Getöse, dies Schießen, Gepolter und Waffengeklirre in den Straßen und Häusern, von allen Seiten pfiffen Kugeln, von denen man oft nicht wußte, von wo sie kamen. Wir Offiziere hatten strengen Befehl darauf zu sehen, daß die Einwohner so viel wie möglich geschont werden möchten. Es überschreitet aber die Grenzen der Möglichkeit, in einer mit Sturm genommenen Stadt Unordnungen zu vermeiden. Gegen Abend waren die Feinde, verfolgt von der Cavallerie, in voller Retirade, und wir bezogen die Bivouacs in der Nähe der Stadt. Wir fanden hier Alles, was der Soldat im Felde braucht: Lebensmittel und Holz zum Bivouacs-Feuer, nur an Stroh mangelte es, auch fehlten uns viele unserer Waffenbrüder, die schlafen gegangen waren. Ihrer wurde in Frieden gedacht und damit war es denn auch beendet. Wir hatten ja gesiegt und es ging nun wieder vorw. ß, daher war auch Alles voller Freude und froh und heiter legte sich jeder auf die harte Erde, um von der schweren Tagesarbeit auszuruhen. Nach einiger Rast marschirten wir bis zum 12. März hinter dem Feinde her, und bezogen endlich spät abends in der Gegend von Vitry die Bivouacs. Unser Erstaunen kannte keine Grenzen, als wir hier eine unabsehbare Masse aller Truppenarten vorfanden und zugleich erfuhren, daß der französische Kaiser mit seiner Armee zurück nach dem Rhein ziehe, wir aber wahrscheinlich vorwärts nach Paris marschiren würden. Noch vor Tagesanbruch gingen wir auf den Marsch, und ob uns gleich Alles ein Räthsel schien, so stieg doch die Freude bis zur Begeisterung, als wir bei Tagesanbruch überall Truppen unserer Alliirten begegneten, die sich uns anschlossen, und wir nun die Ueberzeugung erhielten, daß es vorwärts nach Paris gehe. Schon gegen 10 Uhr Morgens hörten wir vor uns Kanonendonner, und erfuhren, daß ein feindliches Corps von 30,000 Mann bestimmt

sei Paris zu decken, von unserer Avantgarde aber gedrängt, sich zurück-
ziehe. Nach und nach wurde die Kanonade stärker und gegen Mittag
näherten wir uns der unabsehbaren Ebene bei Fère-Champenoise; hier
nun bot sich unsern Augen ein Schauspiel mit einem so schönen Ueber-
blicke dar, wie dies im Kriege nur selten der Fall ist. Die große
Ebene mit kleinen hügeligen Anhöhen begünstigte die herrlichste Fernsicht und wir sahen links und rechts eine unabsehbare Linie von In-
fanterie-Colonnen der großen Armee. Es war ein herrlicher Frühlingstag und so weit das Auge reichen konnte, nichts als zusammengedrängte Menschenmassen, welche sich langsam vorwärts wälzten und
deren Waffen im Strahle der Sonne blitzten, während im Vordergrunde das Geschmetter der Trompeten erschallte. Gewehr im Arm
marschirte der Soldat voller Jubel und Freude in ungezwungenen
Schritten. Viele Regimenter hatten ihre Sänger voraus und es ertönten wieder die heitern Lieder des fernen Vaterlandes. Hin und
wieder bewegten sich vor den Colonnen Haufen glänzender Reiter, die
Suite der gekrönten Feldherren oder der einzelnen Heerführer. Die
Offiziere ritten vor ihren Regimentern, unterhielten sich von Paris und
Freude belebte alle Gesichter. In der Entfernung von einigen Werften
vor unserer Linie sprengten gewaltige Massen von Cavallerie und reitender Artillerie hin und her, um Angriffe zu formiren, Trompetentöne
schallten zu uns herüber und im Strahle der Sonne flimmerten Waffen
und Helme. Endlich sahen wir in weiter Ferne die feindlichen Colonnen, welche, in Quarrés formirt, mit größter Eile retirirten, die aber
von unserer Cavallerie eingeholt und einzeln zusammengehauen wurden.
Es war ein imposantes Kriegsbild, diese Attaquen so ruhig und ohne
alle Gefahr mit ansehen zu können. Die Infanterie that keinen Schuß,
sondern marschirte ganz gemüthlich hinter der Cavallerie und Artillerie
her, welche hier allein Alles entschied. Es schien als wenn die Infanterie nur zu einem großen Schauspiele eingeladen war. Hier nur Ge-
sänge und frohe Hurrahs und vorn Kanonendonner und Waffengeklirre.
Wir sahen in der Ferne, wie unsere Artillerie mit ihrer weltbekannten
raschen Gewandtheit in Kanonenschußweite gegen ein feindliches Quarré

vorfuhr, abprotzte und es mit Kugeln und Kartätschen beschoß, während Cavallerie heransprengte, um einzuhauen; doch kaum näherte sich diese auf Schußweite, so bedeckte sich das feindliche Quarré mit einer Rauchwolke, wir hörten das Krachen des Kleingewehrfeuers, sahen das Blinken der Säbel und — Alles war beendet! Die feindliche Colonne war vernichtet, und Haufen von Menschen bedeckten todt oder verwundet die Erde, was noch am Leben geblieben und nicht stark verwundet war, wurde gefangen von der Cavallerie zurückgebracht, welche wir mit einem freudigen Hurrah begrüßten. Alle Augenblicke wurden eroberte Kanonen vorbeigeführt und überall lagen weggeworfene Waffen, Bagage, todte Menschen und Pferde auf den Feldern umher. Gegen Abend näherten wir uns im Vorbeimarschiren einer Stelle, wo ein feindliches Quarré von unserer Cavallerie gesprengt und zusammengehauen worden war. Was ich hier gesehen habe, war so grausig, daß ich in der Sprache keine Farbe finde, um dies gräßliche Bild zu zeichnen. Einige hundert todte und verwundete Menschen lagen hier und alle mit Blut bedeckt — unter und über einander auf der Erde. Die meisten dieser Unglücklichen waren durch Säbelhiebe am Kopfe verwundet, und daher die Gesichtszüge durch Blut und klaffende Wunden auf das gräßlichste entstellt. Viele von ihnen befanden sich in einer sitzenden Stellung, einige jammerten, andere schimpften uns, die meisten aber flehten um Wasser zum Trinken (à boire). Wir trösteten sie, so gut es gehen wollte, daß bald Hülfe kommen würde, und theilten ihnen Wasser aus unseren Feldflaschen mit, so viel in der Eile bei unseren in solchen Fällen gutmüthigen Soldaten gefunden werden konnte. — Spät abends bezogen wir in der Nähe von Fère Champenoise die Bivouacs. Von Ermüdung erschöpft und voll der wunderbaren Eindrücke des merkwürdigen Tages legte sich Alles bald zur Ruhe, doch viele von uns floh der Schlaf. Die furchtbare Erscheinung des durch Kartätschen und Säbelhiebe gesprengten Quarrés stand in ihrer Gräßlichkeit immer wieder vor den Blicken. — Tiefes Bedauern über die armen verwundeten Menschen, die nun nicht mehr unsere Feinde waren, und der Gedanke, daß auch uns als Soldaten vielleicht einst ein ähnliches

Schicksal beschieden sein könne, verscheuchte unwillkürlich den Schlaf. Da wir Jäger zur Avantgarde gehörten, so ging's noch vor Tages= anbruch auf den Marsch. In weiter Ferne vor uns hörten wir wohl Kanonendonner, doch sahen wir nichts vom Feinde.

Es waren die schönsten Frühlingstage, wo das Auge hinsah, marschirten Colonnen der großen Armee verschiedener mit uns alliirter Nationen. Trommelwirbel und Trompetenklänge ertönten aus der Ferne und im Strahle der Frühlingssonne blitzten überall die Waffen. Die Gegend, welche wir in größter Eile durchzogen, war höchst reizend und noch nicht von den Gräueln des Krieges verheert, daher war an Lebensmitteln auch kein Mangel, aber mehr als dies Alles beglückte den Soldaten das innere Hochgefühl des Sieges und das Gefühl der Kraft, welches Alle belebte. Keiner fühlte die Beschwerde der Gewalt= märsche bei der wenigen Ruhe, welche uns vergönnt wurde. Man ließ sich kaum Zeit zum Essen und Trinken, und obgleich gewöhnlich nur ein Paar Stunden geruht wurde, so waren doch alle unermüdet; Marode und Kranke waren große Seltenheiten. So erreichten wir dennoch nach einigen Tagen die Gegend von Meaux, wo wir zwischen Weinbergen die Bivouacs bezogen, während die Stadt noch von den Feinden besetzt war. Hier erlebten wir eine merkwürdige Nacht, die allen alten Waffengefährten wohl noch in frischer Erinnerung geblieben ist. Es war Mitternacht, Wein war im Ueberfluß vorhanden, und um die Bivouac=Feuer zu unterhalten, waren Millionen hölzerner Stäbe, an welche die Reben gebunden werden, von den nahen Feldern zum Bivouac geschleppt worden. Vor uns in der Ferne standen die Feldwachen, und vor der Fronte eines jeden Regiments waren die Ge= wehre in Pyramiden aufgestellt, die Reit= und Packpferde aber hinter den Bivouac=Hütten angebunden. Von dem starken Marsche bis zum Umfallen ermüdet, schliefen alle einen Riesenschlaf, da ertönte plötzlich ein furchtbares donnerartiges Getöse. Rasch aus dem Schlafe aufge= schreckt, fuhren wir auf und es schien, als wenn die Erde mit grausen= haftem Krachen unter uns erbebte, während eine wunderbare Helle von einigen Secunden die finstere Nacht in hellen Tag umwandelte. Die

ganze Armee sprang wie vom Blitz getroffen von ihrem Lager empor.
Durch das furchtbarste Getümmel, welches sich nun von allen Seiten
erhob, ertönte das donnernde Commandowort „Zu den Waffen". Die
vom Gepolter und Lärmen aufgeschreckten Pferde rissen sich los und
liefen wiehernd hin und her. Die in Pyramiden gestellten Gewehre
stürzten nieder und Alles lief voller Schrecken bunt durcheinander.
Mehrere unserer Offiziere, welche durch den schauderhaften Donner aus
dem Schlafe aufgeschreckt waren und nun überall Geschrei und Getümmel hörten, glaubten im ersten Augenblick, daß feindliche Artillerie das
Lager beschieße und Cavallerie uns überfallen habe. Doch keine fünf
Minuten dauerte es und die ganze Armee stand halb angekleidet in
festen Colonnen unter den Waffen. Auf den furchtbaren Lärm erfolgte
nun eine lautlose Todtenstille, keiner wagte im Anfange zu sprechen,
denn alle waren voller Erstaunen und ängstlicher Erwartung der Dinge,
die da kommen würden. Die Nacht war, wie in allen südlichen
Gegenden, ziemlich dunkel und wurde nur durch die Bivonac-Feuer
erleuchtet; Alles erwartete einen feindlichen Angriff. — Endlich fing
man an leise zu flüstern, da aber nach einigen Minuten nichts erfolgte,
so wurde man dreister, die Offiziere traten aus Reihe und Glied und
sammelten sich vor der Fronte, um sich gegenseitig zu befragen, was
wohl die wunderbare Erscheinung zu bedeuten haben möge. Einige
meinten, die Franzosen hätten die Brücke bei Meaux in die Luft gesprengt, andere vermutheten das Springen einer Mine in der Nähe
des Lagers. Wachthabende Soldaten erzählten: es sei plötzlich Tag
geworden und in der Gegend von Meaux habe sich der Himmel geöffnet, aus dem Feuer geregnet, nach ein paar Secunden aber ein
furchtbarer Donner erfolgt. Nach einer erwartungsvollen Viertelstunde
kamen endlich Adjutanten gesprengt, brachten den Befehl, sich wieder
zur Ruhe zu legen, und meldeten, daß die Feinde bei Meaux ein
großes Pulvermagazin in die Luft gesprengt hätten. Da aber die
meisten von uns durch den so unerwarteten Schrecken im höchsten Grade
aufgeregt waren, so verplauderten wir den Rest der Nacht ohne Schlaf.
Da wir mit zur Avantgarde gehörten, so ging's bei Tagesanbruch wieder

auf den Marsch nach Meaux. Wir fanden in der Stadt keine Feinde
mehr, wohl aber alle Straßen voller Schutt und Trümmer von ein=
gestürzten Schornsteinen. Ohne uns aber im geringsten aufzuhalten,
zogen wir rasch vorwärts auf dem großen Wege nach Frankreichs
Hauptstadt.

Das große Drama näherte sich seinem Ende. Nach einigen Ge=
waltmärschen standen wir siegreich bekränzt auf den Anhöhen von Belle=
ville und von Montmartre, und vor unsern Füßen lag Paris und —
der Weltfriede!

Einige vierzig Jahre sind seitdem verflossen, aber jeder von uns
alten Kriegern jener vielbewegten Zeit denkt noch mit Entzücken an
diese herrliche Periode des Ruhmes und der Ehre unserer Waffen,
und unwillkürlich regt sich, vom Hochgefühle jener Zeit getragen, das
alte Soldatenherz.

Flüchtige Reiseskizzen aus Deutschland.

Wir verließen Rußland mit dem Dampfer am 4. (16.) Mai.
Die Natur fing eben erst an, das späte winterliche Kleid abzulegen;
sie war kaum erwacht vom langen Winterschlafe und rieb sich noch
kalt und mürrisch die Augen. Hier und da zeigten sich kleine Spuren
von Grün. Unsere nordische Birke schien Neigung zu haben, ihre
Knospen zu entwickeln und in der kalten Seeluft war der warme Pelz
noch immer ein alter liebevoller Freund, von dem man sich ungern
trennte. Drei Tage später erwachten wir bei Lübeck auf der Trave
wo unser Dampfer, um den Tag zu erwarten, den Abend vorher ge-
ankert, und hier mitten im Flusse war es, wo eine Art lieblicher
Zauberei uns überraschte. Wir traten aufs Verdeck und blieben vor
Erstaunen eine Zeit lang sprachlos, denn wir befanden uns mit einem
Male mitten im Frühlinge. Es war ein warmer und schöner Morgen,
die ganze Natur war völlig entwickelt, überall Blätter und Blüthen!
Freundliche Landhäuser schimmerten aus dem Gebüsche und Blüthen-
schnee der Obstbäume hervor, die flötenden Töne der Nachtigallen
schallten zu uns herüber und an den Ufern der Trave weideten fette
holsteinische Kühe im üppigen Grase.

L e ck. Eine Stadt mit vielen sehr alten Häusern und treppen-
artigen Giebeln, Ueberresten der früheren glanzvollen Jahrhunderte
dieser ehemaligen Hauptstadt des hanseatischen Bundes. Viele alter-

thümliche Erinnerungen vermischten sich mit modernen Verschönerungen; Lübeck hat ein herrliches Steinpflaster und rings um die Stadt sind die ehemaligen Wälle in reizende Promenaden umgewandelt. Merkwürdig ist die herrliche Marienkirche mit ihren inneren alterthümlichen Formen; das alte Rathhaus und jenes Gebäude, wo vor Jahrhunderten der Hansabund seine Sitzungen hielt, von wo er seine siegreichen Flotten zum Beherrschen der Ostsee absendete und Dänemark und Schweden den Krieg erklärte — und was ist Lübeck jetzt? — Sic transit gloria mundi! Friedliche Ruhe, geschäftiges Stillleben mit noch viel altdeutscher Sitte und gemüthliche Geselligkeit der guten alten Zeit ist in Lübeck nicht zu verkennen. Der Handel soll, wie ein Lübecker Kaufmann versicherte, noch mehr Solidität und deutsche Rechtlichkeit in sich tragen, als anderswo; doch haben sich, durch die Zeitverhältnisse begünstigt, schon viele von Abrahams Samen in Stadt und Handel hineingeschmuggelt und da wird denn auch der Schwindel bald nachfolgen. An der Trave herrscht freilich noch immer ein ziemlich bewegtes Leben, und besonders sind die Flaggen der Ostsee stark vertreten, doch hat der ehemalige Großhandel sehr abgenommen, weil Stettin, Rostock, Kiel und andere Städte der Ostsee bedeutende Concurrenz machen. Im Volksleben ist noch weit mehr Einfachheit, weniger Luxus und Vergnügungssucht, als in dem reichen und glänzenden Hamburg. Dralle und flinke Dienstmädchen mit bloßen Armen, einfachen wollenen Röcken und hölzernen Pantoffeln, laufen klapp, klapp, geschäftig hin und her; man sieht es ihnen an, daß sie noch häuslich arbeitsam und weniger von dem modernen Wesen der Großstädte angesteckt sind.

Hamburg, als ein prächtiger Phönix aus dem großen Brande wieder auferstanden, ist eine Stadt mit zwei durchaus ganz verschiedenen Physiognomien, von denen die eine wahrhaft großartig, modern und unvergleichlich schön ist, die andere aber alt, unsauber und häßlich erscheint, beide daher redende Bilder, würdige Repräsentanten der einfachen und finsteren frühern Jahrhunderte und des jetzigen glänzenden, schimmernden und blendenden Zeitalters. Das innere Alster-Bassin —

ein gewissermaßen mitten in der Stadt liegender, durch einen kleinen
Fluß gebildeter Landsee — von drei Seiten umgeben mit modernen Prachtgebäuden, herrlichen Promenaden und lieblichen Gärten,
bekannt unter dem Namen „Jungfernstieg", bildet mit der ganzen umliegenden Gegend den schönsten Theil der Stadt und gewährt dem Beschauer einen imposanten Anblick, der wohl auf eine entfernte Aehnlichkeit mit Genève am Genfersee deuten könnte, aber mit keiner andern Stadt in Deutschland zu vergleichen ist. Rings um diesen innern
See, auf dem sich immerwährend reizende Gondeln und zahme Schwäne
hin- und herwiegen, zieht sich der alte und neue Jungfernstieg mit
schönen Alleen, vortrefflichen Trottoirs und einem Straßenpflaster von
behauenen, mosaikartig gelegten Steinen hin. Hier befinden sich auch
viele Kaffeehäuser, elegante Handels-Magazine und eine Menge großartiger Hotels für Reisende, unter denen das vortreffliche „Hotel zum
Kronprinzen" des freundlichen Herrn Grube wohl jedem Reisenden zu
empfehlen ist und auch immer viele Landsleute aus den Ostsee-Gouvernements beherbergt. Aber nicht allein die Gegend des Jungfern-
stieges, sondern auch alle in dieser Richtung liegenden Straßen, die
ganze, einst dem furchtbaren Brande verfallene Umgegend ist mit großer
Eleganz und geschmackvoller Architektur wieder aufgebaut worden.

Schweift nun der Blick vom Jungfernstiege aus über das reizende
Bild des innern Alster-Bassins hinaus, so erscheint die Alster als ein
zweiter weit größerer Landsee, dessen Ufer bis in weite Ferne mit
lieblichen Gärten und geschmackvollen Landhäusern bedeckt sind. Besonders gut nimmt sich die Alster aus an schönen Sommerabenden,
wenn alle Ufer ringsum mit Gaslampen beleuchtet sind und kleine
Gondeln mit flatternden Segeln und farbigen Lampen die Alster beleben, oder bengalische Feuer die Fluthen erleuchten. Man hat dann
vom Jungfernstiege, oder aus den Fenstern des Hotels ein reizendes
Schaubild, welches entfernt an die Lagunenstadt Venedig erinnert, und
immer wimmelt es dann in den schönen Lindenalleen des Jungfern-
stieges von frohen Menschen aller Stände. Rings um die Stadt sind
die ehemaligen Wälle und Bastionen in geschmackvolle Parkanlagen,

Promenaden und Blumenbeete umgewandelt: Rosen, Tulpen und Lilien
wetteifern in mannigfaltigen schönen Farben und Erben wie goldener
Regen hängen in zierlichen Guirlanden über Mauern und Gebüsche
herab, so daß im Frühlinge und Vorsommer die ganze Stadt bis zur
Elbe mit einem duftenden Blumenkranze umgeben ist. Mögen nun
die Herren Hamburger auch, wie man sagt, das Geld etwas stark lie=
ben — eine Liebhaberei, die übrigens allgemein geworden ist — so
muß man es ihnen doch lassen, daß sie für Blumen, Gartenanlagen
und alle schönen ästhetischen Formen der Natur und Kunst außerordent=
lich viel Sinn haben. So findet man unter anderem in dieser Han=
delsstadt einen so herrlichen botanischen Garten, wie man ihn in mancher
Universitätstadt vergeblich suchen würde. Besonders schön sind die Vor=
städte Hamburgs. Unzählige Landhäuser, von Alleen und Gärten um=
geben, eines immer schöner als das andere, fangen schon vor den
Thoren an und ziehen sich in allen Richtungen bis in weite Ferne,
sogar jenseits des nahen Altona's hin. Hier findet man eine wahre
Musterkarte aller Architekturen, reizende Villas in allen nur erdenk=
lichen Formen, im gothischen und Rundbogenstyl, mit Thürmen und
Thürmchen altdeutscher oder normannischer Abkunft, römische Tempel,
türkische Kiosks, ländliche Schweizerhäuschen u. s. w. Aber alle diese
architektonischen Nymphen, welche keck und liebenswürdig aus dem
schattigen Gebüsch hervorschimmern, sind so zierlich und graziös gebaut,
daß man nicht weiß, welcher von ihnen man den Vorzug geben soll.
Hier in diesen Landhäusern pflegt im Sommer der reiche Hamburger
Handelsherr seines Leibes in Sammt und Seide, ruht an den Sonn=
und Festtagen und am Abende der Werkeltage von seiner thätigen und
rastlosen Arbeit aus und repräsentirt hier den Geldaristokraten mit Anstand
und Würde. Auch soll er dort — wie uns gebildete Hamburger selbst
erzählen — dem geselligen Leben zugänglicher sein als in der Stadt, wo
überhaupt, oft sogar in Familienkreisen, ein steifer, abgeschlossener und
ceremoniöser Ton herrschen soll, indem das Streben nach Geld — immer
nur Geld und recht viel Geld — unaufhörliche Thätigkeit erfordert und
viele Freuden des Herzens und gemüthlichen Zusammenlebens absorbirt.

Man lebt im Hinblick auf die leichte Communication und den
bedeutenden Geschäftsverkehr gewissermaßen schon ganz nahe bei Nord=
amerika; daher reist denn auch der Eine oder der Andere sehr oft nach
diesem Welttheile, und bei der zufälligen Nachfrage nach einem Solchen
heißt es ganz einfach und leichthin: „er ist hinübergegangen, wird aber
bald wiederkommen." Aus dieser Sachlage zu schließen, mag denn auch
wohl so ein klein Stück amerikanisches Leben mit Hochachtungsbegriffen
für Geld und Geldaristokratie mit herübergewandert und in Hamburg
eingeschmuggelt worden sein.

Wandern wir nun von diesem wahrhaft reizenden Hamburg zu
dem außerordentlich unschönen, häßlichen, alten und unsaubern Theile
der Stadt. Gehen wir zum Sandthore hin, zu den Vorsetzen, zu den
engen und krummen Gassen mit alterthümlichen Häusern und treppen=
artigen Giebeln, die alle vom großen Brande verschont geblieben sind;
treten wir in die engen und schmutzigen Gänge ohne Ausgang, wo
es von Menschen der ärmsten Classe wimmelt und allerlei Trödelkram
vor Thüren und Fenstern hängt; besuchen wir die Gegenden zum alten
Wandrahm hin, wo uns Alles an die unschöne Architektur der früheren
Jahrhunderte erinnert, und endlich noch die vielen schmutzigen Canäle
dieses Stadttheils, welche träge und langsam zur Elbe abfließen. Diese
unschönen Wasserrinnen befinden sich aber nicht in der Mitte der Straßen,
sondern auf den Hinterseiten der Häuser, — sind daher für das Ge=
schäftsleben sehr bequem, ohne den Straßenverkehr zu stören. Da sich
viele Fabriken, Färbereien, Waarenspeicher nebst Holz= und Torfnieder=
lagen an diesen Hinterseiten befinden, so ist es von großem Vortheil,
daß Alles durch große Böte, welche in dem Schlamme hin= und her=
fahren, bequem transportirt werden kann; zugleich aber dienen diese
Canäle auch als Abzugsrinnen für allen nur denklichen Schmutz und
Unrath. Zwar trösten sich die Hamburger damit, daß die aus der Elbe
hereintretende Fluth alle diese Unsauberkeiten hinwegnehme, das ist aber
bei vielen Canälen nicht immer der Fall, denn bei ungünstigem Winde
und niedrigem Wasserstande steigt die Fluth nicht hoch genug, der
Grundschlamm bleibt liegen, das Wasser wird stagnirend und erhält

dann eine höchst verdächtige Farbe. Von den vielen Brücken, die über diese Canäle führen und die Hinterseiten der Häuser dem Auge frei= legen, hat man dann nicht allein die Augenweide, sondern auch den Geruch der ganzen unsaubern Wirthschaft.

Gehen wir nun nach dem neuen Markte, zum Steinwege, zur faulen Twite und zu den in dieser Gegend liegenden engen und krum= men Gassen und Gäßchen, wo Juden und Judengenossen, wie die Lazzaroni in Neapel, auf offener Straße ihr schacherndes Wesen trei= ben, so werden wir noch mehr überrascht, denn hier herrscht immer noch ein Leben der alten Zeit, welches eben so wenig dem schönen und geschmackvollen Hamburg der Alstergegend, als überhaupt unserem ele= ganten Jahrhunderte angehört. Es ist hier auf offener Straße, am Steinwege, ein ewiger Jahrmarkt mit allerlei Trödelkram — eine Art Judenbörse — und ein Gedränge, durch das kaum durchzukommen ist. Die ganze ehrsame Genossenschaft, theils in Lumpen und abgeschabten Röcken, preist, um Käufer anzulocken, mit lautem Geschrei die Güte und Billigkeit der Waare, so daß den Vorübergehenden die Ohren gellen. Hier stehen eine Menge Tische und Zelte mit allerlei Schofel= waare, — alten Büchern, verrostetem Eisenwerk, Nägeln, Schlössern u. s. w., mit altem abgenutzten Hausgeräth und gewaltigen Massen alter Kleider, mit Stiefelwerk, Stricken und Lederwaaren aller Art, — hier findet man mit einem Worte allerlei halbverbrauchten Trödelkram; end= lich auch noch Tische mit allerlei Kleinkram, mitunter zu feststehenden Preisen, wo denn jedes Stück der schofeln Waare nur einen Schilling (ungefähr 2 Kopeken) kostet. Der arme Jude mit rothbraunem Ge= sichte und heiserer Stimme schreit den ganzen Tag in Einem fort, preist die Billigkeit seiner Waare und ruft mit bittender Stimme jeden Vorübergehenden an, so daß man unwillkürlich, wenn auch nicht die Waare, doch wenigstens die Riesenlunge des Verkäufers bewundern muß. Viele dieser Schacherjuden tragen ihre ganze Krambude, ein paar alte Kleider, eine alte Wanduhr oder sonst etwas, auf den Armen, und bieten jedem Vorübergehenden ihre Waare an, wobei denn des Lobens und Rühmens kein Ende ist. Für den Beobachter ist dies

eigenthümliche Stück Leben einer alten Zeit höchst merkwürdig und sogar interessant; auch wird man neugierig, die Art Menschen kennen
zu lernen, welche diesen alten Plunder kauft. Der reiche jüdische Zier-
bengel, der mit dem Lorgnon im Auge immer so ächt komisch den
Aristokraten nachzuäffen sucht, geht freilich rasch vorüber und scheint
den Schmutz und Schacher seiner Stammgenossen nicht zu bemerken, —
der neugierige Fremde aber drängt sich durch das schnatternde Gewühl,
um das eigenthümliche Treiben der Kinder Israels so recht mit anzusehen, und kann dann nach allen diesen Erscheinungen nicht umhin,
sich selbst zu fragen, ob denn dies wohl das schöne Hamburg sei,
welches ihn vom Jungfernstiege aus so überraschend entzückte, oder ob
er sich hier in einer ganz andern Stadt befinde?

Wer es liebt, ausgezeichnet gut zu essen und zu trinken, oder
wem der Ragoczy in Kissingen den Magen recht derb ausgewaschen
hat, der reise schnell nach Hamburg, wo sogar ein zweiter Reserve-
magen nicht überflüssig sein würde. Die Hamburger Küche ist so ausgezeichnet kräftig und geschmackvoll, wie keine andere in Deutschland,
selbst die Wiener nicht. Alles ist hier durch und durch solid, und die
französischen Weine sind nicht allein sehr billig, sondern auch unge-
taufte Naturkinder. Wilken's Austernkeller mit allen seinen unzähligen
Delicatessen — unter denen sich sogar indianische Vogelnester befinden
— ist berühmt als ein kleiner Tempel, in dem jeder Feinschmecker
sein lucullisches Opfer bringt. Im Allgemeinen ist es in Hamburg
nicht gerade billig, doch sind alle Arten englischer Waaren hier weniger theuer, als an den meisten anderen Orten Deutschlands.

Kein Reisender darf es versäumen, die Börse zu besuchen, ein
elegantes, nach dem Brande neu errichtetes und sehr großes Gebäude,
das dennoch, wie Hamburger Kaufleute selbst versichern, viel zu klein
für die 5000 Besucher ist, — um so mehr, als sich in demselben
noch viele andere, auf den Handel Bezug habende Institute befinden. Es ist ein höchst interessanter Anblick, oben von der Gallerie
auf die vielen Tausende da unten in dem großen Riesen-Saale herab-
zusehen. Der ganze Raum ist Kopf an Kopf gedrängt voll und würde,

aus der Vogelperspective betrachtet, den Anblick eines aufgewühlten
Ameisenhaufens darbieten, in welchem Alles in großer Geschäftigkeit
durcheinander wimmelt und krabbelt. Die großen Geldmänner und
Beherrscher der Börse haben mehr oder weniger alle ihre Plätze; sie
herrschen hier als Firsterne verschiedener Größe, um die sich immer
viele kleinere Gestirne gruppiren. Makler und Zwischenhändler drän=
gen sich durch das Gewühl hin und her, um die Geschäfte zu ver=
mitteln; Jeder sucht seinen Mann, und Briefe werden gelesen, Andern
gezeigt und Notirungen gemacht. Eilige Postillone, unter denen sich
die Dänischen mit rother Uniform auszeichnen, drängen sich geschäftig
durch die Menge, um so eben angekommene Briefe zu befördern; auch
der Telegraph, welcher sich ebenfalls in der Börse befindet, bringt
seine beflügelten Neuigkeiten. Hier wird das Börsenspiel getrieben
und Millionen großer Geschäfte werden hier gemacht. Schiffe fliegen
nach allen Theilen der Erde, um das auszuführen, was hier beschlos=
sen wurde, und der Credit — diese Riesenmacht des Jahrhunderts —
schwebt mit seinem Stachelfittig belebend über der Menge. Hier unten
wechselt Armuth und Reichthum, und das Schicksal ganzer Geschlech=
ter liegt hier in diesen Hallen. Das Gespräch dieser Tausende da
unten ertönt oben in der Gallerie wie ein rauschender Waldstrom, —
in der Ferne aber wie das Gesumme eines Bienenschwarmes.

Der Hamburger Berg oder die Vorstadt St. Pauli, welche sich
bis zu den Thoren der nahen Schwesterstadt Altona hinzieht, ist vor=
zugsweise Belustigungsort der Matrosen und niederen Volksclassen,
und es befinden sich hier Tanzlocale, Volkstheater, Menagerien, Kunst=
reiter und eine Menge anderer Volksbelustigungen. In Hamburg
sollen jährlich über 5000 fremde Schiffe aus allen Welttheilen ein=
kommen. Die lebensfrohen Matrosen dieser Schiffe, und unter ihnen
besonders die geldbringenden Ost = und Westindienfahrer, sind außer=
ordentlich froh, wenn sie nach der langen Seereise endlich einmal
wieder festen Boden unter den Füßen haben, wollen sich dann einen
frohen Tag machen, und haben durchaus keine andere Sorge als
die, ihr Geld sobald als möglich auf eine lustige Art los zu werden.

Daher geht es denn auf dem Hamburger Berge mitunter auch recht
wild her, denn diese großen „Kehrdichannichts", wie Gerstäcker sagt,
leben nur für den Augenblick. Die feinere Welt und namentlich Da=
men können natürlicher Weise diese Belustigungsörter nicht besuchen,
— für den Beobachter des Volkslebens ist es aber nicht ohne In=
teresse, zu sehen, wie die kräftigen und oft von der tropischen Sonne
verbrannten braunen Theerjacken froh und lustig ins Leben hinein=
springen.

Schreiben an einen Freund aus Paris und der Schweiz.

————

Sie wünschen, verehrter Freund, daß ich Ihnen einige Lebens=
bilder aus dem Auslande sende, und natürlich wollen Sie etwas Neues
und Interessantes. Dies ist deshalb nicht leicht und ziemlich schwer,
weil bei den vielen Reisen und Beziehungen in und mit fremden Län=
dern man in R. — wie es mir scheint — das Ausland beinahe besser
kennt, als die eigene Moskauer Vorstadt, welche für manchen wohl
noch eine wahre terra incognita sein mag. Andererseits hat man
aber auch bei der immerwährenden Beweglichkeit einen wahren Abscheu
vor Feder, Dinte und Papier. Ich streife nun flüchtig in der Welt
herum, von einem Ort zum andern, und da sind tiefer eindringende
Beobachtungen nicht immer zugängig, ich kann Ihnen daher nur einige
flüchtige Skizzen senden, Notizen für Reisende und Eindrücke, wie sie
sich in den äußern Schichten des Lebens zufällig darbieten. Der Rei=
sende, den das schnaubende Dampfroß rastlos im Raume herumtreibt,
führt eigentlich nur ein Gasthausleben. Er findet überall für sein theu=
res Geld ihn angenehm berührenden Comfort, schöne ästhetische For=
men aller Außendinge, Theater, Musik, Kunstgenüsse und glänzende
Schaubilder bis zur Uebersättigung. Außerdem noch eine wunderbar herr=
liche und reiche Natur und ein mildes, Blüthe und Früchte bringendes
Klima, wie es unserm Norden fremd ist. Im Gasthause angekommen,
läutet die große Glocke: Wirth, Oberkellner, Portier und Hausknecht
laufen mit rasender Hast aus allen Winkeln hervor, um den lieben

mit gefülltem Beutel gekommenen Gast freundlich zu empfangen und
jeden seiner Wünsche zu erfüllen. Er ist hier eine Art Kaufmanns-
waare — ein Collo mit einer Zimmernummer — von dem unter allen
möglichen Formen ein jeder etwas Profit heraus zu drücken wünscht.
Mit dem rothen Buche von Reichardt oder Bädecker unter dem Arme,
rennt dann der Reisende von einer Merkwürdigkeit der Stadt zur andern, alle Raritäten und Kunstschätze werden in der Eile begafft, man
besucht Theater und Concerte, schlendert behaglich in der Stadt herum
und beschaut sich Menschen und Dinge. In drei, vier, höchstens acht
Tagen hat man dann so ziemlich Alles gesehen, man ist da gewesen
und kann mitsprechen. Wieder wird nun die große Glocke geläutet:
Wirth, Oberkellner und Consorten laufen hastig zusammen, um tief
sich verbeugend und dankend von dem liebenswürdigen Gast Abschied
zu nehmen, nicht ohne — als Hauptidee — den einzig wahrhaft auf-
richtigen Wunsch auszusprechen, ja recht bald wiederzukommen, und
nun geht's mit den Siebenmeilenstiefeln des Dampfes rastlos weiter
und immer weiter, so daß man in einem Sommer, oft gar in vier
Monaten, ein recht angenehmes Feldjägerleben führt und sich aus der
Vogelperspective ganz Deutschland, Frankreich, Belgien, Italien und
sogar auch England gemüthlich beschauen kann. So und auf diese Art
reisen Viele — wenn auch nicht Alle — unserer liebenswürdigen Tou-
risten. Wer nicht Connexionen, Handelsbeziehungen oder verwandt-
schaftliche Verbindungen im Auslande hat, wird sehr selten in das
innere Familienleben besserer Häuser Eingang finden, und in die Hütten des Elends der untern Schichten der Gesellschaft verirrt er sich
noch weit seltener. Auch liegt diese dunkle Schattenseite des Auslandes
so tief unter der äußern Glanz- und Prachtrinde begraben, daß Alles,
was sich in diesem schauderhaften, moralischen und materiellen Schlamm
bewegt, gewöhnlich sich dem Auge des Fremden gänzlich entzieht. Natürlich erscheint bei einem solchen Zustande immer nur die Glanzseite
der Dinge, und daher ist es leicht erklärlich, daß wir aus der Ferne
uns das Ausland in der Regel als etwas höchst Vollkommenes denken,
als ein Land, wo Alles besser sein muß, als bei uns. Dieser blendende

Nimbus aber verschwindet, wenn man länger im Auslande gelebt, und etwas tiefer, als der mit Dampf eilig dahinfliegende Tourist in das innere Volksleben eindringt. Dann überzeugt man sich bald, daß in den Zuständen des Auslandes viel wahrhaft Schönes und Vortreffliches, aber auch sehr viel außerordentlich Schlechtes und Naturwidriges ist, daß überall im Weltraume neben dem Guten das Böse liegt, und daß doch auch in unserm Vaterlande sehr viel Gutes vorhanden und Manches weit besser ist als im Auslande, und daß sogar unser großes und reiches Vaterland Vorzüge hat, von denen das Ausland, ungeachtet seiner vielen halbreisen Schreibereien über uns, keine Begriffe hat. Wenn man daher sich nicht etwa auf längere Zeit an einem Orte häuslich niederlassen will, sondern nur mit gewöhnlicher Eile die Räume durchfliegt, so wird man das Gasthausleben und das unaufhörlich wechselnde Kaleidoskop bald recht herzlich satt. Besonders im regenvollen Herbste und im Winter verschwindet die Reiselust sehr schnell, man sehnt sich zurück nach dem heimischen Herd und dem Kreise lieber Anverwandten und Freunde.

Fehlt nun auch demnach dem Reisenden, der rasch von einem Orte zum andern reist, gewöhnlich die Möglichkeit, in das innere Wesen und in die Licht- und besonders Schattenseiten des Auslandes genauer einzudringen, so fallen doch auf die äußern Tageserscheinungen der gewöhnlichen — oft unbedeutend kleinen — Dinge eine Menge Streiflichter, aus denen der Denker Begriffe und Schlüsse über das gesammte Volksleben sich herausbilden kann, und nur in diesem Sinne kann ich Ihnen, verehrter Freund, eine Reihenfolge kleiner, abgerissener Bilder über Menschen und Dinge im Auslande geben wollen.

Seit zwei Monaten lebe ich endlich wieder in Paris, welches ich seit 1814 nicht mehr gesehen habe. Das war damals so ein gewaltig großes Blatt in der Weltgeschichte, wie wir als Sieger vor den Thoren der Stadt standen, um von dem alten Lilienthron den Schutt wegzuräumen, eine ruhmvolle Zeitperiode für uns Alle, in der auch ich mein Blut vergoß. Jetzt kenne ich Paris nicht mehr. Zwar stehen die Tuilerien, Louvre, Palais Royal und viele andere Dinge noch an dem

alten Platze, und man findet die Räume, wo einst Bastille und Guillo=
tine standen, bei deren Anblick die Geister der Geschichte lebendig
werden und ernst an uns vorüberschweben. Auch reitet der gute alte
König Henri IV noch immer wie ehemals auf dem Pontneuf und
schaut sich gemüthlich seine Pariser an, von denen leider sehr viele
nicht mehr ihr Hühnchen im Topfe haben. Sonst aber ist Alles an=
ders wie ehemals, denn der Alles zerstörende und immer wieder neue
Formen schaffende Zeitgeist ist mit Riesenschritten über die alte Lutetia
hinweg gegangen.

Gewöhnlich ist man die erste Woche nach der Ankunft in der
großen Weltstadt, in der ungefähr anderthalb Millionen Menschen ihr
verschiedenartiges Wesen treiben, betäubt von den neuen Erscheinungen
und dem unaufhörlichen Rasseln der Wagen, von dem Getümmel der
vielen Menschen und dem Ausrufen der unzähligen Aufkäufer und Ver=
käufer. Das rollt, klappert, trompetet, schreit und quikt in allen nur
möglichen Tönen, wie in keiner andern Stadt, so daß man eigentlich
niemals Ruhe hat. Wie ein großes Riesenthier liegt die gewaltige
Stadt da, und auch des Nachts hört man ihren Athem als ein un=
aufhörliches Summen und dumpfes Rollen. Noch wunderbarer erscheint
Paris des Abends bei der glänzenden Gasbeleuchtung und besonders
auf den Boulevards ist es überraschend schön. Hier hat sich das eigent=
liche Glanzleben der Stadt concentrirt. — Das Palais Royal, wo
wir 1814 auf eine so noble Art unsere Ducaten los wurden, ist jetzt
gegen ehemals ein todter Körper, alles Leben ist auf die vielen Boule=
vards mit ihren zwölf Schritt breiten Asphalt=Trottoirs übergegangen.
Hier befinden sich die meisten Prachtmagazine und sogenannte Passagen,
alle berühmten Kaffeehäuser und Restaurateurs, und auch die vorzüg=
lichsten Theater sind auf den Boulevards oder in ihrer Nähe. Hier
herrscht die halbe Nacht hindurch eine künstliche Tageshelle, welche die
kostbarsten Waaren aus allen Theilen der Erde mit einem blendenden
Schimmer bedeckt und zum Kaufen einladet. In Wahrheit befindet
sich hier auch Alles, was in der Welt für Geld nur zu kaufen mög=
lich ist: Gemälde und andere Kunstproducte von hohem Werth und

lackirte hölzerne Bauerschüsseln aus Rußland, Perlen und Edelsteine von unschätzbarem Werth und Trüffeln von Perigord nebst Leipziger Lerchen, kostbare Cachemirs, Teppiche, deren Größe und Schönheit in Erstaunen setzt, und nebenbei russischer Kaviar, herrliche Früchte und Breslauer Knackwurst. Besonders aber für unsere Damenwelt ist hier ein wahres Paradies eröffnet, denn nicht allein all die mannigfaltigen Seidengewebe der Pariser und Lyoner Fabriken und alle Bedürfnisse der launenhaften Mode bis zur monströsen Crinoline, liegen wunderbar schön geordnet vor den hellen Schaufenstern, sondern man sieht auch wie am hellen Tage durch die großen Scheiben in das Innere der Läden, wo die hübschen Nähterinnen und Putzmacherinnen ihre Arbeit betreiben — nicht ohne dann und wann nach den Fensterscheiben zu schielen. An diesen wimmelt es immer von Zuschauern, und mitunter auch von jungen Herren, welche sich die lieblichen, elegant gekleideten Priesterinnen der Mode beschauen. Selbst Schuster und Schneider treiben, um Käufer anzulocken, hier ihr Wesen vor aller Augen, und oft auf eine originelle Art, so z. B. sitzen in einem sehr hell erleuchteten Laden eine Menge Schneidergesellen in blendend weißen Hemdärmeln und arbeiten. Das Gerüste, worauf sie sich befinden, steigt vom Fenster an allmälig aufwärts, so daß eine Reihe immer etwas höher sitzt als die andere, im Hintergrunde aber ist die ganze Wand mit großen Spiegeln bedeckt, welche so künstlich schräge gestellt sind, daß man den ganzen Abhang eines kleinen Berges zu erblicken glaubt, auf dem von unten bis oben eine große Menge Menschen sitzen und arbeiten.

Sehr erhöht wird der Anblick aller dieser kostbaren Waaren, welche hier zur Schau liegen und an denen man sich nicht satt sehen kann, durch die außerordentlich großen Fensterscheiben von großer Klarheit, durch die geschmackvolle Anordnung und besonders durch die riesigen Spiegel, welche überall in den Läden angebracht sind, Alles vervielfältigen und mitunter reizende Fernsichten bilden. Im Anordnen sind die Franzosen unübertrefflich und viele und große Spiegel ist ihre schwache Seite. Diese hängen nicht wie bei uns an der Wand, sondern sind fest in der Mauer angebracht, so daß sie einen Theil der

Wand selbst bilden. Große Spiegel sind in allen Zimmern, Vor-
zimmern, Treppen und Läden bis zum Ueberflusse vorhanden, selbst da,
wo es oft an weit nothwendigeren Dingen fehlt. An der Restauration
Mazarin ist sogar die ganze äußere Straßenseite mit großen Spiegeln
decorirt. Besonders merkwürdig sind die unendlich vielen Läden mit
Galanteriewaaren, allerlei blendender kleiner Kram, Bronze, falsche
Edelsteine und falsches Gold, Wohlgerüche, Schönheitssalben und
tausend andere schimmernde Sachen des Luxus, von denen man in vielen Ländern nicht einmal einen Begriff hat und Gott weiß, wer das
Alles kaufen mag! Glanz, Schimmer und elegante Tünche gelten hier
als ganz solide Bedürfnisse und sind den lebensfrohen Franzosen so
nothwendig wie das liebe Brod. Immerwährend wimmelt es auf den
Boulevards von Menschen, alle Kaffeehäuser und Restaurationen sind
damit angefüllt, und besonders in den Stunden von drei bis acht Uhr
ist das Gedränge außerordentlich groß. Herren und Damen sitzen —
jetzt noch im December-Monat — vor den Kaffeehäusern im Freien
und lesen die Tagesblätter. Das dauert so fort bis Mitternacht und
noch später, denn in Paris lebt man weit länger als bei uns, weil
man Nacht und Tag lebt und, wie es denn auch nicht anders sein
kann, sich beeilt das liebe Leben recht bald zu verleben.

Auf den breiten, in der Mitte liegenden Fahrwegen der Boulevards ist während der belebten Stunden das Getümmel der rasch dahin-
fliegenden Equipagen, der vielen Omnibus mit zwei Etagen und
Summa Summarum 24 Personen Fracht und allerlei anderen Fuhr-
werks so außerordentlich groß, daß es oft schauderhaft anzusehen ist,
wie selbst elegante Herren mit Damen am Arme sich kühn und rasch
zwischen dies Gewimmel von Pferdefüßen und Rädern durchdrängen,
um auf die andere Seite der Boulevards zu kommen. Für jeden
Fremden und Unerfahrenen ist so ein Wagniß, besonders bei starkem
Nebel, oft mit Lebensgefahr verbunden, doch für uns, die an der
weiland Sandpforte in R., unvergeßlichen Andenkens, sich vortrefflich
eingeübt haben, ist so ein Kunststück freilich nicht sehr schwer.

Neben dem Verkauf in großen und soliden Handlungshäusern fehlt es auch nicht an Charlatanerien mannigfaltiger Art, und in diesem Genre übertreffen die Pariser noch weit die Berliner, bei denen unter den gesetzlichen Formen der Gewerbefreiheit sich nicht selten die krasseste Betrugsfreiheit eingebürgert hat. Der Fremde nehme sich daher wohl in Acht, niemals da etwas zu kaufen, wo mit vieler Ruhmredigkeit billige Waare angepriesen wird. Die Presse dient diesen Betrügereien auf ausgezeichnete Art, man kann aber völlig überzeugt sein, daß diejenigen Verkaufsläden, welche immer in den Blättern gerühmt werden, um so weniger in der That Vertrauen verdienen, je mehr die große Billig= keit der Waaren ausposaunt wird.

Auch den gedruckten Anzeigen, welche in Paris von Blousen= männern auf öffentlicher Straße jedem Vorübergehenden unentgeltlich in die Hand practicirt werden, schenke man nicht zu viel Vertrauen. Ueberhaupt ist es dem Fremden nicht anzurathen, gleich nach der An= kunft Etwas zu kaufen, sondern sich erst einzuleben und sich über die Preise zu orientiren, dann — aber auch nur dann — ist es möglich, billig und auch gut zu kaufen, so weit dies übrigens dem Fremden möglich ist, der überall als ein mehrzahlender Geldmann betrachtet wird. Wer aber nur kurze Zeit in Paris bleiben kann, der thut immer am besten, seine Einkäufe in größern Handlungshäusern zu machen, wo sich die Waare selbst preist und wo man wohl theurer bezahlt, aber bei einiger Vorsicht doch nicht betrogen wird. Es gehört gewiß mit zu den ausgezeichnetsten Thorheiten des Zeitalters, die Ver= kaufslocale mit so außerordentlichem Luxus auszustatten. Kostbare Glasfenster und Spiegel von enormer Größe, Palisanderholz und Ver= goldungen geben wahrlich der Waare keinen höhern Werth, sie ver= theuern aber die Preise und der Käufer trägt allein die Last. In Paris ist dieser Charlatanismus einer feinern Art recht zu Hause und hat sich von hier aus über die Welt verbreitet. Der Kaufmann betrach= tet diesen grandiosen Luxus als eine Anlockung zum Kaufen, für die Menge aber ist es eine liebliche Schaulust, die nichts kostet, denn der Käufer bezahlt Alles. Viele von diesen sind aber doch auch nicht in

Kalifornien gewesen und würden die Waare recht gerne ohne eine solche Glanz=Auflage kaufen.

Merkwürdig sind die unendlichen Massen aller Art Verkaufs= Annoncen, welche an allen Häusern, von den Kellerräumen an bis zu den höchsten Dachgiebeln, mit ellengroßen Buchstaben und in allen Farben angebracht sind. Der den meisten Handel treibende Theil der großen Weltstadt gleicht einem großen Buche, wo die Straßen die Blätter bilden, und doch findet man in diesem Gewirre so unzähliger Buchstaben selten dasjenige, was man gerade nothwendig braucht, weil man vor lauter Bäumen den Wald nicht sieht. Auffallend groß sind die Annoncen der Zahnärzte, deren Buchstaben oft vergoldet oder mit grellen Farben, in fadenlanger Größe und wie Riesen über andere Anzeigen hervorragen. Merkwürdig ist es für den Beobachter, daß die Annoncen der Herren Zahnärzte sich überall in der Welt, und sogar in Petersburg, durch ihre enorme Größe auszeichnen. Ueberhaupt suchen diese Herren durch alle nur möglichen Mittel die Aufmerksamkeit des Publikums zu erregen. So z. B. dienen als Aushänge= schilder oft große Kinnladen, welche sich durch ein inneres Uhrwerk öffnen und wieder schließen. Man sieht menschliche Doppelgesichter ausgestellt, die sich langsam herumdrehen, das eine hohlbackige Gesicht ist völlig ohne Zähne, das andere volle und rothwangige hat die schönsten Perlzähne. Oder aus der vierten Etage hängt ein riesen= großes Maul mit langen Zähnen, die einen Faden halten, an dem ein kleiner Luftballon frei in der Luft schwebt. Die untenstehenden Gaffer betrachten sich das wunderbare Ding da oben und wissen nun, daß in der vierten Etage ein Zahnarzt wohnt. Noch drolliger sind die An= lockungen der Pedicuren (Fußheilkünstler). Da die liebenswürdigen Franzosen gewöhnlich selbst nicht wissen, wo sie der Schuh drückt, so giebt es hier der Fußheilkünstler eine große Menge. Ich fand unter andern in der Rue Rivoli, vor der Wohnung eines solchen, eine An= zeige von allerlei Wundermitteln und Heilsalben gegen Hühneraugen, Warzen und Frostbeulen, und um das Publikum auf diese Annonce aufmerksam zu machen, hatte man vor derselben eine große zahme

Nachteule mit einer Brille auf der Nase hingesetzt. Das große Thier verhielt sich ganz ruhig, drehte den Kopf bald links, bald rechts, und schien sich die Zuschauer mit vieler Würde zu betrachten. Natürlich sammelt sich um die komische Erscheinung immer ein Haufen Gaffer, von denen dann doch wohl Einer oder der Andere die Anzeige liest. An solche Charlatanerien sind aber die Pariser seit langen Zeiten gewöhnt — und wenn nicht etwas ganz Besonderes vorfällt, so findet man hier selten größere Zusammenläufe von Menschen auf den Straßen, wie es in anderen Städten der Fall ist. Demonstrationen solcher Art, wie sie früher wohl oft aufgetreten sind, finden durchaus nicht mehr statt. Das äußere Straßenleben giebt, selbst bei seiner unendlichen Beweglichkeit und Mannigfaltigkeit der Erscheinungen, ein Bild der Ordnung und Ruhe. Alles ist hier polizeilich geordnet, man sieht, daß eine kräftige Hand das Getriebe leitet, und daß nicht allein für die Armuth der niedern Stände, sondern auch für die bei der Geldkrisis nothleidenden Arbeiter alles Mögliche gethan wird.

Ein bedeutendes Armeecorps kann rasch zusammengezogen werden, um alle Barrikadenlust schnell zu vertreiben. Ueberall wimmelt es von Militair und Polizeimännern, man sieht sie auf allen Straßen und die Tuilerien sind förmlich damit umgeben. Keine Maus kann hier ungesehen durchschlüpfen und bei Sonnenuntergang wird der Tuileriengarten nicht allein geschlossen, sondern auch an allen Pforten stehen innerhalb Schildwachen. Eine liebenswürdige Französin, die ich einmal fragte: ob man nicht bald wieder Revolution machen wolle? antwortete mir ganz naiv: „Nein, gewiß nicht so bald! wir haben jetzt Einen erhalten, der Ordnung einführt und es verstanden hat, uns einen guten Zaum anzulegen, so daß keiner mucksen darf, Einen — der Handel und Wandel belebt und auch für Beschäftigung sorgt, damit sind denn wir Besitzlichen und alle besseren Franzosen, die Ordnung und Ruhe wünschen, auch recht herzlich zufrieden. Wir Pariser sind unruhige Kinder, die nicht anders behandelt sein wollen, und wenn daher nicht etwa unvorhergesehene Umstände eintreten, so hat das Revolutionmachen wohl für lange ein Ende.“

Gebe Gott für die Ruhe Europa's, daß diese Ansicht einst eine allgemeine werden möge, denn wenn vernünftiger Weise irgend wo in der Welt Garantieen nothwendig sind, so können diese, die Hand aufs Herz gelegt und aufrichtig gesprochen, eigentlich nur gegen unsere Freunde jenseits des Rheins gewünscht werden. Die Blätter der Welt= geschichte der letzten 50 Jahre liefern den Commentar dazu.

Der Kaiser zeigt sich bei feierlichen Gelegenheiten im Publikum immer von einem großen Militairgefolge umgeben, doch sah ich ihn einst ganz unerwartet in Civilkleidern, nur mit zwei Begleitern und ein paar Reitknechten, ganz langsam durch eine belebte Gasse reiten. Die Kaiserin fährt oft in einer offenen Kalesche durch die Elisäischen Felder, erwidert freundlich die Grüße des Publikums und ist immer nur von 10 bis 12 Hofbedienten begleitet. Der Kaiserliche Prinz aber, ein liebenswürdiges Kind mit sehr klugen Augen, so oft ich es sah, immer weiß und blau gekleidet, der alle Tage in einer Kutsche seine Promenade macht, hat außer vielen Hofbedienten noch immer 18 bis 20 Garde=Uhlanen als Begleitung, die mit flatternden Lanzen= fähnlein theils vor, theils hinter der Kutsche reiten und dem Ganzen ein ceremoniöses Ansehen geben.

Was ich Ihnen, verehrter Freund, von dem hiesigen Militair schreiben könnte, wird Sie wohl wenig interessiren, darum will ich mich in Kürze fassen. Die krapprothen Unterkleider mit weißen Gamaschen, die bunten Farben, blaue, lange Frackuniformen mit weißen Rabatten, gelbem Kragen und Unterfutter, rothe, wollene Epauletten und drei= eckige Hüte und Käpis, während andere Truppentheile als Mütze ein halbes Bärenfell auf dem Kopfe tragen, sind recht ungewohnt und drollig anzusehen. Man marschirt oder schlendert nach Trommelschlag, wie's ungefähr gehen will, wirft die Gewehre hin und her, wie zu= fällig commandirt wird, und somit sieht das Ganze ungefähr wie ein Soldatenwesen aus. Dem alten Soldaten aber, der an den strengen alten Purismus gewöhnt ist, sind diese Dinge ein Gräuel. Uebrigens besteht die Garde aus lauter schönen Leuten, die keck und kühn in die Welt hinausschauen und denen man es ansieht, daß sie keiner Kanonen=

kugel aus dem Wege gehen, und das ist denn doch im Grunde immer
nur die Hauptsache. Unkleidsam aber und fast häßlich ist die Uniform
der Zuaven, welche auf geschorenen Köpfen eine Art Turban tragen
und fast ganz wie Türken gekleidet sind. Dabei haben die Meisten
wahre Gaunerphysiognomieen. Es sind aber durch und durch brave
Soldaten, welche sich vor nichts in der Welt fürchten und immer zu
allerlei schelmischen Kunststücken aufgelegt sind. Die in Paris stehenden
Garde-Zuaven sind noch ziemlich zahm, jene aber, die sich in Algier
befinden, sollen wilde Kerle sein, die allerlei lustige und tolle Streiche
begehen, dabei aber so tollkühn tapfer sind, daß ihnen Leben oder Tod
ganz einerlei ist. Sie repräsentiren in der französischen Armee einigermaßen unsere Husaren der alten, vergangenen Zeit — eine edle Race,
wild, lustig und brav, welche bald ganz aus der Welt verschwunden
sein wird.

In Deutschland findet man in sehr vielen kleinen Städten das
Monument irgend eines berühmten Mannes. Man durchsucht alle
Winkel, wo etwa eine große oder kleine Celebrität geboren worden ist,
um ihr schnell eine Denksäule zu stellen, und mancher fremde Beschauer
mag sich wohl fragen: wer war denn der gute Mann, dem man dies
Monument gestellt hat? In München steht Tilly geehrt als berühmter
Feldherr, Magdeburg und die Weltgeschichte aber haben seine Ehren-
säule nicht unterschrieben! — nur die Stadt der reinen Vernunft hat
ihrem unsterblichen Kant noch kein öffentliches Denkmal setzen können.
Paris aber, diese Welt des Glanzes und der Eitelkeit, übertrifft Alles,
was in diesem Genre zu leisten möglich war. Monumente, Sinnbilder
und Triumphbogen sind hier im Ueberfluß vorhanden, herrliche Kunst-
werke, an denen man sich nicht satt sehen kann. Das Pantheon mit
der Aufschrift: „den großen Männern das dankbare Vaterland!" ist ein
prachtvoller Tempel im römischen Styl (jetzt wieder eine Kirche, der
heiligen Genovera geweiht), wo unter Andern der alte witzige Spötter
Voltaire neben Jean Jacques Rousseau friedlich schlummert. Auf dem
Concordienplatz haben alle großen Städte ihre allegorischen Bildsäulen,
und sogar den berühmten Damen Frankreichs haben die galanten

Franzosen Bildsäulen gesetzt; im Luxemburgischen Garten findet man eine ganze Sammlung derselben. Eins der schönsten Denkmäler des Ruhms der französischen Armee und ihrer vielen Schlachten und Siege in aller Herren Ländern ist unbezweifelt die herrliche Triumph=Pforte, vor der Barrière de l' Etoile. Das schöne Kunstwerk ist ein wahres National=Denkmal und hat neun Millionen Francs gekostet. Unter der herrlichen Bogenwölbung sind nicht allein die Namen unendlich vieler Siege der großen Armee unter ihren ruhmgekrönten Feldherrn, sondern auch die Namen ihrer tapfern Heerführer selbst, in Marmor einge= graben. Unter den Namen des Feldzuges von 1812 konnte ich nur Smolensk, Valentina, Polotzk und Krasnoje auffinden, weiter durchaus nichts! Warum aber hier gerade Krasnoje erwähnt wurde, bleibt wohl einem jeden Nichtfranzosen ein unerklärbares Räthsel. Daß Schlachten wie bei Tarutino und unzählige andere bis zur Beresina, daß endlich Schlachten, wie bei Culm, Katzbach, Leipzig, Brienne, Waterloo und eine Unzahl anderer bis zum Montmartre hinauf hier nicht erwähnt worden sind, ist ganz in der Ordnung und wird ein Jeder natürlich finden, warum aber gerade Krasnoje? — Wenn auch bei dem abenteuer= lichen Zuge nach Moskau hier vielleicht ein unbedeutendes Gefecht stattgefunden haben mag, so wurde doch später in Krasnoje ein großer Theil der französischen Armee vernichtet, der sie commandirende Marschall rettete sich nur mit vieler Mühe, und ein ganzes Armeecorps streckte mit Kanonen und Fahnen die Waffen vor dem Sieger. Es ist daher unerklärbar, warum man auf einem öffentlichen Monumente der Siege die noch vielen lebenden Zeugen an den bitterbösen Namen „Krasnoje" hat erinnern wollen. So aber macht man hier Geschichte, und noch dazu im großartigen Lapidar=Styl!

Jetzt eile ich auf den Boulevard in die Weihnachtsbuden um zu gaffen, wie es hier die ganze Welt thut, aber — gute Götter! welch ein ungewöhntes Gedränge finde ich jetzt hier! — die Räume der sonst so breiten Trottoirs sind durch die unabsehbaren Reihen der Weihnachtsbuden beengt worden, zwischen denen es von Menschen wimmelt; es sind die Festtage, — Viele wollen Geschenke einkaufen,

der größere Theil aber will goffen und sich amüsiren, darum haben
auch alle Kaffeehäuser — deren große Spiegelfenster immer den Boulevards zugekehrt sind — ihre volle Ladung, und sogar vor den Thüren
derselben sitzen, jetzt im December-Monat, Herren und Damen, trinken
Kaffee, lesen Zeitungen oder betrachten sich das Gewühl der vor ihnen
hin und her wogenden Menge. Hier findet man auch zu gewissen
Stunden die vornehme Welt und die Berühmtheiten Frankreichs, doch
da sie rasch im Gedränge verschwinden, so werden sie selten von dem
Fremden erkannt, und den Parisern sind sie keine Neuigkeit mehr; nur
der alte Rossini übereilt sich nicht, sondern macht mit langsamen
gravitätischen Schritten täglich seine Mittagspromenade. Der große
Maestro, der bekanntlich niemals auf Eisenbahnen fährt und die Eile
nicht zu lieben versteht, hat sich unlängst in Paris angesiedelt und beschäftigt gegenwärtig mit seinen Sonderbarkeiten die Presse und alle
Salons, wird aber auch bald abgenutzt sein, da in Paris alle Dinge —
und oft sogar recht practische — schnell ihren Werth verlieren, sobald
sie nicht mehr neu sind. Der Fremde, welcher sich zum ersten Mal in
dies unermeßliche Gewühl hineindrängt, wird betäubt durch die gellen-
den Töne der Verkäufer, welche, von allen Seiten schreiend und krei-
schend, die außerordentlich schönen Eigenschaften und wunderbare Billigkeit ihrer Waare anpreisen: das predigt von allen Seiten und Manche
halten ganze Reden, welche oftmals von Witz übersprudeln. Jeder
sucht auf die eine oder andere auffallende Art die Aufmerksamkeit des
Publikums zu erregen, um Käufer anzulocken. Das öffentliche Viel-
reden ist übrigens in Paris volksthümlich; ohne zu predigen oder sich
etwas vorpredigen zu lassen, kann der Pariser nun einmal nicht leben;
sind diese Reden nun noch überdies recht fließend und vor allen Dingen
witzig, so kann der Verkäufer sicher sein, daß sich bald um ihn herum
ein Auditorium sammelt, aus welchem denn doch immer Einer oder
der Andere etwas von der billigen, aber schoflen Waare kauft. Das
zusammengedrängte, bunte Volksleben in den Weihnachtsbuden ist für
den Beobachter um so interessanter, weil hier gerade in der Regel
mehr die untern und mittlern Schichten der Gesellschaft ihr Wesen

treiben, daher denn auch das ganze Bild so recht die grelle Farbe und große Beweglichkeit des Volkslebens vor Augen führt. So findet man hier eine Unzahl verschiedenartiger Lotteriespiele, wo immer Etwas zu wagen und zu gewinnen ist; Buden, wo mit kleinen Bolzen auf ein nahes Ziel geschossen wird und der Treffer eine Prämie erhält; ambulante Billards, um auf offener Straße zu spielen; ein Blousenmann führt uns in die Krim, — wir sehen die Eroberung des Malakows, wo durch ein inneres Uhrwerk sich alle Figuren bewegen und die Zuaven ohne Gnade und Barmherzigkeit darauf losschlagen; eiserne Fische, die auf offener Straße geangelt werden und vortrefflich anbeißen, weil sich in der Angel ein kleiner Magnet befindet; Puppen und Schattenspiele und eine Unzahl anderer Charlatanerien, die alle mit laut schreiender Stimme den Vorübergehenden als staunenswerthe Wunderwerke angepriesen werden. Auf den Boulevards selbst und in der Mitte des größten Gedränges bewegen sich die vielen Handverkäufer und schreien Einem oft in die Ohren, daß man erschreckt zusammenfährt, — oder sie preisen ihre Waare in singenden, monotonen Tönen; Einer verkauft Zeitungen, Broschüren, Kalender, ein Anderer künstliche Spinnen und Schmetterlinge, welche bei der kleinsten Bewegung der Hand zu flattern scheinen; — hoch über den Köpfen aller dieser Tausende von Menschen schwebt — in freier Luft eine Menge kleiner, rother Luftballons, die ein Blousenmann als ein Spielwerk für Kinder verkauft, wobei er zärtlichen Aeltern mit kreischender Stimme den Rath ertheilt, durch den Ankauf eines Ballons für 10 Sous (ungefähr 10 Kop.) das Glück ihrer Kinder zu machen.

Endlich schreitet noch ernst und gravitätisch ein alter ehemaliger Soldat mit der Helena-Medaille durch die wogende Menge, und trägt auf einer langen Stange mehrere todte Ratten mit der Aufschrift: „mort aux rats." Der alte Krieger mit seinem vergilbten Gesichte ist völlig lautlos, denn sein ekelhaftes Aushängeschild spricht nur zu deutlich; vor und hinter ihm gehen elegant gekleidete Herren und Damen, buntscheckige Zuaven, Blousenmänner und Leute aller Art; man spricht, schäkert und lacht, doch Keiner scheint den alten Ratten=

fänger mit seiner Helena-Medaille und seinen todten Ratten zu bemerken, — für die Pariser ist die ganze Sache ein gewöhnliches Geschäft,
und nur der Fremde bemerkt das Auffallende und Ekelhafte der Erscheinung. Am merkwürdigsten, aber auch am geräuschvollsten ist dies
bunte Treiben auf dem ehemaligen Bastillen-Platz und in andern entfernten Gegenden, wohin sich seltener die besseren Classen der Gesellschaft verirren, und wo daher auch die überall vorhandene Polizei
etwas nachsichtsvoller ist. Hier nun erscheint so recht das öffentliche
Volksleben in seinen verschiedenartigen Gruppirungen: allerlei Glücks-
spiele auf bloßer Erde, wobei Gewandtheit zu zeigen und immer etwas
zu gewinnen möglich ist, — Mißgeburten, Riesen, Zwerge, Puppen-
spiele und Harlekinaden aller Art sind hier für ein Paar Sous zu
sehen, überdies fehlt es auch nicht an mancherlei Witzen und anlocken-
den Reden. Etwas weiterhin befindet sich ein gedrängter Haufen
Menschen um zwei Bänkelsänger, welche bei den leisen Tönen einer
Drehorgel so ziemlich harmonisch Beranger's Volkslieder singen, —
in den Zwischenperioden werden Reden gehalten, der alte, unlängst
verstorbene Chansonier unendlich gelobt und seine Lieder zum Verkaufe
angeboten, — und, das ist dann doch endlich der langen Rede kurzer
Sinn, — das Singen erhält der Käufer gratis. — An einem andern
Orte hält ein auffallend gekleideter Wunderdoctor mit seinem Karren
und verkauft unfehlbare Mittel gegen Zahnschmerzen und allerlei menschliche Kopfleiden. Der immer ernst und gravitätisch aussehende Mann
hält in der linken Hand einen Pappbogen mit darauf abgebildetem
großen Menschenschädel, mit der rechten Hand deutet er auf diese Zeich-
nung und hält für die um ihn herum stehenden Gaffer eine anato-
mische Vorlesung, erklärt das Wunderbare der Zusammensetzung des
menschlichen Schädels, und beweist endlich mit Gründen, die so unfehl-
bar sind, wie der Papst selbst, daß seine hier zum Verkauf angebotene Medicin ein unschätzbares Radicalmittel sei, welches jeder
Mann, der einigermaßen Verstand besitze, durchaus kaufen müsse. An
einem etwas von den übrigen entfernteren Orte hält mit seinem ein-
spännigen Karren der in Paris allgemein bekannte goldbefiederte

Bleistiftverkäufer, der sich durch den komischen Handel mit den von ihm selbst erfundenen, vortrefflichen und äußerst billigen Bleistiften bereits einige hunderttausend Franken erworben hat, und dessen auch oft in den öffentlichen Blättern erwähnt wird. Der sonderbare, ganz in glänzenden Goldbrokat gekleidete Mann trägt als Kopfbedeckung einen vergoldeten Ritterhelm mit geöffnetem Visir, von dem große buntfarbige Federn herabwallen; ebenso phantastisch ist sein Begleiter, ein hinten auf dem Wagen sitzender Orgelspieler, gekleidet. So steht nun der goldglänzende Ritter vorn in seinem Wagen mit einem ernst=komischen Gesichte, hält lange Reden, die immer witzig und oft sogar geistreich sind, und verkauft seine vergoldeten Bleistifte, von denen drei Stück nur 10 Sous kosten, wobei der Käufer noch überdies eine Medaille von Bronze, mit dem Portrait des Verkäufers im Costüme, gratis erhält. Dieser Bleistiftverkäufer ist zu jeder Zeit ein stereotypes Bild der Pariser Boulevards; gewöhnlich findet man ihn bei der Kirche Madeleine, und immer ist sein Wagen von einem Haufen Menschen umgeben. Der kluge Mann kannte seine Leute und begriff, daß, so vortrefflich und billig seine Bleistifte auch immer sein mochten, er dennoch ohne diese goldglänzende Harlekinade und Witzreden wenig Absatz seiner Waare gehabt haben würde. So sonderbar nun auch dies eigenthümliche Stück Leben für mich sein mochte, so wurde ich doch noch mehr überrascht, als ich in einen dichten Kreis von Menschen kam, welche sich bei den quikenden Tönen einer alten Drehorgel um einen Gegenstand gruppirt hatten. Bei näherer Betrachtung erkannte ich mitten im Kreise das auf einen kleinen Schemel oder ein Tabouret festgebundene Fragment eines Menschen. Es war der Rumpf eines kräftigen und wohlgenährten Weibes, dem aber beide Füße und Arme fehlten, und an dem nur ein Paar kurze, lebhaft sich hin und her bewegende Hände zu erkennen waren. Die sonderbare Gestalt hielt mit sonorer Stimme den um sie herumstehenden Zuhörern eine lange Rede, in der sie erklärte, daß es ein großes Unglück sei, ohne Füße und Arme geboren zu werden, daß sie auf alle Freuden des Lebens habe Verzicht leisten müssen, und daß es daher die Pflicht eines jeden

Menschen sei, ihr eine Gabe zu schenken, worauf denn auch wirklich
ein paar Sous in den Kreis geworfen wurden; doch plötzlich änderte
sich die Scene, die Drehorgel fing an zu spielen, das klagende Gesicht
der Bittstellerin verschwand, und mit froher, heiterer Miene fing die=
ser Rumpf an, sich mit seinem Tabouret herum zu drehen und nach
dem Tacte der Musik mit vieler Gewandtheit zu hüpfen und zu sprin=
gen, worauf denn wieder einige Sous eingesammelt wurden.

Für mich war dies schauderhafte, aber auch zugleich wahrhaft
komische Bild höchst merkwürdig, denn hier war Bettlerin und Künst=
lerin vereinigt in einer und derselben Person, und dies mit einer Un=
befangenheit, die mein höchstes Erstaunen erregte. Für die Pariser
aber haben solche Erscheinungen nichts Ungewöhnliches, sie befriedigen
ihre Schaulust; übrigens ist es ihnen nur ein Geschäft, wie jedes
andere, um Geld zu verdienen, und Schwindelei in der Politik und
Börse bis zum Bettelsack ist hier ein normaler volksthümlicher Zustand.
Paris ist ein Ort, wo das Geld mehr Werth hat, als an jedem an=
dern, weil man hier eben mehr Geld braucht und brauchen kann, und
auch, weil hier der Geldbraucher so außerordentlich viele sind, — darum
werden auch alle erdenklichen Möglichkeiten — gerade und krumme,
ernste und komische, erhabene und vulgäre — hervorgesucht, um nur
Geld und immer nur Geld zu verdienen. So z. B. sind am Vendome=
Platze und in den Elysäischen Feldern riesengroße Teleskope aufgestellt,
und man kann sich des Abends die Mondgebirge, den Jupiter mit
seinen vier Trabanten, den Saturn mit seinem Ringe, und bei Tage
die Sonnenflecken recht behaglich begaffen. Der Vorübergehende be=
trachtet sich die fernen Welten — wobei der zerlumpte Teleskopenmann
noch eine astronomische Erklärung gratis ertheilt, — man zahlt dann
seine 5 oder 10 Sous und geht weiter. Herz, was willst du mehr!
— Hat man sich lange genug im Tuilerien=Garten oder in den Ely=
säischen Feldern herumgetrieben, die allerlei Spielereien, Caroussels,
Polichinels, die vornehme Welt und die glänzenden Equipagen betrach=
tet, und ist man endlich müde, so meldet sich sofort ein Mütterchen
mit Strohstühlen, die hier zu Hunderten aufgethürmt stehen, und man

kann sich für ein paar Sous ausruhen. Selbst in den Theatern und
Concerten werden den Damen so ganz unbefangen und ungefragt, als
wenn es mit zur Sache gehört, kleine Schemel blitzschnell und gewandt
unter die Füße geschoben; späterhin kommt dann die freundliche
Schemelbringerin und verlangt ihre drei Sous. Man miethet einen
Fiakre, — ein zufällig auf der Straße sich befindender Blousenmann
springt mit französischer Gewandtheit rasch herbei, um die Thüre des
Wagens zu öffnen, durchaus aber auch weiter nichts! — Nun aber
bittet der gefällige Mann: „quelque chose pour le commissionaire!"
Das Oeffnen der Wagenthür ist also eine Commission und man kann
nicht umhin, die freundliche Dienstleistung durch ein paar Sous zu
vergüten. Ganz dasselbe freundliche Zuvorkommen findet man in allen
großen Magazinen, Kaufläden und Krambuden. In jedem andern Lande
geht der Fremde oft in ein Handelsmagazin, um vielleicht etwas zu
finden, was ihm gefällt, oder um nach dem Preise einer Waare zu
fragen; in Paris aber ist es gefährlich, auf diese Art in einen Laden
zu gehen, weil man, im buchstäblichen Sinne des Worts, mit Höflich=
keiten erdrückt und nicht mehr hinausgelassen wird, ohne wenigstens
Etwas zu kaufen. Selbst ganz einfach nach dem Preise einer am Schau=
fenster ausgestellten Waare zu fragen, ist nicht immer rathsam; man
wird mit allen Arten seiner Höflichkeiten förmlich überschüttet, gebeten,
herein zu treten und dem Kaufmanne wenigstens das Vergnügen zu
schenken, die Waare zu besehen. Beim ersten Anblick hat schon der
liebenswürdige Kaufmann gesehen, daß der Eintretende kein Pariser
Kind ist, wonach denn auch die Preise gestellt werden, — und nun
wird mit unendlicher Redseligkeit, aber immer mit vielem Tact die
Waare ausgekramt und gelobt, alles Mögliche wird hervorgesucht und
ausgepackt. Der ganze Ladentisch ist schon damit bedeckt; umsonst ist
es, zu bitten, sich keine Mühe zu geben, — man beabsichtige doch
nicht, Etwas zu kaufen: der Verkäufer läßt sich weder in seinem Rede=
fluß, noch im Auskramen stören — er versichert zuletzt, von Verkaufen
sei gar nicht mehr die Rede — er wünsche nur, daß Monsieur die
Eleganz und Billigkeit seiner Waare bewundern möge. Was ist nun

zu thun? Man schämt sich einigermaßen, dem eleganten und unendlich freundlichen Manne so viel Mühe gemacht zu haben, und um nur loszukommen, kauft man zuletzt doch Etwas, sei es auch nur eine Kleinigkeit. In Paris ist übrigens Alles sehr theuer, was bei den glänzenden und kostbaren Verkaufslocalen und bei der luxuriösen Lebensart der Verkäufer auch nicht anders sein kann. Am billigsten sind noch Bronzewaaren, allerlei im Grunde nichtsnutziger Galanteriekram, Wohlgerüche und Handschuhe. Sind auch seidene Zeuge der Pariser und Lyoner Fabriken im Allgemeinen wohl etwas billiger, als anderswo, so fällt man dagegen den Kleidermacherinnen und Modisten in die Hände, vor denen Gott jeden Menschen, der Ehrlichkeit liebt, behüten möge. In der Regel kauft man — wer anders zu handeln versteht — dieselbe Waare und, Alles berechnet, fast ebenso billig in Frankfurt und Berlin, — nur daß in Paris die Auswahl größer ist, das Allerneueste der Moden hier zuerst auftritt und man zu Hause sagen kann, Dies oder Jenes sei in Paris gekauft, — und dies Letztere ist denn, so wie wir nun einmal sind, doch auch von einiger Wichtigkeit.

Wenn man sich Paris als eine Stadt denkt mit kolossalem Reichthum, höchster Eleganz und mit einem Luxus, der wie ein blendender Schimmer alles Aehnliche in der Welt weit und breit überstrahlt, so hat man völlig Recht, — doch neben diesem großen Reichthum liegt eine Unmasse der bittersten Armuth, wie man sie ebenfalls wohl nirgends in der Welt findet. Wenn man sich in den entfernteren Stadttheilen und in der City verirrt, so findet man noch eine Menge enger, gekrümmter, alterthümlicher und unheimlicher Straßen mit kleinen Durchgängen in halbdunkle Höfe, wo es von den Kellerräumen an bis zum hohen Dachstübchen überall von Menschen wimmelt. Das sind so recht die Höhlen der Armuth und Gemächer des Lasters; hier starrt auch Alles von Schmutz und Lumpen, man ist erstaunt und glaubt sich nicht in dem eleganten Paris, sondern in einer ganz andern Stadt zu befinden, und unwillkürlich fragt man sich, ob der verfeinerte Luxus und Reichthum, der in Paris so öffentlich zur Schau getragen wird, hier in diesen Gemächern des Elends und der Corruption nicht reichen

Stoff zu den Pariser Wühlereien herbeiführen konnte? Die Chiffoniers
oder Gassenkoth=Untersucher, — von den witzigen Berlinern die „Natur=
forscher" genannt, — deren es in Paris viele Tausende giebt, gehören
auch zu der ärmern Classe, es sind mitunter wahre Prachtexemplare
von Schmutz und Armuth. Man sieht sie aber nur, wenn man des
Morgens sehr früh aufsteht, welches in Paris etwas Seltenes ist, in=
dem man gewöhnlich um sechs Uhr zu Mittag speist und sich erst spät
nach Mitternacht zur Ruhe begiebt. Kaum graut der Morgen, so sieht
man den Chiffonier mit seinem Korbe auf dem Rücken, hurtig und
rasch die Haufen Unrath untersuchen, welche alle Morgen aus den
Häusern auf die Straße geworfen werden. Lumpen, Papierstücke,
Knochen, Austernschalen zum Kalkbrennen, Glasscherben, kleine Stücke
Steinkohlen, Holzsplitter, oder was Gott sonst noch bescheert, — alles
Dies wird mit einem eisernen Haken eiligst aus dem Kothe hervor=
gesucht und in den Korb gelegt. Kaum ist Einer dieser Chiffoniers
fort, so erscheint auch schon ein Zweiter und Dritter, um den Schmutz=
haufen nochmals umzuwühlen, und möglicherweise noch ein paar Pa=
pierschnitzel, einen verrosteten Nagel, oder sonst Etwas herauszu=
klauben. Alles beeilt sich, denn schon zeigt sich das Publikum auf der
Straße und in der Ferne die großen Wagen, um den Schmutz, ohne
auf den armen Chiffonier zu achten, schnell aufzuladen und bei Seite
zu schaffen.

Für Orden und alle Arten Ordensbänder haben die Pariser eine
unbegrenzte Leidenschaft. Selbst Kinder und Schulknaben tragen oft
als Spielwerk kleine für ein paar Sous gekaufte Orden. Beim Mi=
litair bemerkt man oft die englische Krim=Medaille, seltener auch den
türkischen Orden, — das rothe Band der Ehrenlegion aber ist außer=
ordentlich häufig: auf den Boulevards kann man sich überzeugen, daß
gewöhnlich der vierte oder fünfte Mann, dem man begegnet, sowohl
vom Civil als auch vom Militair, damit decorirt ist. Wer über den
Leibrock einen Paletot angezogen, trägt das rothe Band doppelt, denn
auch auf dem Mantel darf es nicht fehlen.

Ein wahres Charakterbild des Pariser Lebens sind die vielen

Zeitungsbuben auf den Boulevards, die vielen Zeitungsverkäufer und
die große Anzahl der verschiedenartigsten Blätter von allen Farben, —
vor allen Dingen aber die unzählig vielen Zeitungsleser, vom gallo-
nirten Rock bis zum Blousenmann und Straßenbettler herab, selbst
Damen und halberwachsene Kinder nicht ausgenommen, welche die Zeitungen mit einer Leidenschaftlichkeit lesen, die an Manie grenzt. Alles
beschäftigt sich in Paris mit Politik und den Ansichten und Stellungen
der verschiedenen Parteien. Alles hascht nach localen Stadtneuigkeiten,
mit denen die Blätter immer überfüllt sind. Hier in der großen Riesen-
stadt kann keiner in des Nachbarn Kochtopf sehen, wie es in kleinen
Städten der Fall ist, — im Gegentheil erfährt man in dem großen
Menschengewimmel die Tagesbegebenheiten nur durch die Presse. Besonders des Abends sind alle Kaffeehäuser mit Herren und Damen
der mittlern Classen überfüllt, welche bei der Tageshelle der unzähligen Gasflammen die Abendblätter lesen. Tritt man in ein Kaffeehaus und verlangt die stereotype demi-tasse, so ist es immer das Erste,
daß der aufwartende Kellner dem Gaste den „Charivari" oder ein anderes Blatt in die Hände schiebt; nicht lesen zu wollen ist etwas Ungewöhnliches und erregt sogar oft die Aufmerksamkeit der Gäste. Sind
von diesen wenige vorhanden, so daß die aufwartenden Diener wenig
zu thun haben, so setzen sie sich selbst hin, um zu lesen, und auch die
elegant gekleidete Dame oder Demoiselle, welche in jedem Kaffeehause,
in jeder Restauration oder Schenkwirthschaft, auf einem etwas erhöhten
Platze, wie auf einem Throne sitzt, um das Geschäft zu controliren,
selbst dies oft recht liebliche Götzenbild liest in müßigen Stunden die
vor ihr auf dem Tische liegenden Blätter. Der Lenker des Fiakres auf
dem Bocke liest in freien Stunden die für ein paar Sous gekaufte
Zeitung. Der Blousenmann steht an der Straßenecke und liest sein
Blatt mit vorsichtiger demokratischer Färbung. Mancher Zeitungsleser
hat sich so eben ein Abendblatt gekauft und hat nicht einmal so viel
Geduld, um zu warten, bis er nach Hause kommt, sondern liest beim
hellen Gaslichte vor einem Schaufenster auf offener Straße, und sogar
Bettler habe ich Zeitungen lesen gesehen. Dieses Haschen nach Neuig-

keiten und besonders diese merkwürdige Wuth, mit der Jeder auf seine eigene Art Politik treibt, und dies mit einer nur Paris und der lebendigen Beweglichkeit der Nation eigenthümlichen oberflächlichen Färbung, erklärt sich, abgesehen von vielen andern Gründen, durch die unnatürliche Centralisation einer so großen Masse von Menschen, welche gewohnt sind, seit langen Zeiten der Schwerpunkt von Frankreich zu sein, nach dem alle die so verschiedenartigen Parteien, — alle Wollenden und Verlangenden, alle Tauglichen und Untauglichen — immerfort hinströmen, um eine Geschichte zu machen, welche seit einem halben Jahrhundert stürmend und überstürzend, alle politischen Staatsformen rastlos durchwanderte und eben dadurch eine stabile Unruhe in dem ganzen, so beweglichen Volkskörper hervorrief, — welche immer nach neuen Zuständen hindrängt und zum eigenen Wohle Frankreichs gegenwärtig nur durch eine kräftige Hand am Ueberströmen gehindert wird.

Wer an die vortrefflichen Heizanstalten unseres Nordens gewöhnt ist, der ziehe um Alles in der Welt nicht den Winter nach Paris und am allerwenigsten noch weiter nach südlichen Gegenden, besonders im Januar und Februar. Mit unseren doppelten Thüren und Fenstern, zweckmäßigen und mit vielen Zügen eingerichteten Oefen, billigen Brennmaterialien und vortrefflichen Pelzen friert man nirgends weniger als im Norden, und darum nirgends mehr als im Süden, wo alles Dies fehlt, und wo daher ein paar Grad Kälte schon recht empfindlich sind. Nur wer als Grandseigneur leben und in seinem Kamine Unmassen des so enorm theuren Holzes verbrennen kann, oder in ganz kleinen Zimmern wohnt, nur der kann sich in Paris bei 10 bis 12 Grad Frost einigermaßen vor Kälte schützen. In der Regel findet man in den Gasthöfen und Hotel-Garnis gewaltig große, einfache Fenster, überall eine Ueberfüllung von Spiegeln, Vergoldungen und allerlei glänzenden Schimmer, — doch gewöhnlich nur Kamine, die nicht einmal zugemacht werden können. Man heizt daher nicht für das Zimmer, sondern für die äußere Luft, so daß eine gleichmäßige und dauernde Wärme im Zimmer zu erzielen unmöglich ist, — denn sobald das Feuer ausgebrannt, ist auch alles wieder kalt, luftig und windig, wie Alles in

Paris. Hat man nun zufällig ein großes Zimmer mit vielen Fenstern und Thüren, wo Wind und Wetter von allen Seiten so recht ungenirt durchpassiren können, und man setzt sich dann vor die hoch auflodernden Flammen des Kamins, so hat man vorn eine afrikanische Hitze, im Rücken aber die Kälte des Nordens. Doch fängt man hier und da schon an, sich kleiner eiserner Oefen zu bedienen, die aber auch nicht zugemacht werden können, und, wenn sie daher nicht unaufhörlich mit Holz oder Steinkohlen geheizt werden, das Zimmer nur homöopathisch erwärmen. Findet man es bei so bewandten Umständen im Zimmer zu kalt, so läuft man auf den Boulevards oder sonst irgendwo umher, um sich zu erwärmen, oder man geht in ein Kaffeehaus, wo sich gewöhnlich große, mit Steinkohlen geheizte Oefen befinden und wo es, der vielen Menschen und Gasflammen wegen, immer sehr warm ist. Den Parisern schadet aber dies frostige Zimmerleben weit weniger, als uns Nordländern, denn ob sie gleich eben so gut frieren wie andere Menschenkinder, so sind sie doch von Jugend auf mehr daran gewöhnt und betrachten Das als eine Sache, die, so unangenehm sie auch ist, doch nicht anders sein kann. Den Fremden gegenüber versichern aber die sich so recht ins Frieren hineingelebt habenden Franzosen, ihre luftigen, kalten Zimmer und ihre leichte Bekleidung seien sehr gesund, und besonders die doppelten Winterfenster für die Gesundheit nachtheilig. Das ist nun so eine Art Trost, der sich wohl anhören läßt: wir Nordländer aber finden diese Diätetik gewiß ärger, als die Krankheit. Für den Fremden ist es aber auch wunderbar anzusehen, wie hier alles leicht und dünn gekleidet ist. Elegante Herren und Damen spazieren bei einem und zwei Grad Kälte lachend und schäkernd auf den Boulevards oder in den Elysäischen Feldern umher; die Damen in der luftigen und windfangenden Crinoline, mit seidener dünnwattirter Mantille, an welcher ein paar Pelzfetzen als Zierde hängen, — die Herren im Paletot, leichten Ueberrock oder gar im Frack, und immer, der Mode wegen, einen Lappen Tuch als Nasenwärmer um den Hals, wobei sie sich dann einbilden, recht warm gekleidet zu sein. Doch habe ich auch einstens in Paris ein paar Tage mit 9 bis 10 Grad

Frost erlebt; nun aber ändert sich die Scene: die Gemüthlichkeit hört auf, die ohnedies so flinken Franzosen werden jetzt noch flinker, und wahrhaft komisch ist es anzusehen, wie, die Hände in den Taschen, ein Jeder läuft und rennt, als wenn ihm der Kopf brennte. Bei einer solchen Gelegenheit wird dann rasche Bewegung immer als ein vortreffliches Heizmaterial betrachtet, welches nicht allein sehr billig, sondern auch praktisch und gesund ist. Am meisten leiden die Armen bei einer solchen Kälte, die aber zum Glücke niemals lange anhält. Ich habe mir hier schauderhafte Leiden erzählen lassen, von denen man sich bei uns keinen Begriff machen kann, und zu denen die mangelhaften Heizapparate viel mit beitragen. Es ist dies so eine unfreundliche Gewohnheit des Daseins, die, wenn man sich nur ein bischen nach dem Norden umsehen wollte, wohl zu ändern wäre. Daß übrigens die Pariser sich schon von Jugend auf in das Frieren hineinleben, kann man jeden Tag so ungefähr um zwei Uhr im Tuilerien-Garten und an andern öffentlichen Orten mit wahrer Verwunderung ansehen, denn hier versammelt sich, und sogar mitten im Winter, wenn es anders nur helle Tage sind, immer eine Unzahl von Kindern jeden Alters, selbst Säuglinge mit ihren Ammen, um zu spielen und die frische Luft zu genießen, und Alles ist da nicht allein sehr leicht, sondern nach unsern Begriffen sogar sommerlich gekleidet. Es ist ein wahres Vergnügen zu sehen, wie diese vielen Hunderte von Kindern elegant und geschmackvoll gekleidet, mit feinen und besonders ausdrucksvollen Zügen, wie sie den Franzosen eigenthümlich sind, lustig und lebensfroh sich unter einander herumtummeln. Die kleinen, hübschen Gesichter sind geröthet wie Borsdorfer Aepfel, und die Händchen oft erstarrt vor Kälte, und dennoch ist Alles Freude und Jubel. Das krabbelt und klettert über Bänke und Stühle, die hier umherstehen, und springt und hüpft nach Herzenslust, während die Mütter und Wärterinnen ringsherum auf Strohstühlen sitzen und das lustige Leben der Kinder überwachen. Diese Art der Erziehung, durch die man die Kinder schon von der frühesten Jugend an freie Luft und Kälte gewöhnt, um sie wind- und wetterfest zu machen, kann wohl aus vielen Gründen

gelobt werden, und ist, wenn die Luft klar und die Kälte nicht einen
oder zwei Grad übersteigt, gewiß überall anwendbar. Mir versicherte
ein deutscher Arzt, der schon lange Jahre in Paris lebt, daß, selbst
bei den so mangelhaften Heizapparaten, man dennoch hier weit weniger
an Erkältungen leidet, als im Norden, wo man die Kinder von früher
Jugend an zu sehr an die Zimmerwärme gewöhnt, vor jedem kalten
Luftzuge ängstlich bewahrt, und wie wahre Treibhauspflanzen erzieht.

Recht vieles könnte ich Ihnen, verehrtester Freund, von den Kunst=
schätzen im Louvre und an andern Orten, von der letzten Ruhestätte
der Pariser, des Père Lachaïse so höchst merkwürdiger Todtenstadt,
von der großartigen Grabstätte des alten Kaisers im Invaliden=Hotel,
und von so vielen andern Merkwürdigkeiten der Weltstadt erzählen,
doch das ist Alles schon so oft beschrieben worden und Kohl hat end=
lich noch die letzten Brodkrumen aufgesammelt, so daß ich Sie nicht
durch Wiederholung ermüden will. Uebrigens wissen Sie ja auch, daß
ich schon von Anfang an beabsichtigte, Sie, wie im gewöhnlichen
Bummlerleben, Straße auf Straße ab umherzuführen und nur Beobach=
tungen mitzutheilen, wie sie sich in der Pariser Außenwelt darstellen,
doch erlaube ich es mir, Ihnen ein paar Worte von dem schon so oft
beschriebenen Jardin des plantes zu sagen, dieser wunderbaren und
großartigen Schöpfung, wo sich nicht allein Pflanzen, sondern auch
Thiere aus allen Zonen der Erde befinden. Man muß den großen
Garten mit all seinen fremdartigen Erscheinungen im Sommer sehen,
wo die meisten seltenen Thiere der tropischen Gegenden sich nicht in
engen Käfigen, sondern in großen sichern Umzäunungen, in freier Luft
befinden, so daß man hier aus den freien und daher natürlichen Be=
wegungen so recht den wahren Charakter und das Thierleben dieser frem=
den Geschöpfe beobachten kann. Mir wurde dies Glück leider nicht in so
vollem Maße zu Theil, weil ich das Institut nur im Januar besucht,
wo der Kälte wegen viele Thiere sich nicht mehr in freier Umzäunung
befanden und man ihnen daher die Visite in ihren Winterwohnungen
machen mußte. Unbezweifelt findet sich hier im Einzelnen außerordent=
lich viel Seltenes, doch sind im Allgemeinen die meisten dieser Thiere

auch in Menagerien anderer Länder vorhanden und der Beobachtung
zugänglich, jedoch mit Ausnahme des Hippopotamus oder Nilpferdes,
denn dies wunderbare Geschöpf findet man außer zu Paris und Lon-
don wohl nirgends in Europa. Von vielen wird dies große Land= und
Wafferthier, welches „Heu frißt wie ein Ochse", als der Behemoth betrachtet, deffen die heilige Schrift erwähnt. In Paris befinden sich
in einer befondern Abtheilung eines im Winter geheizten Haufes zwei
diefer merkwürdigen Thiere, welche, obgleich jedes erst fünf Jahre alt
ist, dennoch schon an Größe einen starken Ochsen übertreffen. Beide
Thiere leben zufammen in einem ziemlich großen und tiefen Waffer-
baffin, und höchst intereffant ist es zu sehen, wie sie da unten im
Waffer ihre gemeinschaftliche Wirthschaft treiben, auf der Oberfläche
erscheinen, um braufend und schnaubend Athem zu holen, und gleich
darauf wieder unter das Waffer verschwinden, oder sich im Waffer
spielend herumtummeln, überwerfen und mit dem Rücken nach unten
herumwälzen, so daß man nur eine große, unförmliche und röthlich
schimmernde Fleischmaffe erkennt, die wie mit einer Art Fett übergoffen
zu sein scheint, doch endlich hört das Geplantsch auf und Alles wird
still — die beiden Thiere scheinen ermattet, finken auf den Boden des
Baffins herab und nur an dem leifen Wellenschlag des Waffertümpels
bemerkt man, daß es da unten in der Tiefe noch lebt, plötzlich aber
wird es auf der Oberfläche des Waffers wieder unruhig, die Wellen
kräufeln sich und braufend erscheinen die unförmlichen Riefenköpfe der
Thiere wieder auf dem Waffer und das frühere Herumwälzen beginnt
abermals, bis dann endlich eines von ihnen langfam und unbehilflich
aus dem Waffer steigt und sich in einen etwas erhöhten trockenen Raum
begiebt, um Heu zu freffen, während das andere im Waffer bleibt und
einen brüllenden Ton von sich giebt, wonach man hinter einem starken
Gitterwerk sich das große Thier nach Herzensluft beschauen kann.

Auch die Pflanzenwelt hat hier, und felbst noch im Winter einige
überraschende Sommerblicke, denn wenn man sich im Januar oder
Februar in jene Abtheilung des Gartens begiebt, wo sich die im Jahre
1734 aus dem Libanon gebrachte und jetzt schon gewaltig große Ceder

befindet, und nun plötzlich Alles um sich her grün findet, so vergißt
man, daß es Winter ist, und glaubt mitten im Sommer zu sein, denn
absichtlich hat man außer den so verschiedenartigen Nadelhölzern hier
eine große Menge südlicher Bäume und Gesträuche angepflanzt, welche
selbst im Winter ihre grünen Blätter niemals verlieren. Der immer
grüne Epheu umrankt üppig die höchsten Stämme der Bäume — hängt
als reizende Draperie von den Mauern herab und bedeckt den ganzen
Abhang des Hügels, auf dem sich ein kleiner Tempel mit einer reizen=
den Fernsicht erhebt. Von hier aus sieht man das wunderbare schich=
tenartige Gezweige der Ceder am deutlichsten, welche in ihrer ganz
eigenthümlichen Form mit keiner andern Conifere zu vergleichen ist,
und unwillkürlich an ihre heilige Heimath zu erinnern scheint. — Von
den vielen Bäumen und Gesträuchen mit immer grünen Blättern, welche
sich hier in der Nähe befinden, nimmt sich besonders schön aus die
herrliche Magnolia grandiflora; dieser Baum hat auffallend schöne
und glänzende camelienartige Blätter, so daß er eine Winterlandschaft
außerordentlich ziert, und um noch endlich dem lieblichen grünen Som=
merbilde auch etwas Tropisches beizumischen, so fehlt hier auch nicht
eine üppige Yucca gloriosa aus Virginien, und alles dies in freier
Luft, während kaum einige hundert Schritte entfernt sich ein kleiner,
mit einer dünnen Eisrinde bedeckter Wassertümpel befindet, an dem
Störche, Kraniche, Möven und allerlei andere Vögel herumkrabbeln
und an der Eisrinde picken.

Am 14. Januar war ich noch in Paris und befand mich gerade
gegen acht Uhr auf dem Boulevard ganz in der Nähe der Straße
Lepelletier, und da die Illumination und die vielen Menschen mich
überzeugten, daß man den Kaiser in der Oper erwarte, so blieb ich,
obgleich noch ziemlich entfernt vom Opernhause, doch auch eine Weile
stehen, glücklicherweise fand ich es aber zu kalt, um lange zu warten,
ging daher nach Hause und erfuhr erst den andern Morgen die schauder=
hafte Begebenheit, worauf ich denn sogleich die Straße Lepelletier
besuchte, welche theils von der Polizei gesperrt war, und wo sich schon
eine unabsehbare Menschenmasse umherdrängte, während Arbeiter be=

schäftigt waren, Alles wieder zu repariren und die blutigen Spuren des Attentates zu beseitigen. Paris befand sich damals in einer Aufregung und Unruhe, von der ich Ihnen keine Beschreibung zu machen im Stande bin; überall traf man Gruppen von Menschen, welche das Ereigniß besprachen, die Kaffeehäuser waren immer gedrängt voller Menschen, und die Zeitungsblätter wurden diesmal mit einer wahren Wuth gelesen, denn nur durch diese erfuhr man die näheren Umstände — die Menge der Todten und Verwundeten — die heroische Haltung des Kaisers und der Kaiserin — und die Arretirung der Mörder u. s. w. Natürlicher Weise wurden diese Thatsachen noch überdies durch eine Menge pikanter Anekdoten gewürzt, ohne welche man hier nun einmal nicht leben kann; so erzählte unter Anderm die Zeitung „la Patrie", daß eine Dame während der Explosion sich in der Nähe des Kaiserlichens Wagens befunden habe und von einer Menge kleiner Bombensplitter getroffen worden sei, daß diese aber glücklicherweise von einer grandiösen Crinoline und den vielen andern Kleidern aufgefangen worden, so daß die Dame durch diese Schutzwaffen gerettet und durchaus weiter keinen Schaden, als eine leichte Contusion erlitten habe. Die Freude über die wunderbare Rettung des Kaisers war von Seiten der Bürger und der besitzenden Classe auch wirklich allgemein, überall Manifestationen, Illuminationen und Jubel, wo sich der Kaiser nur zeigte. Ich sah ihn ein paar Tage nach dem Attentate ganz in Civilkleidern, nur mit einem Begleiter und ein paar Bedienten, in einem offenen Wagen ruhig durch die Rivolistraße fahren, und überall ertönte ein kräftiges Lebehoch. Ueberhaupt hat das Attentat dem Kaiser sehr viele Sympathieen erworben, denn seine furchtlose Ruhe im Augenblicke der größten Gefahr imponirt den Parisern, und das ist in Paris nicht ohne Bedeutung. Daß übrigens die so allgemein ausgedrückte Freude von dem besseren Theile der Nation wirklich aufrichtig gemeint war, unterliegt wohl keinem Zweifel, da sie in der Natur der Sache selbst ihre Begründung hat. Mir sagte ein sehr vernünftiger Kaufmann, mit dem ich schon früher in freundschaftlichen Beziehungen stand, daß alle ruheliebenden Pariser, und besonders die besitzende

Klasse, in der Regierung des Kaisers vorzugsweise nichts weiter erkennen, als ein Princip der Ordnung, welches Jedem den ruhigen
Besitz des Eigenthums sichere, und daß im unglücklichen Falle der
14. Januar Umsturz des Bestehenden und allgemeine Plünderung hätte
veranlassen können. Die Sache läßt sich leicht begreifen, denn wenn
wir die früheren revolutionären Erscheinungen des Pariser Pöbels und
die unaufhörlichen, gegen jede Ordnung anstrebenden Wühlereien ins
Auge fassen und nun noch berücksichtigen, was der Deputirte Pichon
im Corps Legislatif so öffentlich sagen konnte: „daß die Gefahren der
Gesellschaft nicht zu leugnen sind, und in der Demoralisation der
Massen und in Verbreitung unseliger Doctrinen bestehen," dann läßt
sich die Freude über die Rettung des Kaisers leicht erklären, weil eben
die vielen Parteien der Pariser Gesellschaft, so verschiedenartig ihre
Zwecke und Tendenzen auch immerhin sein mögen, sich dennoch immer nur in zwei große Feldlager theilen, von denen die Einen etwas
haben und es behalten wollen, die Andern aber nichts haben und doch
gerne etwas (oder lieber Alles) haben möchten.

Ich besuchte später noch mehrere Mal den Ort des Attentats und
war wirklich überrascht von der Menge ganz kleiner Beschädigungen an
dem Vordach des Opernhauses und der gegenüberstehenden Häuser,
welche durch die Bombensplitter verursacht waren, sehr viele von ihnen
waren kaum einige Linien tief eingedrungen und wie von Schrot-
körnern veranlaßt, während an andern Orten nur der Kalk oder die
Farbe etwas abgerissen war, mitunter zeigten sich aber auch Stellen,
wo größere Bombensplitter tiefer eingedrungen waren, doch war das
Ueberdach des Opernhauses weit mehr beschädigt als die gegenüber-
liegenden Häuser, weil von dieser Seite die Körper der großen Men-
schenmenge die Splitter aufgefangen haben mußten. Bei alledem ist
es dennoch zu verwundern, daß bei der großen Menge leicht verwundeter im Verhältniß doch nur wenig Menschen ihr Leben verloren
haben; die Sache läßt sich aber erklären, wenn man die fürchterliche
Wirkung des Knallquecksilbers kennt und nun mit der allgemeinen
Meinung in Paris annimmt, daß die schauderhaften Mordwerkzeuge,

im Verhältniß ihrer Größe, viel zu stark mit der furchtbaren Substanz geladen, wodurch die Sprengkraft zu sehr vergrößert und eine Zersplitterung in viele ganz kleine Stücke veranlaßt wurde, ein Umstand, der wahrscheinlich vielen Menschen und vielleicht auch dem Kaiser das Leben rettete.

Wohl könnte ich Ihnen, verehrtester Freund, noch sehr Vieles von Paris erzählen, denn das reiche Material ist noch lange nicht erschöpft; vielleicht versuche ich dies einst nachträglich, jetzt aber bin ich zu sehr erschöpft von dem bunten, geräuschvollen Leben des modernen Babylon. Ich habe mich hier in dem Strudel unnatürlicher Lebensverhältnisse gänzlich verloren, darum will ich auch Paris schnell verlassen. Ich sehne mich nach dem stillen, ländlichen Vevey am schönen blaugrünen Genfersee, wo der Lorbeerbaum und die Myrthe noch grünen und wo man am Busen der Natur sich selbst wiederfindet.

Genève — Lausanne — Vevey — Montreux und du lieblich blauer Genfersee, an dessen von Schnee bedeckten Alpen umrahmten Ufern schon Italiens milde Lüfte wehen, — kleines freundliches Stück Erde mit deiner großartigen Natur; spiegelklarer See, stille ländliche Ruhe, nimmer werden wir euch vergessen! Wohl aber brausen auch oft die Wogen des Lemans und brechen sich schäumend am Gestade; das schneebedeckte Haupt des Montblanc verbirgt sich in den Wolken und auf der Rousseau-Insel in Genf sitzt der alte griesgrämige Jean Jacques auf seinem Monumente und schaut mürrisch in die tobenden Wogen des kleinen Alpen-Oceans. Doch nicht lange zürnt der sonst so friedsame Leman; der Tag neigt sich und von Vevey's lieblicher Terrasse schweift der Blick über die herrliche, von der Abendröthe bereits vergoldete Landschaft. Stille Ruhe und Schatten senken sich auf den Spiegel der saphirblauen Fluth. Dunkler und immer dunkler wird es unten im Thale und am jenseitigen Ufer des Sees irren nur noch einzelne Sonnenstäubchen auf den Bergspitzen der Savoyischen Alpen; doch plötzlich röthen sich die Spitzen des hohen schneebedeckten Dent de midi mit einer fast rosenrothen Farbe und das staunende Auge erblickt das herrliche Alpenglühen in seiner unbeschreiblich schönen

Pracht, bis dann endlich alle diese Gebilde sich im Dunkel der Nacht verhüllen.

Wunderbar sind alle diese Schweizer=Berge: bald erscheinen sie dem Auge sehr nahe und zu einer andern Zeit wieder ferner, bald höher, von einem andern Standpunkte aber niedriger. Oftmals lagern Wolken auf ihren höchsten Spitzen in wunderbaren Formbildungen, oder einzelne Wolkenflocken ziehen unter ihren Häuptern hin und her, während unten im Thale der Nebel sich zu den Füßen dieser Riesen bettet. Nicht selten ist ein oder der andere Koloß ganz und gar in einen Mantel von Wolken und Nebel gehüllt und nur das von der Sonne vergoldete Haupt ragt frei aus den Wolken hervor; dies groß=artige Bild giebt dann der Phantasie freien Spielraum und dem Geiste die Vorstellung einer geahnten unbekannten Größe, welche frei im Raume dort oben über den Wolken schwebt. Dieser immerwährende Wechsel in den Formen und Tinten ist immer voller Leben, — immer dem Auge neu und frisch; doch weder in Genève, noch in Lausanne, wohl aber näher der Alpenwelt, von Vevey bis Montreux, tritt das herrliche Bild so recht vor Augen. Lebe wohl, ländlich stilles Vevey, mit deinen Bergen und Thälern, reizenden Villen und freundlichen Bewohnern, — wahrlich wir vergessen dich nimmer!

Genève ist im modernen Sinne unbezweifelt die schönste Stadt in der Schweiz. Der Leman, belebt mit Dampf= und Segelschiffen, bildet hier eine Einbucht, wie das innere Alster=Bassin in Hamburg, und ist auch eben so wie dieses ringsum mit geschmackvollen Anlagen, Trottoirs und herrlichen Gebäuden umgeben. Die Rhone fließt rasch und sich überstürzend nach Frankreichs naher Grenze, — sie hat Eile, nach Lyon zu kommen von wo ihr seit diesem Frühjahre schon das schnaubende Dampfroß der Eisenbahn entgegenbraust. Dieser ganze Stadttheil, mit dem kleinen Stücke See, auf dem sich leichte Gondeln und zahme Schwäne schaukeln, — umkränzt mit Bergen, Wald und reizenden Landhäusern, in der Ferne der Riese der Schweiz, das in die Wolken hineinragende Haupt des Montblanc, — giebt eine so im=posante Rundschau, wie man sie selten findet. Doch nur dieser Theil

der Stadt ist modern und schön, das Innere ist, wie in fast allen
Städten der Schweiz, alterthümlich und unschön. Man baut und ver-
schönert hier aber unaufhörlich, um so mehr, da hier immer zahlreiche
Fremde, besonders Engländer, wohnen, die alle untergebracht sein
wollen. Daher ist auch Genève ein sehr theurer Ort, auch ist es im
Winter hier und in Lausanne weit kälter, als in Vevey und Montreux.
Wer so, wie unser Einer, recht tief aus dem Norden kommt und sich
doch auch gern einmal den Winter vom Halse schaffen möchte, der
wandle nach der Gegend Vevey bis Montreux und beziehe dort ein
Hotel garni oder eine Pension, wie man es hier nennt, und er
wird für 4 bis 5 Francs täglich so comfortable leben können, wie
man es in der Fremde nur wünschen mag. Gasthäuser sind in der
Schweiz überall gut aber auch sehr theuer, Pensionen für längere Zeit
aber immer billiger, und fehlt auch in der französischen Schweiz die
feine, gewandte Lebensart und die überströmende Liebenswürdigkeit
ihrer Nachbarn da unten an der Rhone, so hat man doch dafür mehr
solide und immer gefällige Menschen, mit denen sich recht gut leben
läßt. Der Winter ist besonders in Montreux, der auffallend günstigen
Lage dieses Ortes wegen, sehr mild: im Februar arbeitet man schon
in den Gärten und Weinbergen, der Frost überstieg während der Nächte
selten 1 bis 2 Grad, — aber gewöhnlich gab es am Tage 6 bis 8
und mehrere Grad Wärme, und von Schnee nur dann und wann
unbedeutende Spuren, während doch alle umliegenden hohen Berge
gänzlich damit bedeckt waren. Ende Februar brachte man uns schon
wohlriechende Veilchen aus dem Walde und den 23. März (4. April)
stand in Vevey der Mandelbaum bereits in voller Blüthe, dem bald
Pfirsiche, Aprikosen, Pflaumen und Kirschen folgten, und bald darauf
bedeckten sich die Wiesen und Bergabhänge mit einem Teppich schöner
Blumen, von denen viele bei uns nur in Gärten zu finden sind. Den
5. (17.) April mähte man in Lausanne bereits zum ersten Male das
ellenhohe Gras. Uebrigens findet man hier, so mild auch der Winter
ist, doch in den meisten Häusern schon doppelte Fenster und Oefen
zum Heizen, und vergißt bei dieser freundlichen Gewohnheit des Nordens

die Nähe Italiens, wo man im Winter die eisigkalten Zimmer verläßt, um sich auf der Straße zu erwärmen.

Bern. — Wer sich den Begriff „alterthümlich" so recht versinnlichen
will, der besuche diesen Ort. Die Bundesstadt Bern ist ganz verschieden
von allen andern Städten und hat in Deutschland nicht ihres Gleichen.
Man wird überrascht von all diesen alterthümlichen Gebäuden, Thürmen,
alten Monumenten, Bildern und eigenthümlichen Formen einer längst
vergangenen Zeit, und unwillkürlich trägt uns die Bildnerin Phantasie
in frühere Jahrhunderte zurück. Gleich beim Eintritt in die Stadt überraschen uns als Thorwache zwei gewaltig große Bären aus Granit, —
etwas weiter erstaunen wir über einen alten Thurm, der sich ganz
isolirt mitten auf der Straße befindet und in einer Nische das hölzerne,
mit grellen Farben angepinselte Bild eines Riesen trägt; — Gott weiß
ob der unschöne und kunstlose Koloß den Herkules oder den heiligen
Christoph vorstellen soll, — aber wunderbar komisch ist es anzusehen,
wie der große unförmliche Tölpel von da oben herabschaut und jeden
Fremden zu begrüßen scheint. Noch weiter die Straße hinab steht ein
ähnlicher alter Thurm, mit einer astronomischen Uhr, auf der ein Hahn
angebracht ist, der bei jedem Glockenschlage die Flügel zusammenklappt
und kräht, wobei kleine Bären und menschliche Figuren aus einer Thür
heraustreten und kopfnickend hin und her marschiren. Die guten Berner ergötzen sich an diesem mechanischen Spielwerke, und ein englischer
Alterthumsnarr hat sogar einst für schweres Geld sich eine dieser Figuren zu verschaffen gewußt, um sie als eine alterthümliche Seltenheit
nach England zu bringen. Nun treten wir endlich in die durch die
ganze Stadt fortlaufende Hauptstraße Berns, doch auch hier erscheinen
überall vorzeitliche Erinnerungen. Wir finden hier zwei Reihen alter
hoher Häuser und auf beiden Seiten, durch die ganze Straße fort-
laufend, gewaltig massive und breite steinerne Arkaden, welche für die
Fußgänger die eigentliche Straße bilden. Diese Arkaden sind der Bazar
aller eleganten Kaufläden: hier befinden sich die Post, Buchhandlungen,
mehrere Gasthöfe, — und man kann bei regnichter Witterung trocken
durch die ganze Stadt gehen. Sie verdecken aber die Häuser, verdunkeln

die ganze untere Etage und geben der Stadt ein finsteres Ansehen. Auf der einen Seite der Straße fließt in einer steinernen Rinne ein kleiner Bach und in der Mitte stehen viele alte Brunnen mit hohen steinernen Monumenten, welche allerlei allegorische Figuren, Bären und geharnischte Ritter mit Wappen und Emblemen vorstellen. Alle diese Steinbilder sind nun wohl recht alt, grau und von der Zeit benagt, aber unbezweifelt auch recht geschmacklos.

Am auffallendsten von allen diesen Erscheinungen ist aber das in einer Seitengasse stehende steinerne Bild eines Juden, der, mit sehr bunten und grellen Farben angestrichen, so eben den Kopf eines kleinen Kindes in sein großes Maul hineinschiebt, um ihn zu verspeisen, während am Gürtel und unter seinem Arme noch einige ängstlich zappelnde Kinder hängen, die wahrscheinlich auch verspeist werden sollen. Mit Verwunderung betrachtet man diesen kinderfressenden Juden und weiß nicht, was man aus dem sonderbaren Dinge machen soll, bis man belehrt wird, daß es zur Erinnerung daran dient, daß einmal vor alten Zeiten ein Jude mehrere Kinder geschlachtet haben soll. Geht man endlich bis zum Ende dieser langen Hauptstraße und dann über eine schöne moderne Brücke, so steht man plötzlich an dem Rande einer großen Grube mit lebenden Bären. Der Bär ist das Wappen und Palladium der Stadt, und laut einer alten Stiftung und hundertjähriger Gewohnheitsrechte werden in Bern auf Kosten der Stadt immer lebende Bären gehalten. Vor einigen Jahren hat man für die zottigen Herren eine geschmackvolle Wohnung aus behauenen Steinen gebaut, die 22,000 Francs gekostet haben soll. Sie besteht aus einer großen Grube mit zwei Abtheilungen, in deren jeder sich ein kleiner Springbrunnen und eine hohe Tanne zum Klettern für die Herren Bären findet; im Hintergrunde steht ein elegantes Häuschen im gothischen Styl für die Bewohner der Grube, in das sie nach Belieben frei aus- und eingehen können. Das Ganze ist mit einem netten Trottoir und einer kleinen Mauer umgeben, von wo das Publikum ganz gemüthlich auf seine Petze in der Grube herabschauen und sich ergötzen kann. Man findet auch immer eine Menge Menschen, welche am Rande der

Grube stehen und sich an den wohlgenährten vierfüßlichen Kerlen da
unten nicht satt sehen können. Die guten Berner haben ihre Bären
liebgewonnen und für sie hat dies alltägliche Schauspiel immer wieder
neuen Reiz. Eine Dame in Bern erzählte uns mit einem leisen Anstrich von Trauer, daß vor mehreren Jahren alle Bären gestorben und
man dies im Volke für eine schlechte Vorbedeutung gehalten, daher
sich auch die Stadt beeilt habe, aus Litthauen wieder frische Bären
kommen zu lassen; „jetzt aber", sagte sie mit einem vor Freude strah-
lenden Gesichte, „jetzt haben wir sogar zwei junge Bären, die bei uns
geboren sind." Die Idee hat sich verkörpert und ist ins Volksleben
übergegangen, — man sieht auch überall das Conterfei des Bären in
allen möglichen Bildern und Formen: bald irgendwo in Stein gehauen als altes Wappen, bald geschmackvoll in Silber gearbeitet in
Form von Dosen und anderen Utensilien. In allen Buden findet man
eine Unzahl kleiner recht sauber aus Holz geschnitzter Bären, und selten
verläßt der Fremde Bern, ohne sich einen keinen Bären zu kaufen, um
ihn als Andenken mitzunehmen. Merkwürdig mag diese Stadt mit
Formen der früheren Jahrhunderte wohl genannt werden, doch schön
wird der Fremde diesen alterthümlichen Kram gewiß nicht finden: die
freundlichen Berner glauben aber gerade das Gegentheil und mögen
von ihrem Standpunkte auch wohl Recht haben, denn alle vaterlän-
dischen Erinnerungen sind dem Herzen theuer und werth. Doch fehlt
es auch in Bern nicht an herrlichen und modernen Gebäuden, und vor
allen Dingen muß als solches der neue Bundespalast genannt werden,
— ein wahrer Prachtbau, der nicht allein durch seine Größe und
architektonische Schönheit, sondern auch durch seine reizende Lage, die
eine Fernsicht auf die hohen Alpen des Berner Oberlandes gestattet,
außerordentlich imponirt. Die alte Domkirche ist gleichfalls ein herrliches Gebäude. Auch besitzt Bern zwei Standbilder neuerer Zeit, das
Rudolphs von Erlach zu Pferde und das des Herzogs Berthold von
Zähringen, welche beide eine Zierde jeder großen Stadt sein würden.
Wenn nun auch der Fremde, der zum ersten Male Bern besucht, unwillkürlich an ein großes Kabinet mit Alterthümern gemahnt werden

mag, so verschwindet doch dieser erste Eindruck, sobald er erst die schöne Lage und die reizenden Umgebungen der Stadt kennen lernt; denn in diesem Sinne ist Bern ein wahrhaft schöner Ort.

Luzern und der Rigi, am Vierwaldstätter See und in der unmittelbaren Nähe der hohen Alpen, deren Riesenhäupter uns bis jetzt nur immer aus der Ferne entgegenschimmerten: hier endlich sind wir in der wirklichen Schweiz! Die Stadt ist, obgleich alt, in dieser Beziehung doch nicht mit Bern zu vergleichen. Aufmerksamkeit erregt eine sehr lange, sehr krumme und sehr alte Brücke mit hölzernem Dache, unter dessen innern Giebelseiten man eine Unzahl alter Gemälde aus dem 16. und 17. Jahrhunderte findet. Die alten Bilder, welche ein Stück Geschichte aus dem Kriegs- und Mönchsleben des Kantons und Scenen aus Wilhelm Tell's Leben vorstellen, sind übrigens alterthümlich steif und geschmacklos bunt. Höchst interessant ist aber das berühmte Löwendenkmal nach Thorwaldsen, welches zum Gedächtnisse der am 10. August 1792 bei der tapfern Vertheidigung Ludwigs XVI. gefallenen Schweizer errichtet wurde. Schön ist die Idee, den großen Löwen frei aus einer schroffen Felsenwand von grauem Sandsteine herauszumeißeln, so daß derselbe in einer Nische des Felsens hineingestreckt liegt und durchbohrt von einer Lanze, hier ruhig zu sterben scheint. Die schroffe Felsenwand, von welcher Epheu-Draperien, ringsum versteckt unter Gebüsch und Bäumen, herabhängen, vor derselben ein kleiner Wassertümpel, das Ganze ein Bild stiller ländlicher Ruhe — und nun im Hintergrunde in der Felsenwand das Bild des sterbenden Löwen, der, mit dem leidenden Ausdrucke im Gesichte, dennoch Frankreichs Lilienschild mit der einen Tatze deckt und zu schützen scheint, während die andere matt herunterhängt: — wahrlich, der Anblick dieses wunderbaren Kunstwerks ist unendlich ergreifend und der Meisterhand eines Thorwaldsen würdig.

Am 11. (23.) April verließen wir Luzern und fuhren mit dem Dampfschiffe auf dem Vierwaldstätter See nach dem am Fuße des Rigi liegenden Dorfe Wäggis, von wo aus wir den Berg zu ersteigen beabsichtigten. Der Rigi ist keineswegs einer der höchsten Berge in der Schweiz, denn seine Höhe beträgt nur 5550 Fuß, ungefähr 18 bis 20 Mal mehr als die Höhe unsers Petri-Thurmes in R., wenn wir diesen zu circa 300 Fuß annehmen: aber seine etwas isolirte Lage auf der einen Seite, nach Italien zu, tief unten der See, über dem sich die Alpen erheben; auf der andern Seite, in der Richtung zum Rheine hin, eine unübersehbare Ebene mit Landseen, Wäldern, kleinen Vorgebirgen, Städten und Dörfern: das Alles giebt der Rundschau von diesem Berge zwei ganz verschiedene Gesichter, wie man das in Europa selten finden möchte, — um so seltener, da es eine bekannte Sache ist, daß gerade die allerhöchsten Berge keine günstige Fernsicht geben, weil eben die so sehr tief unten liegenden Gegenstände sehr fern erscheinen und fast in Nebel verschwinden.

Es war ein schöner Frühlingsmorgen, an dem der Dampfer mit uns in den See hineinfuhr; die Sonne schien warm und mild, und der See mit seinen vielen Buchten und Krümmungen war ruhig und glänzend, wie ein Spiegel Gottes. In der Nähe von Luzern lag rechts der hohe Pilatusberg mit seinen zackigen Spitzen, und links bis zum Rigi dehnten sich die sanft ansteigenden Ufer und Vorgebirge aus, bedeckt mit Wäldern von Obstbäumen in voller Blüthe, hinter denen liebliche Landhäuser, Alpenwohnungen und Sennerhütten hervorschimmerten, während Heerden von Schweizer-Kühen im üppigen Grase weideten und das Läuten ihrer Alpenglöcklein melodisch über den See hallte, — gerade vor uns aber entfaltete sich die große, mit schneeigen Gletschern bedeckte Alpenkette, deren zackige Häupter wie gewaltige, um die Ufer des Sees gelagerte Riesen erschienen. Im Vordergrunde überall Blätter und Blüthen, im Hintergrunde aber thronte Eis und ewiger Schnee, und aus weiter Ferne ließ sich dann und wann der rollende Donner einer herabstürzenden Lawine hören. Der Dampfer war gelandet, wir befanden uns am Fuße des Rigi und Führer mit einem Reitpferde für mich und einem Tragsessel für meine Gefährtin erwarteten uns schon. Da es so früh im Jahre war und oben auf dem Rigi noch viel Schnee lag, so konnten wohl Fußgänger den Berg ersteigen, ob das aber mit Pferd und Tragsessel auch möglich sein würde, blieb noch zweifelhaft, um so mehr, da wir die Ersten waren, welche auf diese Art dem Berge ihre Visite abstatten wollten. Doch wir waren nun einmal da und die Witterung außerordentlich günstig, der Versuch mußte also gemacht werden — und somit ging es denn durch einen Blüthenwald von Obstbäumen im Zickzack immer bergauf. Duftend war das junge Frühlingslaub der Bäume und die Unzahl wohlriechender Veilchen, welche überall am Wege blühten, — üppig das frische Grün der Matten mit Blumen verschiedener Art, unter denen sich schon die Knospen der Alpenröschen ihrer Entwickelung näherten. Aber unmöglich war es uns, lange bei dieser reizenden Alpenflora zu verweilen, denn unwillkürlich wandte sich der staunende Blick immer wieder auf den schon tief unter unsern Füßen liegenden See und die uns gegenüberstehenden Hochalpen. Das Auge konnte sich nicht satt sehen, denn je höher wir stiegen, desto großartiger wurde das wunderbare Gemälde und desto mehr entwickelte sich das Gewirre der Hochalpen: einzelne Berge, tiefe Schluchten und steile Abhänge traten hervor, von denen früher keine Spur vorhanden war. Während des Hinaufsteigens änderten sich die Formen des großartigen Schauspiels immerwährend, bald aber wurde auch der Boden steriler, die Vegetation spärlicher und das schöne Grün der Matten war verschwunden. Trümmer von Steinen und haushohe, vielleicht vor Jahrtausenden von oben herabgestürzte Felsmassen schienen uns den Weg versperren zu wollen; schon zeigten sich Spuren von Schnee, der schmale Fußsteig wurde immer schmäler, und nach zwei Stunden mühsamen Klimmens erreichten wir endlich das Kaltbad, wo wir etwas Halt machten, um auch hier wieder ein Panorama zu bewundern, das immer neue Bilder vor unseren Blicken aufrollte.

Das Kaltbad ist ein geschmackvolles Gebäude mit einer Kaltwasser-Heilanstalt und Restauration, und soll im Sommer oft so besetzt sein, daß es unmöglich ist, ein Zimmer zum Uebernachten zu erhalten; jetzt aber war noch Alles leer und nur eine Wache vorhanden. Zu unserm Erstaunen fanden wir hier eine nach unten hinabführende Telegraphenlinie, und da die Schweiz mit Deutschland und dieses mit Rußland in Telegraphen-Verbindung steht, so kann man demnach von St. Petersburg aus für einen bestimmten Tag der Ankunft sich auf dem Rigi Wohnung und eine Tasse Kaffee bestellen. Vom Kaltbad bis zur höchsten Spitze des Berges rechnet man noch ungefähr eine Stunde Weges. Nachdem sich die in Schweiß gebadeten Träger etwas ausgeruht, ging die Reise, immer noch im Zickzack, wieder bergauf. Nun wurde aber der Weg auch recht beschwerlich, denn in einigen Bergschluchten lag noch viel Schnee, durch den sich unsere Träger nur mit vieler Mühe hindurch arbeiteten. Endlich überstiegen wir den ersten Kamm des Berges, ließen rechts von uns in einer tiefen Schlucht das Kloster „Maria zum Schnee" und erreichten nach drei Stunden tüchtiger Arbeit die höchste Spitze des Berges, den sogenannten Rigiculm mit dem Gasthause gleichen Namens. Hier auf dem Culminationspunkte, am Rande des schroffen Abhanges, erwartete uns eine ganz neue Rundschau. Das Gewirr der Alpenkette, der Mönch, das Finsteraarhorn, die Jungfrau, und wie die Kolosse alle heißen mögen, lagen uns nun völlig im Rücken oder seitwärts. Der Berg zeigte sein zweites Gesicht: tief, sehr tief unter uns lag, wie es schien, eine unabsehbare Niederung, eine ganze kleine Welt mit Städten und Dörfern, Wäldern, Wiesen und Feldern. Hier und da sahen wir einzelne Landhäuser und Viehheerden, die wie kleine, kaum bemerkbare Punkte sich hin und her bewegten, und überall Chausseen und Landwege, die wie blendend weiße Fäden sich schlängelten durch das schöne Grün der Landschaft, über welche das Auge bis ferne zum Züricher See hinschweifte. Alles Das war für uns so überraschend schön, daß wir vor Erstaunen lange Zeit sprachlos blieben. Das ganze Bild erschien uns von oben wie ein tief unter unsern Füßen ausgebreiteter bunter Teppich, — denn obgleich diese ganze Landschaft auch den Charakter einer Gebirgsgegend nicht verleugnet, kleine Berge überall hervortreten, und der sich dem Blicke darbietende Albis vor Zürich sogar über 2000 Fuß hoch sein mag, so erhält doch von der Höhe des Rigi betrachtet, das Ganze einen andern Anstrich: man sieht nur kleine Hügel und eine unabsehbare große Ebene, welche sich über die ganze nördliche Schweiz bis nach Deutschland hinein

zu erstrecken scheint. Gerade vor unsern Füßen und nahe am untern
Rande des Berges lag der Zuger See und ein anderer kleiner Land=
see, vielleicht eine Bucht des Vierwaldstätter See's. Hier bezeichnete
uns der Führer, als Erinnerung an Wilhelm Tell, die hohle Gasse
und Küßnacht, und rechts von uns, schon der Gebirgskette sich nähernd,
stand der berüchtigte, früher 4854 Fuß hohe Ruffi=Berg, zwischen
ihm und dem Rigi aber lag das Goldauer Thal. Von dem Ruffi=
Berge stürzte im Jahre 1806 ein gewaltig großer Theil als ein Berg=
schlipf mit betäubendem Donner ins Thal hinunter und begrub einen
ganzen Ort mit 500 Einwohnern, mit ihnen eine Gesellschaft Reisen=
der, unter seinen Trümmern. Haushohe Felsentrümmer bezeichnen noch
jetzt den Ort, wo einst frohe Menschen lebten, und eine auf diesem
großen Grabe gebaute einsame Kirche mahnt feierlich ernst an das
furchtbare Ereigniß. — Die Luft war an diesem Morgen so außer=
ordentlich klar und durchsichtig, wie es selten der Fall ist und von
Reisenden oft Wochen lang vergebens ersehnt wird. Lange, sehr lange
betrachteten wir das großartige nie gesehene Panorama, das hier vor
uns ausgebreitet lag, und das weder Sprache noch Pinsel würdig zu
schildern vermögen. Die ahnende Seele fühlte sich emporgehoben zu
Dem, der alle diese Wunder schuf, und unwillkürlich erinnerten wir
uns der Worte des Dichters:

> Hier, Zweifler, stehe still, bewund're diese Pracht
> Und frage selber Dich: hat Zufall sie gemacht? —

Reich an unvergeßlichen Erinnerungen verließen wir den Rigi. In
zwei Stunden bergab hatten wir Wäggis erreicht und fuhren von dort
auf dem Dampfschiffe nach Luzern zurück.

Ein paar Worte von einem russischen Gutsbesitzer über die Emancipation der Bauern in Beziehung zur neuen Rechtspflege.

Wohl ist — und wahrlich mit Riesenschritten — die Morgenröthe einer bessern Zukunft für uns erschienen. Millionen freigewordener Menschen haben ihre natürlichen Rechte wieder erhalten, und mit Jubel ist von allen wahren Patrioten der Tag begrüßt worden, der mit gewaltigem Ruhm einst in unsern Geschichtsblättern glänzen wird. Doch wenn wir anders die herrliche Sache nicht mit einseitigen Lobhudeleien überschütten, sondern wahr und aufrichtig, neben das „Pro" auch das „Contra" legen wollen, so werden wir eingestehen müssen, daß vom rein praktischen Gesichtspunkte aufgefaßt, in der schweren Uebergangsperiode, für Agricultur und Handelsverhältnisse, doch auch viele recht drückende Mißstände hervortreten, wie es denn überall in der Welt auch gar nicht anders sein kann, da neben dem hellen Lichte auch immer etwas Schatten liegt.

Bei den wenig entwickelten, sowohl geistigen als materiellen Lebenszuständen unserer freigewordenen Bauern, hat sie der plötzliche Schöpfungsruf: „es werde Licht!" zu hell geblendet. Durch unser früheres (korrumpirtes) Beamtenwesen, und durch das unbeschränkte Bojarenthum einer frühern alten Zeit, haben sich im Volke die Begriffe von Recht und Unrecht noch nicht strenge von einander abscheiden können, daher denn auch die vielen unberechtigten Wünsche und Anforderungen der freigewordenen Bauern — das Unzufriedensein mit

den neuen Zuständen — die wenige Achtung für die Bestimmungen
der Bauerverordnung — mit einem Worte: der geringe Rechtssinn,
der im Volke lebt, und fast überall — anstatt für eine grenzenlose
Wohlthat dankbar zu sein — in offener Opposition und den betrü=
benden Tageserscheinungen, so grell hervortrat.

Als eine Folge dieser oppositionellen Zustände liegt auf den
Agrikultur=Verhältnissen ein starker Druck, der besonders in den öst=
lichen ackerbautreibenden Gegenden der berühmten fruchtbaren schwarzen
Erde sehr fühlbar ist, die Produktion der Bodenerzeugnisse bedeutend
vermindert und auch im Kornhandel auf der Wolga bald bemerkbar
wird. Diese von der Natur so außerordentlich begünstigte Gegend,
mit ihren riesengroßen Aussaaten ohne künstliche Kulturmittel, war bis
jetzt die wahre Kornkammer Rußlands. Die vielen Millionen Tschet=
wert Korn aber, welche alljährlich in diesen fruchtbaren Gegenden
producirt, auf der Wolga und den in dieselbe einmündenden Neben=
flüssen, Kama, Ssura, Oka und anderen verschifft, in den Großhandel
kamen, und zum Theil bis zur Meeresküste gingen, wurden größten=
theils nur von den Gutsbesitzern in den Handel gebracht, denn nur
diese allein waren im Stande gut gereinigtes und völlig trockenes
Korn in großen Massen zu liefern, ganz im Gegensatze zu dem hier
und da stattfindenden Kleinhandel der Bauern. Freilich soll die Frohne
als eine Uebergangsperiode gesetzlich noch bis zum Jahre 1863 be=
stehen und dann erst die Bauern das Recht haben, auf Obrock oder
Geldpacht gehen zu können, da aber die frühere Strenge der Arbeits=
Aufsicht nun gänzlich beseitigt ist, und sich zwischen freiwilligem Fleiße
und oppositioneller Trägheit sehr schwer ein richtiger Maßstab finden
läßt, so hat sich die Arbeitskraft so bedeutend vermindert, daß, um
nur ein Beispiel anzuführen, in vergangenem Herbste, bei manchen
Gutsbesitzern, sogar große Parzellen Sommerkorn gar nicht abgeerndtet
werden konnten und unter dem Schnee begraben wurden, welches
früher — selbst bei den ungünstigsten Witterungs=Verhältnissen — nie=
mals der Fall war; daher denn auch viele Gutsherren ihre großen
Aussaaten schon bedeutend vermindert haben.

Unbestritten begreift jeder, daß die Frohne eine Verschleuderung der Arbeitskraft ist, welche früher oder später aufhören muß, doch da bei den großen Aussaaten in der schwarzen Erde in den östlichen Gegenden des Wolgabassins verhältnißmäßig immer noch zu wenig arbeitende Kräfte vorhanden sind, so wird, wenn die Bauern früher oder später auf Geldpacht gehen, es in den ersten Jahren sehr schwer werden, so viele Millionen freier Arbeiter für billigen Lohn zu erhalten, und dies besonders während der Erndtezeit, wodurch jedenfalls die Aussaaten noch mehr vermindert und die Productionskosten bedeutend steigen werden, aber ungeachtet dessen wünschen die meisten Grundherren der östlichen Gegenden nichts sehnlicher, als daß die Bauern auf die gesetzlich bestimmte Geldpacht übergehen oder ihr Land kaufen möchten, nicht als wenn dies etwa eine Entschädigung für den frühern Ertrag sein könnte, sondern einzig und allein aus dem Grunde, um nur der ewigen Quälerei des widerstrebenden Gehorchs ein Ende zu machen, und in ein ruhiges und klares Verhältniß zu kommen. Leider zeigt sich aber bis jetzt bei unsern ackerbautreibenden Bauern wenig Neigung zur Geldpacht. Theils ist dies Gewohnheitsleben, theils giebt die leichte Frohne, wie sie gegenwärtig betrieben wird, den Industriellen, allerlei Gewerbe und Kleinhandel treibenden Bauern Zeit und Muße genug zu anderweitigem Erwerb, der lohnender ist als der schwere Ackerbau bei mäßigen Kornpreisen.

Werden nun 1863 die freigewordenen Bauern auf Geldpacht gehen, oder freiwillig, langsam und träge bei der traurigen Frohne bleiben wollen, immer ist es augenscheinlich, daß sowohl im Wolgabassin als auch in den südwestlichen fruchtbaren Gouvernements, welche ihren Kornreichthum früher auf der Düna verschifften, in den ersten Jahren die Production des Korns abnehmen, und als Folge dessen auch die Preise steigen werden, denn unbestritten bleibt es doch eine praktische Wahrheit, daß so wie die Verhältnisse bei uns nun einmal sind und bis sie sich vollständig ordnen, gezwungene Arbeit, wie sie früher betrieben wurde, mehr und billiger producirte, wie Arbeit für Geld.

Hiermit soll aber keineswegs angenommen werden, daß was von einer Gegend wird, auch für alle andern passend ist. In dem gewaltig großen Rußland findet in den verschiedenen Localitäts-Verhältnissen oft grade das Gegentheil statt. Die verschiedenartigen klimatischen Einflüsse — größere oder geringere Bevölkerung — Grund= und Bo= denbestände — ungleichartige Sitten, Gewohnheiten und Gebräuche — mannigfaltige Handels= und Industrie=Bewegungen, und endlich die unendlich großen Raumverhältnisse, bedingen oft sich völlig widersprechende Gegensätze; so giebt es z. B. Gegenden, wo bei kleinen Aussaaten freie Arbeiter zum Landbau in Menge vorhanden und mit Vortheil zu verwenden sind, während es ebenfalls Gegenden giebt, wo außer= ordentlich viel vortreffliches Land vorhanden, aber arbeitende Hände gänzlich mangeln, oder nur für sehr hohen Lohn zu haben sind.

Wenn es nun auch eine bewiesene Thatsache ist, daß der Acker= bau große Verluste trägt, und die Production der Boden=Erzeugnisse sich in den ersten Jahren sehr vermindern wird, so ist dies doch nur ein rein transitorischer Zustand der Dinge, welcher uns früher oder später in bessere landwirthschaftliche Verhältnisse bringen, und für alle Opfer reichlich entschädigen wird. Jeder Denker mit patriotischem Sinne wird begreifen müssen, daß für das allgemeine Wohl und ins= besondere auch für uns Gutsbesitzer selbst, es wahrlich hohe Zeit war, daß unsere weise Staatsregierung die mit der freisinnigen Geistes= strömung des Jahrhunderts nicht mehr in Einklang stehenden Fesseln löste, und daß, wenn wir nur einmal die schwere Uebergangsperiode überstanden, und nach und nach sich alles ausgeglichen hat, daß dann die neue Aera für das ganze Staatsleben, und auch für uns, bei Be= arbeitung der Scholle, segensreiche Früchte tragen wird.

Wenn aber der ernste Denker, dem das Volksleben des Innern Rußlands mit seinen Licht= und Schattenseiten genau bekannt ist, sin= nend seinen Blick auf die neuen Rechtsverhältnisse richtet, so tritt ihm die festbegründete Ueberzeugung entgegen, daß die Organisation der Rechtspflege nach liberalen Principien als ein Schlußstein der Eman= cipation zu betrachten ist, der den vortrefflichen Kern, welcher in den untern Schichten unseres Volks liegt, entwickeln und in ihnen einen kräftigen Rechtssinn hervorrufen wird, und daß nur durch die neuen Rechtsverhältnisse die Freiheit unserer Bauern zu einer Wahrheit werden kann.

In dem Staatsleben Rußlands treten zwei großartige Geschichts-perioden hervor: diejenige Peter des Großen und die segensreiche Aera unserer jetzigen Zeit. Die erstere trat, soweit es den damaligen Zeitan-forderungen möglich war, aus den finstern Beständen jener alten Zeit schroff und kräftig hervor, schloß sich mit starker Hand an den Com-plex Europäischer Staaten und ihrer damaligen Civilisations-Begriffe, wobei aber natürlich, besonders in den Rechtsverhältnissen, auch noch viele Schattenseiten zurück blieben. Doch bezweckte dieser große Mo-narch durch die Riesenschritte seiner Reformen ein allmähliches Fort-schreiten im ganzen Volksleben von einem Lustrum zum andern, und ermöglichte die volksbeglückenden Tage unserer Zeit, deren erste Sonnen-blicke wir unlängst mit der Freiheit von Millionen unserer Neben-menschen jubelnd begrüßten. Ein Zustand der Dinge, dem aber durch die neue Rechtspflege erst die Krone aufgesetzt wurde, und der als ein wahrer Titanenschritt weit über alle Lobhudelei erhaben ist.

Alle diejenigen aber, welche die so verschiedenartigen innern Le-benszustände des großen Reichs nicht speciell und praktisch kennen, oder sie aus den unreifen Schilderungen der ausländischen Presse zu kennen glauben, irren sich sehr, wenn sie in der frühern Leibeigenschaft un-serer Bauern eine Art Sclaverei erkennen wollen. Der große Monarch, dessen Tod wir unlängst beweinten, hatte schon längst durch strenge legislative Maßregeln den Unbilden der früheren Zeit eine Grenze gesetzt. Das Betragen des Gutsherrn gegenüber seinen Bauern wurde von vielen Seiten scharf überwacht, und sobald erwiesene Bedrückungen stattfanden, die Verwaltung des Gutsherrn sofort beseitigt und das Gut unter Vormundschaft gestellt. Ueberdem muß hier auch noch als eine anerkannte Wahrheit gesagt werden, daß durch die liberale Strö-mung des Zeitalters und den Bildungsgrad des begüterten Russischen Adels sich schon a priori eine öffentliche überwachende Meinung ge-

bildet hatte, und daher die Leibeigenschaftsverhältnisse bereits in ein
milderes Stadium getreten waren, welches, da man den unnatürlichen
Zustand des Leibeigenseins erkannte, im Stillen sich immer weiter
verbreitete, so daß sich in vielen Fällen zwischen dem Gutsherrn und
seinen Bauern schon ein wirklich patriarchalisches Verhältniß begründete. Der Herr war der Schutz und Vertreter seiner Bauern in allen
möglichen Fällen und besonders gegen das büreaukratische und viel-
schreibende Beamtenwesen, im Gegensatze zu den freien Kronsbauern,
welche mit den vielen Beamten und dem Formwesen in weit näherer
Beziehung standen, und wo dann, wie bekannt, per fas et nefas oft
eigenthümliche Geldberechnungen stattfanden. Der leibeigene Bauer
erhielt von seinem Herrn Grund und Boden zu seinem eigenen Bedarf, und zahlte daher Abgaben an die hohe Krone jährlich nur
ein paar Rubel von der männlichen Seele; der freie Kronsbauer aber,
der seine bestimmte Landquote vom Staate erhielt, zahlte drei bis
viermal mehr, und in den Allerhöchsten nicht seltenen Gnadenmani-
festen wurden demselben oft Millionen rückständiger Abgaben erlassen,
welches bei den leibeigenen Bauern in diesem Maße weit weniger
der Fall war, weil nämlich der Gutsherr für alle Prästanden seiner
Bauern die Verantwortung trug; und nicht allein in diesem Falle,
sondern auch wenn Mißwachs oder Hagelschlag die Felder heimsuchte,
war der Gutsherr gesetzlich verpflichtet für den Unterhalt seiner
Bauern Sorge zu tragen, welches überdem auch in seinem Interesse
lag, weil der Bauer, dem Brod fehlt, auch keine Arbeit leisten kann.
Was endlich die Moralität anbelangte, so lag es auch hier im eigenen
Interesse des Gutsherrn, eine strengere Aufsicht zu üben, als wie es
bei freien Bauern möglich sein konnte; besonders gab sich der Gutsherr Mühe, seine Bauern vom Trunke abzuhalten, da ein Trunken-
bold nicht allein schlechter Hauswirth, sondern auch schlechter Arbeiter
ist; aus diesem Grunde finden wir auch Branntweinschenken weit seltener auf den herrschaftlichen Gütern, außer dort, wo sie in frühern
Zeiten gesetzlich bestimmt worden sind, oder in großen Dörfern, wo
Jahr- oder Wochenmärkte gehalten wurden. Bei den freien Bauern

aber finden wir fast in jedem Kirchdorfe eine Schenke und die nach=
theiligen Folgen davon, wo neben Wohlhabenheit Einzelner auch die
bitterste Armuth herrscht, sind leider bekannt genug. Für den Besitz
von Grund und Boden leistete der frühere leibeigene Bauer dem
Grundherrn drei Tage Frohne in der Woche, oder er zahlte Obrock
und betrieb freie Arbeit, Handel, oder beschäftigte sich mit mancherlei
industriellen Zwecken; daher denn auch viele Bauern, und besonders
in den handeltreibenden Gouvernements, sehr wohlhabend waren. Es
ist bekannt, daß nicht selten leibeigene Bauern auf den Namen ihres
Herrn sich sogar leibeigene Bauern kauften und Fabriken, steinerne
Häuser und eigenes Land mit bedeutendem Capitalwerth besaßen. Be=
sonders günstig gestellt waren oft die Bauern reicher Grundherrn,
welche in der Regel nicht Arbeit leisteten, sondern Geldpacht zahlten;
dahingegen waren die Bauern der ärmern Gutsbesitzer, besonders der=
jenigen, welche sich mit Ackerbau beschäftigten, und wo der Herr bei
geringern Mitteln sich nach der Decke strecken mußte, ungleich schlechter
gestellt; aber auch hier schützte das Gesetz, und etwanige Bedrückungen
wurden um so mehr geahndet, als die bescheidene Stellung der kleinen
Gutsbesitzer weniger berücksichtigt wurde, und daher jeder von ihnen
ängstlich suchte, mit den Beamten nicht in Conflict zu kommen.

So war nun die Stellung der ehemaligen leibeigenen Bauern
ihren Grundherren gegenüber, und jeder wird erkennen müssen, daß
ein solcher Zustand nicht Sclaverei genannt werden kann; aber dennoch
lag neben dem schwach schimmernden Lichte die weit überwiegende
dunkle Schattenseite. Das Gesetz, welches in seiner ursprünglichen
Grundlage dem Gutsherrn so viele unnatürliche Rechte eingeräumt
hatte, war nicht im Stande alle Bedrückungen von Seiten des Herrn
genau zu überwachen; in den nahen Beziehungen, worin Herr und
Bauer zu einander standen, und besonders bei den ungleichen Rechten
Beider, konnten täglich kleine Reibungen stattfinden, wo der Willkühr
alle Thüren geöffnet waren, so daß der Grundherr, wenn er nur nicht
gegen die speciellen Bestimmungen des Gesetzes handelte, gewöhnlich
stets in seinem Rechte blieb, und dies um so mehr, da ihm außer der

Hauszucht auch das gesetzliche Recht zustand, seinen leibeigenen Bauern
zum Soldaten abzugeben oder ihn sogar, unter einigen gesetzlichen Be=
schränkungen und Bestimmungen der Gouvernements=Regierung, nach
den Ansiedelungen zu verschicken. Schließlich hatte der Herr denn auch
noch das Recht, seine leibeigenen Bauern nach der Seelenzahl berech=
net, doch nur als eine Art glebae adscripti zusammen mit Grund
und Boden, an einen andern Gutsherrn adeligen Standes zu ver=
kaufen. Am meisten waren diejenigen Bauern zu bedauern, wo nicht
genügend Grund und Boden und andere locale Erwerbsquellen vor=
handen waren, oder wo der Gutsherr nur die kalten Formen der Ge=
setze, aber weniger die heiligen Pflichten der Billigkeit berücksichtigte,
Fälle, welche leider nur zu oft vorkamen, und wo dann nicht selten
die bitterste Armuth unter den Bauern herrschte, während in ihrer
Nachbarschaft, auf Gütern mit reichem Landbesitz und gutem Herrn,
ein bedeutender Wohlstand vorhanden war. Daher denn auch diese so
außerordentlich verschiedenartige Stellung der Bauern Neid und Er=
bitterung erregte und nur zu oft Unfrieden veranlaßte.

Schließlich muß hier aber auch noch erwähnt werden, daß bei
den gewaltigen Raumgrößen des Reichs die bäuerlichen Verhält=
nisse außerordentlich verschiedenartig sind, und wenn in einer Gegend
unter den Bauern vorherrschend Wohlstand vorhanden, in einer andern
aus vielerlei Gründen gerade das Gegentheil stattfindet, so z. B. sind
die freien Kronsbauern in landreichen Gegenden, in den Handel= und
Industrie=Gouvernements, und an den Ufern der Wolga und anderer
Ströme, wo viel menschlicher Verkehr ist, in der Regel wohlhabend
und oft sogar reich; aber eben dasselbe ist mit den ehemaligen Erb=
bauern dieser Gegenden auch der Fall.

Wenn wir nun die ganze Sachlage von beiden Seiten mit scharfen
aber wahren Zügen gezeichnet haben, so erscheint uns das ganze frühere
Leibeigenschaftswesen als ein unnatürliches und monströses Rechtsver=
hältniß der alten Zeit — als ein den milden Zeitanforderungen dia=
metral widersprechender Zustand, und endlich als ein Bestand der
Dinge, welcher nachtheilig auf den Rechtssinn und das moralische

geistige Leben unserer Bauern einwirkte, und allen materiellen Fort=
schritten im Volksleben hemmend entgegen trat. Schwer ist freilich
die Uebergangsperiode der Emancipation, und viele Brüche werden
wohl nicht zu vermeiden sein, aber dennoch wird sich das herrliche
Werk unseres erhabenen Monarchen nach und nach völlig einbürgern,
und für das ganze Staatsleben segensreiche Folgen haben.

Hier aber tritt nun eine sehr wichtige, früher noch wenig
besprochene Frage hervor: „Ist die Classe der freien Kronsbauern
materiell auch glücklicher und besser gestellt, wie die Classe der freige=
wordenen Erbbauern? — Ist der Wohlstand der freien Kronsbauern
in der großen Mehrzahl größer, und haben sie, was ein ungefährer
Maßstab des Wohlstandes ist, weniger rückständige Abgaben zu zah=
len? — Wie ist die Moralität der freien Kronsbauern, und was sagen
die jährlichen Tabellen über Criminal=Verbrechen im Vergleiche mit
den ehemaligen Erbbauern? — Wo ist die größte Neigung zur Faul=
heit, zum Herumtreiben ins Blaue und zur Trunksucht? — — —
und was würden endlich — als ein Resumé gefragt — unsere
ehemaligen Erbbauern, bei ihrem Uebergange zu den freien Krons=
bauern, materiell wohl gewinnen können, wenn die alten Rechtsverhält=
nisse giltig geblieben wären?"

Dies ganze, gerade nicht glänzende Bild erhält aber durch die
Organisation der neuen Rechtspflege eine heitere, völlig veränderte
Farbe. — Trennung der Justiz von der Administration, Friedens=
richter, Schwurgerichte, Verminderung der Gerichts=Instanzen und eine
freiere Bewegung der Presse! Wenn alle diese liberalen Spenden,
womit der großherzige Monarch sein Volk beglücken will, ins Leben
treten, so wird das geheimnißvolle Wesen, welches besonders auf unserer
Criminal=Justiz wie ein dunkler Schatten ruht, verschwinden, die öffent=
liche Meinung — diese Großmacht unserer Zeit — wird stärker
hervortreten, und ein tiefer Rechtssinn wird sich in den untern Schichten
der Gesellschaft bilden, und dann erst wird sowohl der freie Krons=
bauer als auch der freigewordene Erbbauer in eine einzige Classe
als freie Staatsbürger zusammen fließen, und dann erst die

Emancipation unserer Bauern, zum Segen des Vaterlandes, eine Wahr=
heit werden, und — — werden können.

Freilich wird die Organisation der neuen Rechtspflege in den
ersten Jahren mit vielen localen Hindernissen zu kämpfen haben, an
ein Heranbilden der untern Classen des Volks ist jetzt aber nicht zu
denken, denn die Zeit drängt und ein Anfang muß doch einmal
gemacht werden, überdem liegt auch in unsern Beamten und im
ganzen Volke eine ungewöhnliche Geschmeidigkeit, sich in alle verordneten
Verhältnisse gewandt zu fügen, welches vielen andern Nationen abgeht,
und somit wird voraussichtlich die neue Rechtspflege nach und nach eben
so gut durchgeführt werden, wie es auch zum Theil schon mit der
Emancipations=Frage der Fall ist. Uebrigens mag die Sache wohl
schwer sein, doch ist sie lange nicht so schwer, als wir sie uns
denken. Vortretend erscheint uns hier als erste Frage: woher so viele
tüchtige und rechtskundige Beamten nehmen? — Natürlich werden in den
ersten Jahren keine großen Anforderungen gemacht werden können, doch
haben wir auch bereits viele in der Rechtsschule und in höhern Lehr=
anstalten gebildete Juristen, und besonders sind wir reich an einer
großen Menge gewandter, thätiger und gebildeter Beamten, die, wenn
sie auch keine geschulten Juristen sind, sich doch praktisch in die Rechts=
verhältnisse des Landes hineingearbeitet haben, und damit werden wir
uns dann — wird nur ihre pecuniäre Stellung verbessert, und jeder
unter die Controle der öffentlichen Meinung gestellt — einstweilen be=
helfen müssen. Andrerseits hat auch der ganze begüterte junge Adel
einen hohen Bildungsgrad, der ihn sehr zu Geschäften befähigt, und
dies wird zum Anfange genügen, bis sich denn nach und nach auch
Juristen heranbilden; auf jeden Fall wird ein solcher Zustand
der Dinge nicht schlechter sein als der vorige. Freilich hat
unser reicher und feingebildeter Adel sich bis jetzt von allen untern
Stufen der Justiz= und Administrations=Behörden zurückgezogen und sich
mehr dem Militairdienste zugewendet; doch dies wird sich rasch än=
dern, sobald die pecuniären Mittel erhöht und das ganze Dienstver=
hältniß veredelt wird. Als ein schlagender Beweis dient hier das

Institut der bei der Emancipation angestellten Friedensrichter und die Aemter der Getränk-Accise, wo wegen der genügenden Gage und ehren- haften Stellung sich überall nur achtungswerthe und oft hochgestellte Männer des Adels und der gebildeten Stände betheiligt haben. Die zweite Frage, woher unbescholtene und befähigte Geschworene nehmen, ist wohl weniger wichtig, denn die Regierung bezeichnet selbst Frie- densrichter, Edelleute, Kaufleute, Künstler, Handwerker und überhaupt Städtebewohner, so wie auch Beamte aus dem Bauernstande, und die finden sich denn in allen Gouvernements und den meisten Kreisstädten. Wohl werden, bei dem bekannten gutmüthigen Charakter unserer Russen, besonders im Anfange, viele Verbrecher durch Schwurgerichte freige- sprochen werden, aber geschieht dies nicht auch jetzt, aus Gründen die weit weniger ehrenhaft sind? — Uebrigens werden auch noch die weiten Entfernungen und viele andere hemmende Umstände zu berücksichtigen sein, doch wird unsere weise Staatsregierung frei und unbeschränkt Alles ordnen und für unser Gesammtwohl sorgen können.

Ueber den Bestand und die Tendenzen des Königlich Preussischen Johanniter-Ordens.

Die Geschichte, Weltstellung und besonders die gegenwärtige Tendenz des Johanniter-Ordens der Balley Brandenburg ist in den Ostsee-Gouvernements des Russischen Reichs noch zu wenig gekannt, daher denn auch — um eine richtige Auffassung der Sachlage einzuleiten und häufige Mißverständnisse zu beseitigen — es wohl als nothwendig erscheinen dürfte, über den Bestand und das innere Wesen des Ordens eine kurze, aber auf Thatsachen begründete Darstellung zu geben.

Die Geschichte des ritterlichen Hospitaliter-Ordens St. Johannes von Jerusalem zieht sich durch acht Jahrhunderte bis auf unsere Zeit. Ungefähr im Jahre 1048 errichteten abendländische Kaufleute am Grabe des Erlösers eine Herberge und Hospital, um gesunde und kranke Pilger zu verpflegen, und eine neben dieser Anstalt errichtete Kapelle des heiligen Johannes des Täufers war Veranlassung, daß sich die Hospitaliter späterhin Johanniter nannten. Unter dem ersten Könige von Jerusalem, Gottfried von Bouillon, bildete sich das Hospitaliterwesen immer mehr aus, und nicht allein kranke Pilger, sondern auch die unzähligen Verwundeten der Kreuzfahrer erhielten Aufnahme, Pflege und ärztliche Hilfe. Zum Danke dafür beschenkte Gottfried das Hospital mit einer Herrschaft in Flandern, und eine große Anzahl junger Edelleute aus dem Kreuzfahrer-Heere trat im Hochgefühl christlicher Liebe in den Verein der Hospitaliter. Endlich im Jahre 1113 erhielt der Orden vom Papste eine Bestätigung seiner Besitzungen und Ordensregeln als eine selbstständige Corporation, und da von nun an Könige und Fürsten des Abendlandes den Orden mit reichen Gütern und großen Besitzlichkeiten ausstatteten, so war dieser reiche Ueberfluß an Menschen und Geld Veranlassung, daß sich das wahrhaft christliche Wirken des Ordens immer mehr ausbreiten konnte, so daß nicht allein im Oriente, sondern auch im Abendlande eine Menge Ordenshäuser zur Pflege und Herberge ziehender Pilger errichtet wurden.

Im Jahre 1118 wurde Raymund de Puy zum Ordenshaupte erwählt. Er selbst nannte sich Meister des Ordens, und sein noch vorhandenes Bild zeigt einen ehrwürdigen Greis, auf der Brust das weiße achteckige Johanniterkreuz und an der Seite das Schwert. Durch ihn erhielt der Orden eine ganz neue Richtung, denn zu der Pflege Kranker und Verwundeter, dieser ersten und ältesten Pflicht der Johanniter, trat nun auch die Verpflichtung, gegen die Ungläubigen zu kämpfen. Von nun an erhielt der ritterliche Orden eine immer größere und staatliche Ausbreitung. Die glänzende Kleidung der Johanniter, der Ruf ihrer hohen Kriegsthaten, wobei jedoch die Krankenpflege und Wartung der Pilger niemals versäumt wurde, endlich der Reichthum des Ordens und die religiöse Richtung des Zeitalters, veranlaßte die edelsten und tapfersten Jünglinge fürstlicher und adeliger Familien aller Länder, in den Orden zu treten, wodurch dessen segensreiches Wirken und sein Glanz immer mehr vergrößert wurde, daher sich denn derselbe im Laufe der Zeit in acht Zungen oder Nationen abtheilte, unter denen sich auch die Zunge von Deutschland und in dieser die Balley Brandenburg in Preußen befand.

Nachdem die Johanniter unter 21 Großmeistern 213 Jahre ritterlich gegen die Ungläubigen gekämpft, verließen sie im Jahre 1292 das gelobte Land und begaben sich nach der Insel Cypern; doch schon im Jahre 1309 verlegten sie den Sitz des Großmeisterthums nach der Insel Rhodus, welche sie stark befestigten. Die Eroberung dieser Insel brachte den Orden auf den höchsten Gipfel seiner Macht, er wurde von nun an als ein souveräner mächtiger Staatskörper betrachtet, der über Kriegsflotten und Truppen verfügte. Durch eine wahrhaft ritterliche Tapferkeit der Johanniter, von welcher die Blätter der Geschichte als von Wunderwerken reden, wurden die häufigen Belagerungen der Türken immer mit großem Verlust zurückgeschlagen, und über 200 Jahre behauptete der Orden seine souveräne Stellung auf der Insel Rhodus, bis endlich Soliman II. im Jahre 1522 die Insel mit 400 Segeln und 140,000 Mann belagerte. Nach großem Verluste, vielen abgeschlagenen Stürmen und erstaunt über die Tapferkeit der Ritter, bewilligte Soliman endlich einen ehrenvollen Abzug mit aller Habe auf funfzig Schiffen. Im Jahre 1530 ertheilte Kaiser Carl V. dem Orden die Insel Malta, mit der Verpflichtung, immer gegen die Ungläubigen zu kämpfen; aber auch von Malta suchte Soliman die Ritter zu vertreiben, und am 18. Mai 1565 erschien vor Malta eine türkische Flotte mit 40,000 Mann. Zwar eilte auf den Ruf des Großmeisters die Blüthe des Adels aus allen Ländern nach Malta, doch konnte man der Türkischen Macht nur 700 Ritter und 9000 besoldete Streiter entgegenstellen; was aber der Menge abging, wurde durch heldenmäßige Tapferkeit ersetzt, und nach vielen Kämpfen und viermonatlicher Belagerung mußten die Türken mit einem Verluste von 30,000 Mann unverrichteter Sache wieder abziehen. Die Welt war erfüllt von dem Ruhme der Malteser-Johanniter-Ritter und ihres Großmeisters Lavalette!

Seit jener Zeit befand sich der Orden in immerwährendem Kampfe mit den Raubstaaten der Barbaresken und wurde als die Glanzschule ritterlicher Tapferkeit des jungen Adels betrachtet, bis endlich Napoleon im Jahre 1798 Malta durch Verrath und Schwäche des Großmeisters eroberte und den Orden von dort vertrieb. Einige Jahre später wurde nun durch die Groß-Priorate Seine Majestät der hochselige Kaiser von Rußland Paul als Großmeister gewählt, allein mit dem Tode des hohen Beschützers schwanden alle glänzenden Aussichten des Ordens, der seit jener Zeit in Sicilien, jetzt aber in Rom residirt und sich durch thatkräftiges Wirken, im Geiste seiner uranfäng-

lichen christlichen Bestimmung, wieder zu einem neuen Leben zu erheben scheint.

Der Gründer des Johanniter-Ordens in Preußen war Albrecht
der Bär, der auf seiner Pilgerfahrt im Jahre 1158 mit den Hospi-
talitern am heiligen Grabe in Verbindung getreten war, und bei
seiner Zurückkunft in der Heimath sofort ein Hospital mit einer Kirche
errichtete und ausstattete, und somit den Anfang des Ordens begründete. Im Laufe der Zeit breitete sich nun der Orden immer weiter
aus, gehörte zur deutschen Zunge und stand in Ordenssachen unter
dem Groß-Priorate zu Heitersheim; seine Besitzlichkeiten sowohl in
Preußen als auch in den angrenzenden Ländern vermehrten sich an-
sehnlich, und wurden noch durch die reichen Güter des aufgehobenen
Tempelherrn-Ordens bedeutend vergrößert, daher derselbe schon im
Jahre 1327 die Balley Brandenburg im gegenwärtigen Königreiche
Preußen errichtete und einen eignen Herrenmeister in der Mark selbst
erwählen konnte — ein Recht, welches durch den Haimbacher Vertrag
vom Jahre 1382 eine für ewige Zeiten rechtliche Begründung erhielt,
durch den Groß-Prior der Deutschen Zunge bestätigt und demnach
auch von dem Großmeister auf Rhodus anerkannt wurde so daß die
Balley der Mark Brandenburg durch diesen Vertrag eine bevorzugte
Stellung erhielt, und unter der Hoheit der Landesfürsten weniger von
der Ordens-Verwaltung der Deutschen Zunge und des Großmeisters
abhängig wurde. Dies Verhältniß blieb auch bestehen, als zur Zeit
der Reformation die Ordensmitglieder der Balley Brandenburg zum
evangelischen Glauben übertraten, und erhielt der Rechtsbestand der
Balley durch den Artikel XII des Westphälischen Friedensschlusses,
unter ausdrücklicher Anerkennung der landesherrlichen Souverainetäts-
und Patronatsrechte der Kurfürsten von Brandenburg — späteren Könige von Preußen — über dieselbe, eine fernere staatsrechtliche Bestätigung.

Die bedrängten Zustände des Preußischen Staats während der
französischen Occupation in den Jahren 1806—1812 nöthigten die
Regierung 1810 alle geistlichen Güter und auch die reichen Besitzungen

der Balley Brandenburg einzuziehen, um die dem Lande von Napoleon auferlegten, fast unerschwinglichen Contributionen zahlen zu können, und wurde sodann die Balley im Jahre 1811 für aufgelöst erklärt.

Durch die Urkunde vom 23. Mai 1812 ward jedoch zum ehren= vollen Andenken an die Balley Brandenburg der Königlich Preußische Johanniter=Orden gestiftet, der hinfort bis zum Jahre 1853 — wie alle übrigen Orden — für Verdienste und als Gnadenzeichen ver= liehen wurde.

Die Strömung des neu erwachten Geistes in der evangelischen Kirche, welche die christliche Krankenpflege als eine hohe Aufgabe der= selben zu erkennen begann und die bereits zur Gründung von zahl= reichen Diakonissen=Anstalten, in denen diese Krankenpflege ausgeübt wird, geführt hatte, verbunden mit der Ueberzeugung, daß der Adel eines jeden Landes nur dann lebensfähig bleiben kann, wenn er dem Volke in allem Guten vorangeht und nicht blos Vorrechte genießt sondern auch Pflichten übernimmt, veranlaßten den am 2. Januar 1861 verstorbenen König Friedrich Wilhelm IV. von Preußen, mittelst Kabinets=Ordre vom 15. October 1852 den Johanniter=Orden neu zu reconstituiren und ihn einer seiner ursprünglichen Stiftung entsprechenden gemeinnützigen Bestimmung wieder zuzuführen.

Durch die Urkunde des Königs vom 8. August 1853 ward dem= nächst die Balley Brandenburg des Johanniter=Ordens wieder aufge= richtet, auch die Statuten derselben bestätigt, und Se. Königliche Ho= heit der Prinz Carl von Preußen — Bruder Seiner Majestät — trat als erwählter Herrenmeister an die Spitze derselben.

Außer dem Herrenmeister, den Commendatoren, Ehren=Commen= datoren und übrigen Würdenträgern des Ordens besteht derselbe sta= tutenmäßig aus 2 Klassen von Rittern: Rechtsritter und Ehrenritter. Beide Klassen vereint bilden nach Ländern und Provinzen eigene Ge= nossenschaften, die in Preußen Corporationsrechte haben.

Um Rechtsritter zu werden, muß man vorher Ehrenritter gewesen

sein und kann diese Würde nur durch den persönlich vom Herren=
meister zu empfangenden Ritterschlag erlangen.

Ehrenritter kann jeder evangelische Edelmann werden, der sich
den Ordens=Statuten unterwirft. Er muß seine Ernennung dazu bei
Sr. Majestät dem Könige oder dem Durchlauchtigsten Herrenmeister
nachsuchen, doch sind dabei folgende Erfordernisse als nothwendig zu
betrachten:

1) Alter Adel.

2) Völlige Unbescholtenheit und bekannte Rechtlichkeit, ohne den ge=
   ringsten Makel, ritterlicher und religiöser Sinn, wobei Ver=
   dienste um den Staat, da sie dem Manne Würde
   geben, nicht unberücksichtigt bleiben.

3) Wohlhabenheit und standesmäßige Stellung, weil ohne diese
   Zugabe der Orden nicht mit Anstand vertreten und natürlicher
   Weise auch die Beiträge zu den christlichen Zwecken des Ordens
   nicht geleistet werden können.

Die Prüfung der Candidaten im Inlande geschieht durch die Con=
vente (Ausschüsse) der Genossenschaften der Ritter selbst, ebenso im
Auslande wo Genossenschaften bestehen, und wird mit vieler Genauig=
keit gehandhabt. Ueber Ausländer, in deren Heimath keine Genossen=
schaften bestehen, wird die nöthige Auskunft durch die Königlich Preu=
ßischen Gesandtschaften oder durch einzelne im Lande wohnende Ritter
eingezogen. Nachdem dies geschehen, wird der Candidat vom Ordens=
Kapitel nochmals genau geprüft und wenn die Prüfung befriedigend
ausfällt, dem Könige vom Herrenmeister zur Ernennung zum Ehren=
ritter in Vorschlag gebracht. Findet das Ordens=Kapitel einen Can=
didaten zur Ernennung nicht geeignet oder zweifelhaft, so wird, ohne
ihm eine Mittheilung davon zu machen, die Sache mit Stillschweigen
übergangen.

Die Insignien der Rechtsritter bestehen in dem weißen, achtspitzi=
gen Johanniter=Kreuze auf der linken Brust und einem solchen golde=
nen, weiß emaillirten Kreuze mit einer goldenen Krone und goldenen

Adlern in den vier Ecken, am schwarzen Bande um den Hals getragen. Die Insignien der Ehrenritter sind dieselben, mit dem Unterschiede, daß die goldene Krone über dem am Halse getragenen Kreuze fehlt und die vier Adler in den Ecken des Kreuzes mit kleinen goldenen Kronen schwarz emaillirt sind.

Die Uniform der Ritter beider Klassen, in sich von einander mehrfach verschieden, ist von rothem Tuche; Kragen und Aufschläge weiß, gelbe Knöpfe mit dem Johanniter-Kreuze, große goldene Epaulettes, dazu weiße Unterkleider, die bei den Rechtsrittern mit einer breiten goldenen Tresse versehen sind. Außerdem tragen die Rechtsritter bei feierlichen Gelegenheiten einen langen, schwarzseidenen Mantel mit dem weißleinenen Ordens-Kreuze auf demselben.

Sämmtliche Mitglieder des Ordens sind dem Ordens-Ehrengericht unterworfen. Dasselbe hat die Pflicht, allen bösen Leumund zu untersuchen, in welchen ein Mitglied des Ordens gerathen ist, und hat Gewalt, jeden Ritter, der sich des Ordens unwerth zeigt, aus demselben auszustoßen, auch sogar wenn ein Fall nicht vorliegt, aus dem nach dem Strafrechte auf Verlust von Orden und Ehrenzeichen zu erkennen ist.

Aus der ganzen Sachlage dieser Verhältnisse geht nun augenscheinlich hervor, daß, um Mitglied des Johanniter-Ordens zu werden und es auch in der Zukunft zu bleiben, weit mehr Bedingnisse erforderlich sind, als dies bei vielen sogenannten Verdienst-Orden der Fall sein möchte. Der Johanniter-Orden ist gegenwärtig nicht mehr ein Verdienst-Orden oder ein reines Allerhöchstes Gnadenzeichen, er ist das Abzeichen einer Congregation des evangelischen Adels geworden, deren Aufgabe darin besteht, getreu dem ursprünglichen Stiftungszwecke des Ordens christliche Krankenpflege durch Erbauung von Kranken- und Siechenhäusern zu fördern und zur Ausführung zu bringen. Aber diese Aufgabe hat nicht blos die Gesammtheit des Ordens, sondern jeder einzelne Ritter soll, soweit dies in seinen Kräften liegt, allezeit christliche Barmherzigkeit gegen Arme, Verlassene und Kranke üben.

Da dem Johanniter-Orden seine früheren reichen Besitzungen nicht restituirt werden konnten, die Errichtung von Hospitälern und andern milden Stiftungen aber ohne Geldmittel nicht zu ermöglichen ist, so zahlt jeder Ritter bei seinem Eintritt in den Orden, einzig und allein zur Erfüllung der wohlthätigen und ächt christlichen Zwecke desselben, ein für allemal 300 Thaler und überdem jährlich 12 Thaler an diejenige Genossenschaft, welcher er sich anschließt. Doch gerade diese, für den wohlhabenden Ritter und Christen mit wohlthätigem Sinne so unbedeutende Summe, hat nur zu oft die ganz unrichtige Veranlassung gegeben, die Meinung zu verbreiten, als sei die Aufnahme in den Orden durch Geld bedingt, obgleich es nicht unbekannt ist, daß reiche Candidaten bei einem nicht befriedigenden Ausfalle der Prüfung oft viele Tausende vergeblich anbieten konnten.

Ueber die Thätigkeit des Ordens seit seiner vor zehn Jahren erfolgten Neugestaltung liegen uns folgende Daten vor:

1) Der Orden besitzt zur Zeit 18 Kranken- und Siechenhäuser, welche meist von ihm neu erbaut, theils ihm als Eigenthum zur Unterhaltung übergeben worden sind und zwar in Sonnenburg mit 50 Betten, in Polzin mit 54 Betten, in Preußisch Holland mit 34 Betten, in Gerdauen mit 26 Betten, in Jüterbock mit 23 Betten, in Neu-Ruppin mit 20 Betten, in Stendal mit 35 Betten, in Züllchow mit 50 Betten, in Erdmannsdorf mit 50 Betten, in Reichenbach mit 35 Betten, in Falkenberg mit 14 Betten, in Neusalz mit 17 Betten, in Tirschtiegel, Pinne, Traustadt und Murawana-Goslin mit je 8 Betten, in Mansfeld mit 18 und in Altena mit 38 Betten, zusammen also 498 Krankenbetten.

2) Ferner das Krankenhaus zu Beirut, früher in Saïda, in Syrien mit 45 Krankenbetten, welches in Folge der Noth der syrischen Christen Anfang Februar 1861 durch die zu diesem Zwecke Seitens des Ordens dahin gesandten Ritter: Graf von Bismarck-Bohlen und Graf von Perponcher gegründet worden ist. Ob dasselbe dauernd bestehen bleiben wird, darüber ist dem Vernehmen nach noch kein definitiver Beschluß gefaßt worden.

3) In Jerusalem, seiner Ursprungsstätte, unterhält der Orden ein Hospiz mit 12 Betten, in denen bemittelte Reisende einfach gegen Bezahlung der baaren Auslagen, Unbemittelte aber unentgeltlich 15 Tage freie Verpflegung erhalten, auch gewährt derselbe dem dortigen Diakonissenhause eine jährliche Unterstützung von 300 Thalern für 2 Krankenbetten.

4) Die Gründung einer großen Heil- und Pflegeanstalt für blödsinnige Kinder in M. Gladbach, der ersten öffentlichen Anstalt dieser Art in Preußen, ist zumeist durch die Beiträge des Ordens von zusammen 18,000 Thalern ermöglicht worden, auch erhält dieselbe eine laufende jährliche Beihülfe von 300 Thaler, ebenso

5) die mit Hülfe des Ordens gegründeten Siechenhäuser der St. Elisabeth- und der St. Jacobi-Gemeinde, sowie das Siechenhaus Bethesda zu Berlin.

6) Die Mecklenburgische Genossenschaft unterhält in den Krankenhäusern zu Ludwigslust und Neu-Strelitz 5 Freibetten.

7) Die Genossenschaft im Großherzogthum Hessen im Elisabethen-Stift zu Darmstadt 5 Freibetten.

8) Die Genossenschaft im Königreich Sachsen im Diakonissenhause zu Dresden 3 Freibetten.

9) Die Genossenschaft des Ordens im Königreich Württemberg hat zu Plochingen bei Stuttgart ein Krankenhaus gegründet, das im April d. J. dem Gebrauche übergeben werden wird.

In den meisten dem Orden eigenthümlich gehörigen Kranken- und Siechenhäusern wird die Pflege der Kranken und Siechen durch Diakonissinnen ausgeübt, deren Tüchtigkeit und Hingabe in diesem schweren Berufe die größte Anerkennung verdient.

Dies sind die hauptsächlichen Facta über das stille aber segensreiche Wirken des Johanniter-Ordens, denn es würde zu weit führen, die vielen und großen Geldopfer zu bezeichnen, welche von einzelnen Rittern freiwillig dargebracht sind, von denen einige sogar eigene Krankenhäuser errichtet haben und unterhalten.

Wenn nun nach allem diesen von Einzelnen der Einwurf gemacht ist: „der Orden sei nicht mehr zeitgemäß," so liegt in obigen Erscheinungen unwiderlegbar der Beweis des Gegentheils. Das thatsächliche uneigennützige Wirken des Ordens, die Leiden seiner ärmeren Mitmenschen zu lindern, wird nach altherkömmlicher Sitte nur von rein christlicher Liebe getragen, und in welcher Form dieselbe auch immer auftreten mag, so bleibt sie doch stets und für alle Jahrhunderte zeitgemäß. Will man endlich als Vorwurf betrachten, daß die Mitglieder des Ordens nur aus dem Adel gewählt werden und die andern Stände ausgeschlossen sind, so liegt dies theils in den altgeschichtlichen Traditionen, welche durch acht Jahrhunderte eine Art geheiligter Würde und Rechtsbestand erhalten haben, und dies um so mehr, da viele alte, noch gegenwärtig lebende Adelsgeschlechter, in dem Beharren bei der althergebrachten Form sich ihrer Vorfahren als Ordens-Ritter erinnern mußten, wodurch denn natürlicherweise — so wie wir nun einmal sind — ein höheres Interesse für die Zwecke des Ordens erreicht wurde. Andererseits liegt auch in den Statuten und Prinzipien des Ordens der ehrenhafte Sinn: mit einer strengen Auswahl eine Verbrüderung von Ehrenmännern des sämmtlichen evangelischen Adels einzuleiten, um durch Ausübung christlicher Menschenliebe, durch unerschütterliche Anhänglichkeit und Treue an Altar und Thron, und durch ein ehrenhaftes ritterliches Betragen den andern Ständen als Vorbild zu dienen.

Beobachtungen über die eigenthümlichen Lebenszustände der Ehsten auf der Insel Oesel.

In den gewaltigen Raumgrößen Rußlands, welche sich vom Ge= stade des Balticums bis zum Amur und der Beringsstraße erstrecken, leben so viele kleine Völkerschaften, ursprünglich verschiedener Nationa= lität, eigener Sprache, Physiognomie, Sitten, Gebräuche und Lebens= anschauungen, daß es mit Recht eine großartige Idee war, in einem großen Prachtwerke alle diese vielen Völkerschaften mit ihrem Urtypus und den National=Kostümen bildlich darzustellen. Nun haben aber diese verschiedenen kleinen Ueberreste vorzeitlicher Völker, welche seit langen Zeiten zu den eigentlichen russischen Gouvernements gehören und in kleinen Gruppirungen zerstreut umher leben, sich vollständig mit dem großen Russenreiche amalgamirt, und in die Idee eines gemeinschaft= lichen starken Vaterlandes hineingelebt.

Ueber allen diesen Lebenszuständen steht nun das für alle erhabene Bild eines milden und freisinnigen Herrschers, der Millionen seiner treuen Unterthanen von ihren Ketten befreite und durch eine neue Rechtspflege mit Schwurgerichten und freisinnigen Institutionen für Rußland die Morgenröthe einer besseren Zeit hervorrief. Darum hän= gen aber auch die Völker aller Gouvernements des großen Reichs mit einer Liebe und Anhänglichkeit am Throne, wie nie dagewesen, und bilden eine felsenfeste Granitmasse, welche allen Stürmen der Zeit trotzen wird.

Zu den verschiedenen Völkerschaften, welche das große Reich be= wohnen, gehören auch die Ehsten und Letten der drei deutschen Ostsee=

Gouvernements Cur-, Liv- und Ehstland. Erstere, die Ehsten, gehören zum großen finnischen Volksstamme, und sind in der Urzeit aus den nordöstlichen Gegenden des Uralgebirges ausgewandert, wo noch gegenwärtig viele ihrer finnischen Stammgenossen leben. Ihre Sprache ist natürlich wenig ausgebildet, aber außerordentlich wohlklingend. Die Letten, welche größtentheils Cur- und Theile von Livland bewohnen, sind ganz anderen Ursprungs und sollen in der Urzeit aus Asien eingewandert sein, auch ist ihre Sprache völlig von der ehstnischen verschieden.

Beide Volksstämme waren vor vielen Jahrhunderten die Urbewohner des Landes, und wenn auch ihnen ihre Sprache geblieben, welche in neuern Zeiten sogar eine literarische Ausbildung erhalten hat, so ist doch das Deutschthum mitunter auch unter ihnen schon heimisch geworden, in allen Städten ist aber das deutsche Element vorherrschend und selbst die Russen, welche zwischen den Deutschen wohnen, sind der Sprache vollständig mächtig. Hier herrscht in allen Ständen deutsche Bildung und deutsches Leben in seiner vielseitigen Mannigfaltigkeit und zugleich auch altgewohnte deutsche Treue und Anhänglichkeit an Thron und Altar.

Von den Ehsten, die auf dem Festlande leben und durch nähere Berührung mit ihren Grenznachbarn schon viel von ihrem Urtypus verloren haben, unterscheiden sich auffallend diejenigen Ehsten, welche mehr oder weniger von der Küste entfernt die Inselgruppen in der Ostsee bewohnen und durch ihre isolirte Lage weniger fremden Einflüssen zugängig waren, besonders ist die Insel Oesel-Moon mit ungefähr 50,000 Einwohnern in dieser Hinsicht höchst merkwürdig. Die Sagen, Sitten, Gebräuche und Weltanschauung der Ehsten auf der Insel Oesel erinnern noch oft an ein Stück Leben aus der alten Vorzeit, und haben daher für den Beobachter viel Interessantes.

Alle Insulaner und Gebirgsbewohner mit einer isolirten Weltlage haben gewöhnlich etwas in sich Abgeschlossenes. Der genaue Beobachter erkennt in ihren Kleidern, Sitten, Sprache, socialen Lebensverhältnissen und intellectueller Auffassung immer etwas Eigenthümliches

und viel Alterthümliches, welches sie von den angrenzenden Völkern
unterscheidet. Tapferkeit bis zur höchsten Kühnheit, Liebe zu einer
rohen Freiheit, verbunden mit einer außerordentlichen Anhänglichkeit
an das Heimathland, Begrenztheit und gutmüthige Einfalt in der geistigen Anschauung der Zeiterscheinungen, sind so in der Regel Eigenschaften, die allen solchen isolirten und noch wenig geistig ausgebilde-
ten Völkerschaften, besonders mit einer zurückgedrängten Landessprache,
so lange eigenthümlich bleiben, bis alle Elemente und Erinnerungen
der Vorzeit nach und nach in dem Strom der civilisirten Volksbildung
des Zeitalters spurlos verschwinden. Auf die Urbewohner der Insel
Oesel sind alle diese Ansichten besonders anwendbar, und immer lebt
noch durch die Traditionen der vielen Jahrhunderte in ihnen das
Bewußtsein, daß sie vor Ankunft der Deutschen Herren des Landes
waren. Die Ehsten dieser Insel waren in der Vorzeit durch ihre
Kriege und kühnen Seeräubereien berüchtigt. Nicht selten plünderten
sie das feste Land, belagerten die Mündung der Düna mit ihren Schiffen, kämpften tapfer mit Bischöfen und Ordensrittern, und waren die
letzten, welche von den Deutschen unterjocht wurden, gegen welche sie
sich aber in spätern Jahren noch oft empörten. Das sie umgebende
Meer war lange nach dieser Geschichtsperiode noch ihr heimisches Element. Der Kampf mit den Wellen — Raub und Fischerei — nährte
und kräftigte sie. Wenn aber die frühern kühnen Korsarenzüge längst
schon verschwinden mußten, so haben doch in unsern Zeiten noch einige
kecke, ganz im Stillen unternommene Kraftzüge — als Nachklänge aus
einer alten Zeit — stattgefunden. Als nun endlich auch diese Unbilden gänzlich aufhören mußten, so blieb weiter nichts übrig, als wenigstens in Versuchen des Salzschmuggels aus Finnland und kühnen
Bergungen gestrandeter Schiffe, sich der Vorfahren zu erinnern und
die Kräfte durch Muth und Gewandtheit zu üben. Im Allgemeinen
sind die Oeselaner gesunde kräftige Menschen, und besonders die Küsten-
bewohner gewandte und kühne Seefahrer. Fast unglaublich scheint es,
und doch ist es eine gerichtlich bewiesene Thatsache, daß Strandbauern
des Schmuggels wegen sehr oft mit ihren offenen Böten über die Ostsee

nach Finnland segelten, und dies oft nur wegen ein paar Fuder Salz!
— Ueberhaupt ist aber auch Salz eins der ersten Lebensbedürfnisse
für diese Inselbewohner und unglaublich ist es, welche Masse Salz
von ihnen consumirt wird. Fleisch wird in der Regel immer nur ge=
salzenes genossen, indem sie alles Gesalzene für kräftiger halten, auch
ist Fleischspeise selten; bei dem großen Reichthum an Fischen, beson=
ders einer Art Heringe, die unter dem Namen Strömlinge an der
Küste in Unmassen gefangen werden, besteht bei ihnen die Hauptnah=
rung aus gesalzenen Fischen, welche das Fleisch vertreten. Gesalzene
Heringe oder Strömlinge, welche oft so trocken sind wie Filz, dürfen
bei keinem Ehsten fehlen, vertreten bei schwarzem Brod oder Kartoffeln
zugleich auch das Salz, und selbst dicke saure Milch mit diesen gesal=
zenen Heringen ist für den ehstnischen Bauer eine wahre Delikatesse,
welche ihm nicht alle Tage geboten wird — doch ländlich, sittlich! —
und so mag es wohl auch schon vor vielen Jahrhunderten gewesen sein.
Nicht minder eigenthümlich ist auch ihr gemeinschaftliches Zusammen=
leben der Gesinde in den Bauerhöfen, ihre leidenschaftlichen und
frohen Tänze in den Krügen nach den Tönen des Dudelsacks, wobei
denn Bier und Branntwein auch nicht fehlen dürfen, und ihre Hoch=
zeiten mit eigenthümlichen Ceremonien u. s. w.

Bei einer solchen Lebensentwickelung lebt der alte Geist der Väter
noch in mannigfaltigen Mythen und Sagen der Vorzeit und in vielen
merkwürdigen Gebräuchen und Sitten, Aberglauben und Volksliedern;
denn je mehr ein thatenreiches und kräftiges Volksleben aus der dun=
keln Geschichte einer Nation hervorschimmert, desto mehr formen sich
Gebilde wunderbarer Sagen in riesigen Gestalten, die besonders in
Gegenden des von finnischen Völkern bewohnten Nordens, als dunkele
ossianische Nebelbilder, leicht und luftig die starren Eis= und Schnee=
felder umschweben. So haben die Ehsten noch gegenwärtig Spuren
ihrer ehemaligen heiligen Haine, ihre alten noch vorhandenen Bauer=
burgen aus Wall und Graben bestehend, und nach Dr. Lucy, Andeu=
tungen von Feld=, Wasser= und Waldgöttern, so wie Sagen von einem
Riesen Töll, dessen Grab auch noch jetzt gezeigt wird; Zustände, aus

denen theilweise noch immer Spuren des alten Heidenthums hervorschimmern. Ebenso wunderbar und mannigfaltig verschieden ist auch
das Aeußere der Ehsten auf Oesel und Moon. Die kleine Inselgruppe
besteht aus zwölf Kirchspielen, und in jeder derselben haben die Einwohner nicht allein eine besondere Kleidertracht, sondern es finden
auch in Sitten und Gebräuchen kleine Verschiedenheiten und kasten-
artige Absonderungen statt, so daß es scheint, als wenn noch ein tra-
ditionelles Fortleben der alten Vorzeit unter selbstgewählten Districts-
Aeltesten (Wannems), welche sich oft feindlich gegenüber standen, aus
dieser Absonderung der Kirchspiele hervortritt. Besonders ist die Kleidertracht der Bauerweiber jedes einzelnen Kirchspiels höchst originell,
und vorzugsweise bilden die Kopfbedeckungen eine Musterkarte von so
bizarren Formen, daß man sich nichts possirlicheres denken kann. In
einigen Kirchspielen tragen die Weiber eine Art Nachtmütze von bunten
grellen Farben, deren Spitze mit einer Trobbel auf der Seite herab-
hängt, an andern Orten eine Kopfbedeckung, welche vollkommen einer
katholischen Bischofsmütze gleicht. In einem Kirchspiele besteht die
Mütze aus einem schwarzen und sehr kleidsamen Baret mit rothem
Oberdeckel, an einem andern Orte ist das Baret mit einem Horn ge-
schmückt, welches sich wie eine Art Ring nach hinten beugt, während
auf der Halbinsel Sworbe zwei Hörner das Haupt der Ehegattin
zieren! In einigen Kirchspielen tragen die Frauen das blonde fin-
nische Haar rund abgeschnitten, wie bei den Männern, in anderen
hängt es flachsartig, ungebunden und frei über Schultern und Rücken
herab. So auffallend es nun auch sein mag, daß in einem so kleinen
Ländchen eine und dieselbe Nation so verschiedene Kleidertrachten hat,
so sind doch auch noch so viele andere Lebenszustände nicht minder
eigenthümlich. Welchen Fremden würde es z. B. nicht überraschen,
wenn er bei einer Bauernhochzeit einen Anspann von zwei kleinen
Oeselschen Ponys mit vier Femerstangen und zwei Krummhölzern sieht!
Arensburg ist ein kleiner freundlicher Ort und das einzige
Städtchen auf der Insel mit herrlichem Steinpflaster und Trottoirs
von dem vortrefflichen Oeselschen Kalksteine. Die einfache Bauart der

Häuser mit Anstrich von allen Farben, und die rothen Ziegeldächer
mit blendend weißen Schornsteinen, die wenigen Menschen, welche die
Straßen beleben, und die vielen Gärten, über deren hohe Fliesen=
mauern entweder Obstbäume oder Ahorn, Eichen und blühender Flie=
der herüber ragen, geben der kleinen Stadt ein ländliches Ansehen.
Die freundlichen und gemüthlichen Menschen, welche das kleine Eiland
bewohnen, und der feingebildete Adel des Landes, welche gewöhnlich
im Winter zur Stadt ziehen, beleben wenigstens etwas das Ein=
förmige des insularischen Zustandes. Wer so recht des Menschenge=
tümmels großer Städte überdrüssig — zufälligerweise auch schon recht
alt sein mag — und daher unter freundlichen Menschen Ruhe und
stillen Frieden sucht, dem möchte ich wohl rathen, sich auf dem ge=
müthlichen Eilande eine Strandhütte zu bauen, um sich hier friedsam
zum letzten Heimwege zu bereiten. Zu den Annehmlichkeiten eines
solchen Lebens gehört denn auch noch, daß man sich durch die vor=
trefflichen Eisen= und Schwefelhaltigen Schlammbäder des Landes von
den etwanigen Leiden des Alters, Gicht und allerlei Lähmungen, um=
sonst kuriren kann.

Durch isothermische Beziehungen und durch die Nähe des Meeres
ist hier das Klima, ungeachtet der hohen nördlichen Breite (von 58,15
Graden) auffallend milde, die Kälte in den Wintermonaten oft un=
bedeutend und warme Witterung mit Regen keine seltene Erscheinung,
doch berühren sich auch hier die Extreme, es giebt Jahre mit Un=
massen von Schnee, nach Johanni will oft der Regen nicht endigen
und Sonnenblicke gehören dann zu den Seltenheiten. Der Boden der
Insel ist, seiner horizontalen Kalkschichten wegen, welche die durch=
sickernden Meteorgewässer immer nach der See, als der natürlichen
Niederung des Landes, ableiten, mehr trocken als feucht, und mehr
warm als kalt, daher gedeihen hier auch viele Früchte feinerer Arten,
wie man sie so hoch im Norden nicht erwarten sollte. Pflaumen, vor=
treffliche Sommer=Bergamotten und eine gute Kirsche wachsen hier im
Freien, und mit einigem Schutz auch die Reine claude; selbst der
Wallnußbaum (Juglans Regia), der einige Grade weiter nach Süden

in Livland nicht gedeihen will, wächst hier in einigen Gärten, obgleich nur als Staude und ohne Früchte zu tragen. Epheu (Hedera
Helix) rankt in einigen Wäldern wild, und auch der Maulbeerbaum
existirt schon als Staude, so daß mit der Zeit ein Seidenbau nicht
außer den Grenzen der Möglichkeit liegt. Unter den Kornarten des
Landes ist besonders die herrliche zweizeilige Gerste bekannt, welche
im Kornhandel sehr beliebt und bis nach Holland ausgeführt wird.
Die Oeselschen Pferde, unter den Namen Klepper und Doppelklepper
im ganzen nördlichen Rußland berühmt, sind wahrhaft herrliche Thiere
mit runden und vollen Gliedern, kleinem zierlichen Kopfe, feinen
Füßen und vortrefflicher Brust; dabei sind sie unermüdet, und behalten selbst bei mäßigem Futter ihre rundlichen Formen. Peter der
Große, dessen gewaltiger Geist alles für sein Reich Nützliche umfaßte,
verpflanzte diese herrlichen Ponys nach dem Gouvernement Wiatka,
wo diese Race noch gegenwärtig in schönster Blüthe steht, sehr beliebt ist, und nach allen Theilen des Reichs verkauft wird. Selbst
die Kaiserliche Domainen-Verwaltung hat gute Zuchthengste aus Oesel
kommen lassen, und in fernen Gegenden des Reichs Stutereien angelegt, wo bereits Pferde dieser Art unter dem Namen Oeselscher
Klepper verkauft werden. So sieht es nun in den fernen Colonien
aus, man wartet und pflegt diese schönen Thiere und sucht besonders
die so ganz eigenthümliche Race rein zu erhalten und alle Vermischung
mit andern Arten zu vermeiden, während auf der Insel Oesel, in dem
eigenen Mutterlande, diese edle Pferdegattung durch immerwährende
Ausfuhr und Vermischung mit andern Racen sich unbestritten dem gänzlichen Verschwinden immer mehr nähert.

Am Ende der Stadt Arensburg und nahe am Hafen, der sich
von Jahr zu Jahr immer mehr verflacht, liegt die alte halb verfallene
Festung mit der Ruine des ehemaligen bischöflichen Schlosses. Letz-
teres wurde im Jahre 1341 vom Bischofe Hermann v. Osnabrügge
gebaut, und ist nur durch geschichtliches Alterthum und seine starke
Bauart von behauenen Steinen merkwürdig. Die alten gothischen
Fenster hat man in späteren Zeiten zugemauert, und Dach und Thurm-

bedeckung gehören ebenfalls der modernen Zeit an. Das alterthümliche hohe Gebäude hat ein schwerfälliges und unheimlich=graues Ansehen, und gleicht mit seinen stumpfen Thürmen einer viereckigen Steinmasse, welche als ein greiser Zeuge der Vorzeit über die öden und verfallenen Festungswerke geisterartig hervorragt. Hier herrschten abwechselnd einst Ritter, Bischöfe, Dänen und Schweden, und wenn wir durch das alte Thor, unter herabhängendem Gemäuer, in dessen Spalten Ebereschen=Gesträuche wuchern, in den innern Hofraum treten, und noch alte gewölbte Zimmer mit gothischen Bogenfenstern finden, und hier in diesen alten Räumen die Reihen der Jahrhunderte mit Rittern, Bischöfen, dänischen und schwedischen Gewalthabern, welche hier einst residirten, ernst bei uns vorüber schreiten, nur dann erst wird uns der alte Bischofssitz interessant, und wir verlassen nachdenkend und sinnend diese öden aber ehrwürdigen Hallen der grauen Vorzeit.

Ries'sche Buchdruckerei (Carl B. Lorck) in Leipzig.

Leipzig.

Friedrich Ries'sche Buchdruckerei

(Carl B. Lorck).